改訂版はしがき

平成 27 年９月の「個人情報の保護 去）大改正（平成 27 年改正法）及び同 29 年５ 平成 29 年３月、『やさしくわかる！すぐでき 書式』と題する本を発行しました。

その後、平成 27 年改正法附則 12 条の「いわゆる３年ごとの見直し」に関する規定に基づき、令和２年に、個人情報に対する意識の高まり、技術革新を踏まえた保護と利活用のバランス、越境データの流通拡大に伴う新たなリスクへの対応等の観点から、多くの改正が行われました（令和２年改正）。さらに、令和３年に、デジタル社会の形成に関する施策を迅速かつ重点的に推進するための施策としてのデジタル庁設置とともに、個人情報保護法についても改正がなされました（令和３年改正）。

本書は、上記令和２年改正及び令和３年改正に対応するため、『やさしくわかる！すぐできる！企業の個人情報対策と規程・書式』を改訂するものです。

改訂版のねらいも、改訂前と変わらず、すべての事業者にとって、「最短距離」で、平成 27 年改正から令和３年改正までの改正内容への対応ができるようにすることです。政令、規則、ガイドラインにも十分触れながら、第１章では、基本的に、令和２年改正及び令和３年改正の内容に絞りつつも、個人情報保護法全体がわかるように解説し、第２章では、改訂前と同様、図表を数多く用いて、「最短距離での対応に関する実践編」というスタンスをさらに発展・充実させつつ、わかりやすく解説しています。

本書が、改訂前と同様、個人情報を取り扱うすべての事業者における個人情報保護法への対応へ向けた作業等の一助となれば、著者としても幸いです。

最後に、改訂版についても出版に向けて尽力された、株式会社日本法令出版部の小原絵美氏及び田村和美氏をはじめ、関係諸氏に心より謝意を表します。

令和３年 11 月

齋藤義浩・鈴木雅人

はじめに

平成15年5月に制定されてから12年余を経た平成27年9月に、「個人情報の保護に関する法律」（個人情報保護法）が大改正されました（以下、「改正法」といいます）。

筆者は、改正前の個人情報保護法について、平成17年4月1日の全面施行にあわせて、同年2月に『やさしくわかる！すぐできる！企業の個人情報対策』と題する本を著しましたが、今回、個人情報保護法の大改正を受け、新たに書き下ろしたものが本書です。

改正法では、改正前には適用対象とならなかった小規模事業者についても、パソコンなどにより検索可能な形で保有されている個人情報（個人データ）が1件でもあれば、個人情報取扱事業者に係る義務が課せられることになりました。したがって、今後は、個人事業主、中小企業、大企業を問わず、改正法に対応した措置を講ずることが必要となります。

本書の狙いは、すべての事業者にとって、「最短距離」で改正法への対応ができるようにすることです。

まず、第1章で、改正法の基礎知識について、条文ごとに「改正」、「新設」、「改正なし」の区別を明示した上で、政令、規則及びガイドラインに即しながら、できるだけ具体的に解説しています。ただし、できるだけ枝葉の部分を省略し、「最短距離」での対応に必要な情報に絞りました。

次に、第2章は、「最短距離」での対応に関する実践編というべき章です。「作業リストの提示」から始まり、「作業チーム（PT）の立ち上げ」、「個人情報の棚卸し」へと進み、「改正前法以来の『いつもの作業』」と「改正法特有事項」とに区別して具体的な対応を示しつつ、「文書化対応」、「従業員教育」、「監査」へと展開していきます。

そして、「少ない量で過不足なく」を基本に据えつつ（これは第2章の最大の特色ですが)、図表をふんだんに用いながら、法律、政令、規則及びガイドラインに基づき具体的かつわかりやすく解説しています。

さらに、事業者の「最短距離」での対応作業に資するよう、基本規程をはじめとする各種規程や外部委託のための契約書、本人からの開示請求等のために用意すべき各種申請書などのひな形も併せて掲載しました。

本年5月30日の改正法の全面施行が間近に迫っている状況の下、本書が、個人情報を取り扱うすべての事業者における改正法対応へ向けた作業等の一助となれば、著者としても幸いです。

最後に、本書の出版に向けて尽力された、株式会社日本法令出版部の小原絵美氏をはじめ、関係諸氏に心より謝意を表します。

平成29年2月

齋藤義浩・鈴木雅人

もくじ

第２章　個人情報保護のため事業者がとるべき対応 …… 137

資料① 規程・書式例 …… 299

※ 「1．個人情報リスト」以外の規程・書式例は日本法令のホームページよりWordデータをダウンロードできます。詳しくは巻末を参照してください。

＊ 凡 例 ＊

本書中の法令、文献等の略語は以下の通りです。

■文　献

『しくみ』	日置巴美・板倉陽一郎『個人情報保護法のしくみ』（商事法務）（平成 29 年）
『詳解』	菅原貴与志『詳解個人情報保護法と企業法務（第 7 版）』（民事法研究会）
『宇賀』	宇賀克也『個人情報保護法の逐条解説（第 6 版）』（有斐閣）
『実務対応』	第二東京弁護士会　情報公開・個人情報保護委員会編『令和 2 年改正　個人情報保護法の実務対応－Q & A と事例－』（新日本法規）

■法令等

個人情報保護法法	個人情報の保護に関する法律（改正の時点に応じて「平成 27 年改正法」「令和 2 年改正法」「令和 3 年改正法」と表記する）（条文は令和 3 年改正法全面施行時のもの）
政令	個人情報の保護に関する法律施行令
規則	個人情報の保護に関する法律施行規則
行政機関個人情報保護法	行政機関の保有する個人情報の保護に関する法律
独立行政法人等個人情報保護法	独立行政法人等の保有する個人情報の保護に関する法律

■その他

ガイドライン	個人情報の保護に関する法律についてのガイドライン
法制局資料	第二東京弁護士会情報公開・個人情報保護委員会編集『Q & A 改正個人情報保護法』（新日本法規）凡例 3 頁記載の「内閣官房作成資料」（第二東京弁護士会情報公開・個人情報保護委員会の「個人情報保護法の改正（2015 年）に関する内閣法制局への全条文に関するご説明資料の最終版（改正部分がすべてわかる資料）」との開示請求に対して、平成 27 年 4 月 27 日付け（閣副第 290 号）で開示決定された資料）

骨子案	「パーソナルデータの利活用に関する制度改正に係る法律案の骨子（案）」（平成26年12月19日、内閣官房IT総合戦略室　パーソナルデータ関連制度担当室） ※適宜図表を、一部修正を加えつつ引用
経産省ガイドライン	個人情報の保護に関する法律についての経済産業分野を対象とするガイドライン（平成26年12月12日）
衆内	衆議院内閣委員会
参内	参議院内閣委員会
Q&A	「個人情報の保護に関する法律についてのガイドライン」及び「個人データの漏えい等の事案が発生した場合等の対応について」に関するQ&A（平成29年2月16日、令和3年9月30日更新、個人情報保護委員会）

第1章

個人情報保護に関する基礎知識

令和２年及び３年の個人情報保護法改正の趣旨等

1　法改正の経緯等

平成27年の法改正において、パーソナルデータを取り巻く環境のめまぐるしい変化を踏まえ、施行後３年ごとに、個人情報の保護に関する国際的動向、情報通信技術の進展、それに伴う個人情報を活用した新たな産業の創出および発展の状況等を勘案して施行状況を検討する旨の「いわゆる３年ごとの見直し」に関する規定（附則12条）が置かれました。

この規定に基づき、個人情報保護委員会において、個人情報保護をめぐる国内外の政策、技術、産業の状況等についての実態やヒアリング等を通じて検討を進め、委員会に設置している相談窓口や、全国各地で実施したタウンミーティングでの消費者の意見も踏まえて検討し、令和元年12月13日に「個人情報保護法　いわゆる３年ごと見直し　制度改正大綱」（以下、単に「制度改正大綱」という。）が策定・公表されました。

そして、自身の個人情報に対する意識の高まり、技術革新を踏まえた保護と利活用のバランス、越境データの流通拡大に伴う新たなリスクへの対応等の観点から、以下の措置を講ずることとされました（「個人情報の保護に関する法律等の一部を改正する法律案（概要）」参照）。

①　個人の権利の在り方（利用停止・消去等の個人の請求権の要件の緩和、開示請求方法の拡大（電磁的記録の提供による開示請求）、第三者提供記録の開示請求対象化、保有個人データの範囲の拡大、オプトアウト規制の強化）

② 事業者の守るべき責務の在り方（漏えい等報告及び本人への通知の義務化、不適正な利用の禁止）
③ 事業者による自主的な取組を促す仕組みの在り方（認定個人情報保護団体制度の改善）
④ データ利活用に関する施策の在り方（「仮名加工情報」及び「個人関連情報」の導入）
⑤ ペナルティの在り方（命令違反等の法定刑の引き上げ、両罰規定における法人等に対する罰金額の引き上げ）
⑥ 法の域外適用・越境移転の在り方（域外適用の範囲の拡大、移転先事業者における個人情報の取扱いに関する本人への情報提供の充実等）

上記の措置を盛り込んだ令和２年改正法は、令和２年６月５日に成立し、同月12日に公布されました。令和４年４月１日に全面施行される予定です。

その後、政府において、デジタル社会の形成に関する施策を迅速かつ重点的に推進するため、デジタル社会の形成に関する内閣の事務を内閣官房とともに、デジタル社会の形成に関する行政事務の迅速かつ重点的な遂行を図ることを任務とするデジタル庁を設置することが決定され、個人情報保護法についても、以下の点について、さらなる改正がなされることになりました（「デジタル社会の形成を図るための関係法律の整備に関する法律案の概要」参照）。

① 個人情報保護法、行政機関個人情報保護法、独立行政法人等個人情報保護法の３本の法律を１本の法律に統合するとともに、地方公共団体の個人情報保護制度についても統合後の法律において全国的な共通ルールを規定し、全体の所管を個人情報保護委員会に一元化
② 個人情報の定義等を国・民間・地方で統一するとともに、行政機関等での匿名加工情報の取扱いに関する規律を明確化
③ 学術研究に係る適用除外規定について、一律の適用除外ではなく、義務ごとの例外規定として精緻化

上記改正については、「デジタル社会の形成を図るための関係法律の整備に関する法律」の中に含まれる形で行われ、条文数は、令和2年改正法の87条から、185条（令和3年改正法全面施行時）へと大幅に増加しました。

令和3年改正法は、令和3年5月12日に成立し、同5月19日に公布され、行政機関及び独立行政法人等に関する規律の規定等については令和3年9月1日に施行され、地方公共団体に関する規律の規定については公布の日から2年を超えない範囲内に施行される予定です。

本書では、令和3年改正法のうち、もっぱら、**第1章**の総則及び**第4章**の個人情報取扱事業者の義務等、すなわち民間部門の個人情報保護に関する規定について取り扱います。

なお、本書における個人情報保護法の条文は、令和3年改正法全面施行時のものです。

2　目的規定の改正（法1条）

法は、プライバシー保護を含めた個人の権利利益を保護することを目的とし、他方、情報通信技術の活用による個人情報の多様な利用が、事業活動等の面でも国民生活の面でも欠かせないものとなっているとして、個人情報の「有用性」にも配慮しています。

平成27年改正法では、「有用性」につき、「個人情報の適正かつ効果的な活用が新たな産業の創出並びに活力ある経済社会及び豊かな国民生活の実現に資するもの」との文言が追加されましたが、「有用性」を主とする趣旨に変わったわけではありません（平成27年5月8日、20日　衆内　山口国務大臣答弁等）。最重要目的は、個人の権利利益の保護であり、個人情報の有用性の配慮の前提として、個人の権利利益の保護がしっかり確保されることが必要です（令和2年6月4日　参内　衛藤国務大臣答弁）。

そして、令和３年改正法により、⑴「高度情報通信社会の進展に伴い」は、「デジタル社会の進展に伴い」と、⑵「国及び地方公共団体の責務等を明らかにするとともに、個人情報を取り扱う事業者の遵守すべき義務等を定めることにより」は、「個人情報を取り扱う事業者及び行政機関等について、これらの特性に応じて遵守すべき義務等を定めるとともに、個人情報保護委員会を設置することにより、行政機関等の事務及び事業の適正かつ円滑な運営を図り」と改正されました。⑵は、個人情報保護法、行政機関個人情報保護法及び独立行政法人等個人情報保護法の３本の法律を統合したことに伴う改正です。

第2 改正法と関連法制度の概要

■図表 1-2　個人情報保護法制の体系

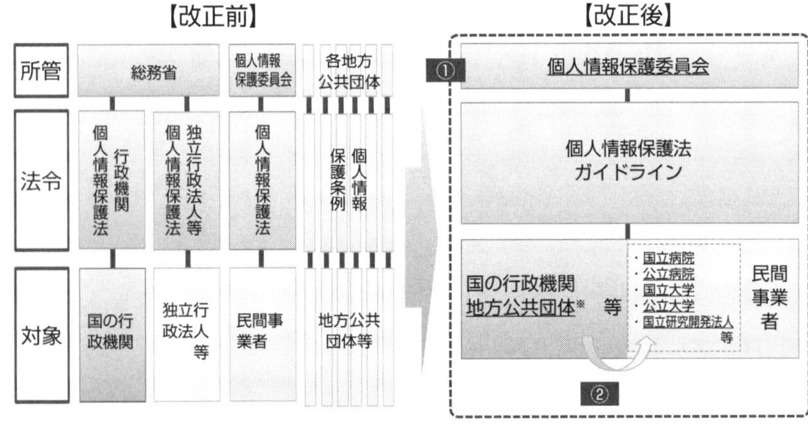

① 個人情報保護法、行政機関個人情報保護法、独立行政法人等個人情報保護法の**3本の法律を1本の法律に統合**するとともに、**地方公共団体の個人情報保護制度**についても**統合後の法律において全国的な共通ルールを規定**し、**全体の所管を個人情報保護委員会に一元化。**

※　条例による必要最小限の独自の保護措置を許容。

② 医療分野・学術分野の規制を統一するため、**国公立の病院、大学等には原則として民間の病院、大学等と同等の規律を適用。**

（個人情報保護制度の見直しに関するタスクフォース「個人情報保護制度の見直しに関する最終報告（概要）」（令和2年12月）の「個人情報保護制度見直しの全体像」の図を加工・修正）

1　基本方針（法7条、132条1号）

政府は、法7条1項の規定に基づき、個人情報の保護に関する施策の総合的かつ一体的な推進を図るため、平成16年4月2日に「個人情報の保護に関する基本方針」を閣議決定し、一部変更が行われながらこれに基づき、各府省庁、地方公共団体、事業者等が取組を実施しています。

2　ガイドライン

平成27年改正法において、個人情報保護委員会が、すべての事業分野に適用される汎用的なガイドライン（以下、単に「ガイドライン」という）を策定することとなりました。

ガイドラインの構成は、条文の流れに従って、法律・政令・規則を適宜示しつつ、事業者が守らなければならない事項を記述し、必要に応じ、法律上の義務（努力義務を含む）ではないが、実施することがより望ましいと考えられる事項が記述されており、以下の4つのガイドラインが定められています。

- **通則編（個人情報保護法全体の解釈・事例）**
- **外国にある第三者への提供編**（以下、本章において「越境提供編」という）
- **第三者提供時の確認・記録義務編**（以下、本章において「確認義務編」という）
- **仮名加工情報・匿名加工情報編**（以下、本章において「仮名加工等情報編」という）

3　個人情報保護条例

すでに述べたとおり、令和３年改正法により、個人情報保護法、行政機関個人情報保護法及び独立行政法人等個人情報保護法は統合されたため、行政機関個人情報保護法及び独立行政法人等個人情報保護法という法律はなくなりました。

個人情報保護条例との関係については、地方公共団体が国の施策との整合性に配慮しつつ（行政機関等の義務等の規定との整合性をとりながら）、必要な措置を講ずる（個人情報保護条例を策定する）ことが義務づけられました（法 12 条）。

第3 個人情報保護に関する基礎知識

1 定義について

(1) 個人情報に関する3つの概念の振り分け

法の規制対象となっている客体、主体は、それぞれ「個人情報」、「個人情報取扱事業者」で、個人情報を取り扱う個人情報取扱事業者について様々な規制（義務規定）が定められています。

客体の「個人情報」ですが、法2条1項～2項で「個人情報」を定義するほか、16条3項で「個人データ」、16条4項で「保有個人データ」という概念を定めています。

この「個人情報」、「個人データ」、「保有個人データ」の3つの概念を設けた意味は、法4章の「個人情報取扱事業者の義務」の規定の仕方に現れています。すなわち、「個人情報」に関する規制（義務）（17条～21条）、「個人データ」に関する規制（義務）（22条～31条）、「保有個人データ」に関する規制（義務）（32条～38条）の3種類に区別する形で規定されています。

したがって、「個人情報」、「個人データ」、「保有個人データ」という3つの概念の相互関係を正確に把握しておく必要があります。また、関連するものとして「個人情報データベース等」（16条1項）という概念があります。

■図表 1-3(1)　個人情報・個人データ・保有個人データ

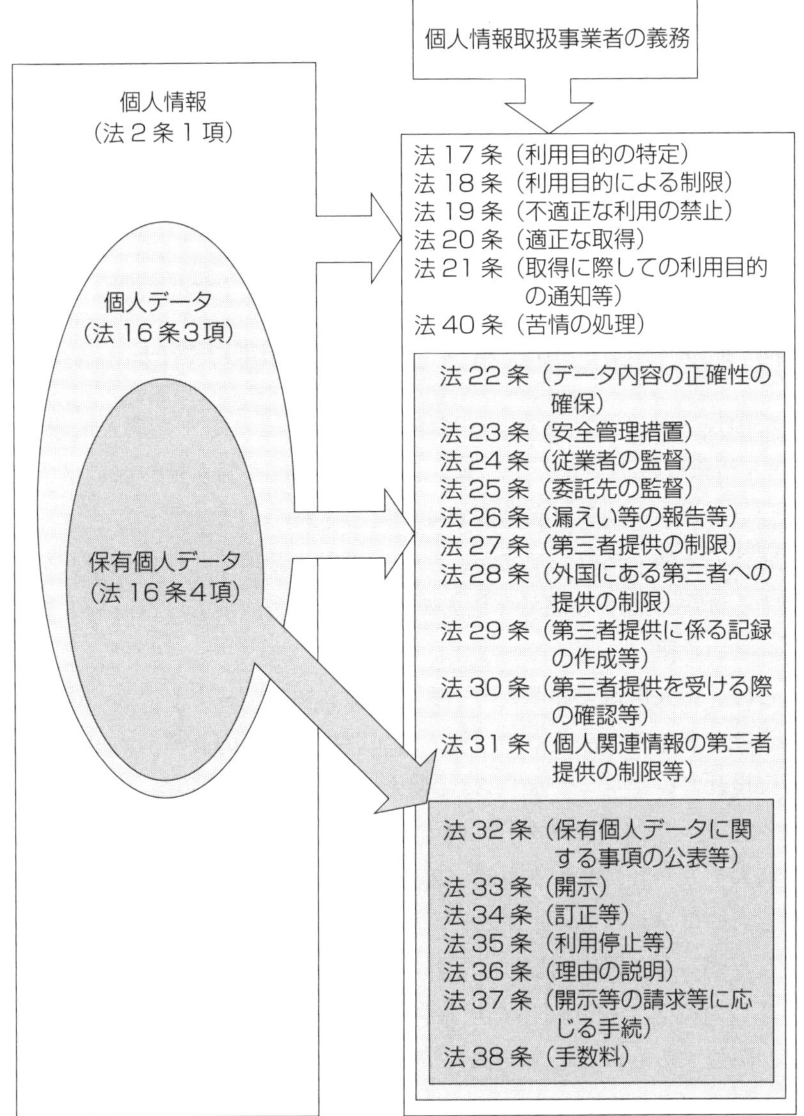

（独立行政法人国民生活センター「個人情報保護講座　講座用テキスト」（平成 17 年 10 月）の図表を元に令和２年改正法にあわせて修正）

■図表 1-3(2)　個人情報の定義

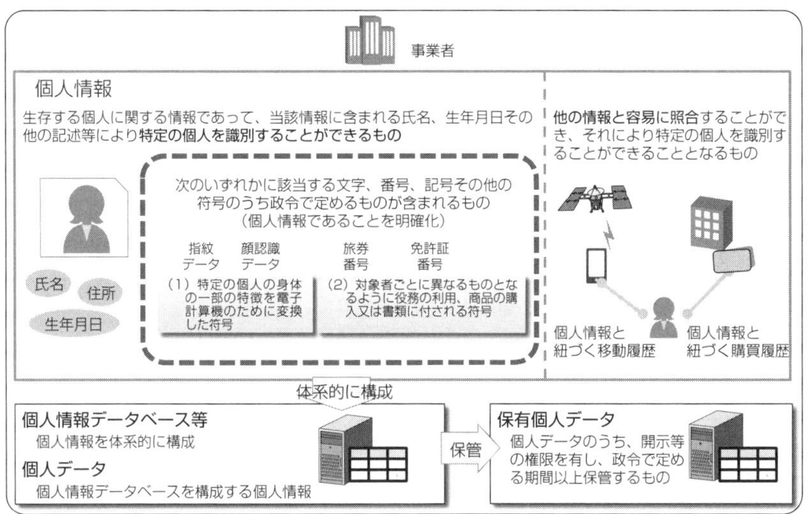

（「骨子案」の図を一部修正）

(2)「個人情報」の定義

ア 「個人に関する情報」(法２条１項)

「個人情報」とは、「生存する個人に関する情報」であって、①「当該情報に含まれる氏名、生年月日その他の記述等により特定の個人を識別することができるもの(他の情報と容易に照合することができ、それにより特定の個人を識別することができることとなるものを含む。)」及び②「個人識別符号」のいずれかに該当するものをいうと定義されています。平成15年法制定当初、「個人情報」の定義については、①のみでしたが、情報通信技術の進展もあいまって、具体的にどのような情報が個人情報であるかが解釈に委ねられるところが大きく、その該当性判断が難しいという問題が指摘されており、保護対象明確化の観点から、具体的には、身体の一部の特徴をデータ化したもの等について、「個人識別符号」という新たなカテゴリーが設けられました(法２条２項)。すなわち、「個人情報」とは、「個人識別符号」及び「個人識別符号以外の個人情報」の２種類の情報を指します(**第２章第１④図表2-1(4)**参照)。

ただし、これは、個人情報の定義を拡大、拡充するものではありません(平成27年５月８日　衆内　山口国務大臣答弁)。

ガイドライン通則編(５～６頁)は、本人の氏名、生年月日等のほか【個人情報に該当する事例】として以下のものを挙げています。

・防犯カメラに記録された情報等本人が判別できる映像情報
・本人の氏名が含まれる等の事由により、特定の個人を識別できる音声録音情報
・特定の個人を識別できるメールアドレス(kojin_ichirou@example.com等のようにメールアドレスだけの情報の場合であっても、example社に所属するコジンイチロウのメールアドレスであること

が分かるような場合等）
・個人情報を取得後に当該情報に付加された個人に関する情報（取得時に生存する特定の個人を識別することができなかったとしても、取得後、新たな情報が付加され、又は照合された結果、生存する特定の個人を識別できる場合は、その時点で個人情報に該当する。）
・官報、電話帳、職員録、法定開示書類（有価証券報告書等）、新聞、ホームページ、SNS（ソーシャル・ネットワーク・サービス）等で公にされている特定の個人を識別できる情報

イ　「個人識別符号」（法2条2項）

「個人識別符号」とは、生存する個人に関する情報であって、次の㋐及び㋑のうち、政令で定めるものをいいます。

㋐　特定の個人の身体の一部の特徴を電子計算機の用に供するために変換した文字、番号、記号その他の符号であって、当該特定の個人を識別することができるもの
㋑　個人に提供される役務の利用若しくは個人に販売される商品の購入に関し割り当てられ、又は個人に発行されるカードその他の書類に記載され、若しくは電磁的方法により記録された文字、番号、記号その他の符号であって、その利用者若しくは購入者又は発行を受ける者ごとに異なるものとなるように割り当てられ、又は記載され、若しくは記録されることにより、特定の利用者若しくは購入者又は発行を受ける者を識別することができるもの

そして政令で、以下の①から⑤が挙げられています（政令1条）。

①　次のⅰからⅶに掲げる身体の特徴のいずれかを電子計算機の用に供するために変換した文字、番号、記号その他の符号のうち特定の個人を識別するに足りるもの（政令1条1号イ～ト）
ⅰ　DNAを構成する塩基の配列
ゲノムデータ（DNAを構成する塩基の配列を文字列で標記し

たもの）のうち、全核ゲノムシークエンスデータ、全エクソームシークエンスデータ等の遺伝型情報により本人を認証することができるようにしたもの（ガイドライン通則編9頁参照）

以下のⅱ～ⅷについては、各記載のものから抽出した特徴情報を、本人を認証することを目的とした装置やソフトウェアにより、本人を認証することをできるようにしたもの（すべてガイドライン通則編9～10頁参照）

ⅱ　顔の骨格及び皮膚の色並びに目、鼻、口その他の顔の部位の位置及び形状によって定まる容貌

ⅲ　虹彩の表面の起伏により形成される線状の模様

ⅳ　発声の際の声帯の振動、声門の開閉並びに声道の形状及びその変化によって定まる声の質（声紋）

ⅴ　歩行の際の姿勢及び両腕の動作、歩幅その他の歩行の態様

例）駅構内監視カメラに録画された映像データ中の人の歩行する態様部分（歩容認証システムにより検証可能）

ⅵ　手のひら又は手の甲若しくは指の皮下の静脈の分岐及び端点によって定まる静脈の形状

ⅶ　指紋又は掌紋

ⅷ　組合せ　上記ⅰからⅶまでに掲げるものから抽出した特徴情報を組み合わせたもの

②　旅券の番号、基礎年金番号、運転免許証の番号、住民票コード及び個人番号（政令1条2～6号）

③　国民健康保険の被保険者証の記号、番号及び保険者番号（規則3条1号）

④　後期高齢者医療制度及び介護保険の被保険者証の番号及び保険者番号（規則3条2号）

⑤　健康保険の被保険者証等の記号、番号及び保険者番号、組合員証等の記号、番号及び保険者番号、雇用保険被保険者証の被保険者番号並びに特別永住者証明書の番号等（規則4条1～20号）

なお、電子メールアドレス、携帯電話番号、情報通信端末ID（通信事業者が割り当てるID）、IPアドレス（インターネット接続を成立させるために割り当てられる番号）なども個人識別符号とする考え

方もありました（平成27年改正時の内閣法制局資料）。

しかし、国会審議等を経て、単に機器に付番される携帯電話の通信端末IDは個人識別符号には該当しないこと、携帯電話番号、クレジットカード番号、メールアドレス及びサービス提供のための会員IDについては、様々な契約形態や運用実態があることから、一概に個人識別符号に該当しないと整理されました。

また、国家資格の登録番号も、広範な事業者によって取り扱われているわけではないとの理由で個人識別符号には該当しないとされました（『宇賀』45頁参照）。

ウ「特定の個人を識別することができる」【識別可能性】（法2条1項1号）の意義

特定の個人を識別できるか否かは、社会通念上、一般人の判断力や理解力をもって、情報の分析等によって、生存する具体的な人物と情報との間に同一性を認めるに至ることができるか否かによります【一般人基準】。

エ「他の情報と容易に照合することができ、それにより特定の個人を識別することができることとなるものを含む」【容易照合性】（法2条1項1号）の意義

容易照合性の有無は、事業者において通常業務における一般的な方法で、特定の個人を識別する他の情報と照合が可能な状態にあるか否かによります。事業者を基準として技術等当該事業者が有するすべてを基礎事情として、一般人の判断能力をもって個人情報該当性を判断します。このため、客観的には同じ情報であっても、事業者ごとに異なった個人情報該当性がなされることがあり得ます。

「個人情報」となる例として、行動履歴（購買履歴、閲覧履歴等）

について、事業者において他の情報と照合することによって特定の個人を識別することができる場合に、同事業者において「個人情報」とする具体例が挙げられていました（平成27年改正時の内閣法制局資料）。

【容易照合性ありとされる事例】

鉄道会社が、記名式ICカードの乗降履歴について、「氏名、性別、住所、電話番号、ICカードID、乗車駅と通過改札番号、乗車駅改札通過時間（秒単位）、降車駅と通過改札番号、降車駅改札通過時間（秒単位）、残高」というデータセットから、氏名、住所、電話番号を削除し、かつICカードIDを仮IDに置き換えて事業者内部に保管していますが、削除・置換のアルゴリズム及び両データセットを照合するための対応表を廃棄しており、両データセットは別々のデータベースに保管され、システム上連結していません。しかし、データベースのメンテナンス等を理由として両データにアクセスし得る人間が社内に複数名存在している場合、両データセットを比較すると、項目を突き合わせるのみで照合によって特定の個人を識別することが可能であり、全く知見を有しない者であっても照合によって特定の個人を識別することができ、かつ、両データに対してアクセスできる人間が複数名存在していることから、「容易照合性」があるとされます。

また、「第三者提供と容易照合性」については、【提供元基準説】が政府見解です（「制度改正大綱」第3章第4節「データ利活用に関する施策の在り方」4．端末識別子等の取扱い（3）提供先において個人データとなる情報の取扱い）。すなわち、提供元にとって容易に照合することが可能であり、個人情報に該当すれば、提供元が、提供先に対して、氏名、住所等のデータを消去したデータを提供した（提供先では容易には誰のデータかは識別できない）としても、第三者提供に関する規定（法27条）が適用となり、提供元は、事前の本人同意の取得等の対応が必要になります。

「個人情報」の定義の整備により、「個人識別符号」が含まれる情報が「個人情報」に該当することは明確になりましたが、「個人識別符号」が含まれない場合については、これまでと同様、上記の識別可能性、容易照合性の判断が必要となりますので留意すべきです。

なお、「個人」に関する情報ですから、法人その他の団体に関する情報は対象とはなりません。しかし、法人の役員の氏名、住所等の役員情報は、役員自身の個人情報としての側面を持ちますので、個人情報となり、個人事業者に関する情報も、事業に関する情報と個人に関する情報の区別が困難ですので個人情報となります。

オ　「生存する個人に関する情報」（法２条１項）

「死者の個人情報」は対象とされていません。ただし、死者の個人情報が、同時に遺族自身の個人情報と考えられる場合は、「遺族」という「生存する個人」に関する情報として法の対象となります（ガイドライン「通則編」６頁（※２）参照）。

例えば、死者の「遺伝子」に関する情報は、遺族に関する情報にもなり得ますし、死者の相続財産に関する情報は、遺産分割ということを考えますと、遺族（相続人）に関する情報となる場合もあります。このような情報については、「遺族」という「生存する個人」に関する情報として保護対象となります。

したがって、純粋に死者のみに関係する個人情報は保護の対象になりません。

(3)「要配慮個人情報」の定義（法２条３項）

「要配慮個人情報」とは、本人の人種、信条、社会的身分、病歴、犯罪の経歴、犯罪により害を被った事実その他本人に対する不当な差別、偏見その他の不利益が生じないようにその取扱いに特に配慮を要する記述等が含まれる個人情報をいいます。

ここで、「人種」とは、人種、世系又は民族的若しくは種族的出身を広く意味します。「アイヌ」、「在日韓国人」などがこれに該当します（平成27年5月20日　衆内　向井審議官答弁参照）。

単純な国籍や「外国人」という情報は法的地位であり、それだけでは人種には含まれません。また肌の色は、人種を推知させる情報にすぎないため、人種には含まれません。

「信条」とは、個人の基本的なものの見方、考え方を意味し、思想と信仰の双方を含みます。なお、信条それ自体でなく、信条を推知させる情報は含みません（例：宗教に関する書籍の購買情報）。

「社会的身分」とは、ある個人にその境遇として固着していて、一生の間、自らの力によって容易にそれから脱し得ないような地位（例：非嫡出子であることや被差別部落出身であることなど）を意味し、単なる職業的地位や学歴は含まれません。

「病歴」とは、病気に罹患した経歴を意味するもので、特定の病歴を示した部分（例：特定の個人ががんに罹患している、統合失調症を患っている等）が該当します。

「犯罪の経歴」とは、前科、すなわち有罪の判決を受けこれが確定した事実が該当します。

「犯罪により害を被った事実」とは、身体的被害、精神的被害及び金銭的被害の別を問わず、犯罪の被害を受けた事実を意味します。
（以上、ガイドライン通則編12頁参照）

例えば、足の不自由な人がいるということは、それのみではいずれにも該当しませんが、特定の病気と結びついた場合には病歴に該当します。単に外国人であること、外国籍であるというだけでは該当しません。ただ、特定の人種に関する情報と結びついた場合には、「人種」に該当し得ます。赤ちゃんがいることはいずれにも該当しません（平成27年5月20日　衆内　向井審議官答弁参照）。

政令2条及び規則5条では、以下のア～オの個人情報を要配慮個人情報に加えています。

ア　心身機能障害に関する情報（政令２条１号）

心身機能障害とは、次の①から④の障害であり、それぞれについて、要配慮個人情報となる例を１つずつ挙げておきます。

①　身体障害者福祉法の身体上の障害

例）医師等により、例えば、視覚障害があることを診断・判定されたこと

②　知的障害者福祉法の知的障害

例）医師等により、知的障害があると診断・判定されたこと

③　精神保健及び精神障害福祉に関する法律の精神障害

例）医師等により精神障害や発達障害があると診断・判定されたこと

④　治療方法の確立していない疾病等による障害の程度が厚生労働大臣が定める程度であるもの

例）医師により、厚生労働大臣が定める特殊の疾病による障害により継続的に日常生活又は社会生活に相当な制限を受けていると診断されたこと

イ　健康診断等の結果に関する情報（政令２条２号）

例１）労働安全衛生法に基づいて行われた健康診断結果やストレスチェック結果

例２）医療機関を介さない遺伝子検査結果による本人の遺伝型とその遺伝型の疾患へのかかりやすさに該当する結果

なお、健康診査等受診の事実は該当しません。

また、身長、体重、血圧、脈拍、体温等の個人の健康情報を、健康診査、診断等の事業及びそれに関する業務とは関係ない方法により知り得た場合は該当しません。

ウ　健康診断等に基づく心身状態改善のための指導、診療・調剤に関する情報（政令２条３号）

「指導」の例：労働安全衛生法に基づき医師・保健師により行われた保健指導の内容等（保健指導を受けた事実も該当）

「診療」の例：診療過程で、患者の身体の状況、病状、治療状況等について医師等が知り得た情報すべてで、診療記録等が該当（病院等を受診した事実も該当）

「調剤」の例：調剤過程で、患者の身体の状況、病状、治療状況等について、薬剤師等が知り得た情報すべてで、調剤録、薬剤服用歴、お薬手帳に記載された情報等が該当（薬局等で調剤を受けた事実も該当）

エ　本人を被疑者又は被告人とする逮捕、捜索、差押え、勾留、公訴提起等の刑事事件手続関連情報（犯罪の経歴を除く）（政令２条４号）

他人を被疑者とする犯罪捜査のために取調べを受けた事実や、証人尋問を受けた事実に関する情報は、該当しません。

オ　少年の保護事件に関する情報（政令２条５号）

本人を非行少年又はその疑いのある者として、保護処分等の手続が行われた事実が該当

なお、遺伝子検査により判明する情報の中には、差別、偏見につながり得るもの（例：将来発症し得る可能性のある病気、治療薬の選択に関する情報等）が含まれ得ますので、当該情報は、イ又はウに該当し得ます（以上、アからオにつきガイドライン通則編 13～15 頁参照）。

(4)「個人情報データベース等」の定義（法16条1項）

ア 「個人情報データベース等」とは

個人情報データベース等とは、「個人情報を含む情報の集合物であって」以下の(ア)及び(イ)を指します。

(ア) 特定の個人情報を電子計算機を用いて検索できるように体系的に構成したもの

例えば、苗字、生年月日、住所等の項目で検索すると、それぞれに該当する個人情報が出てきます。これらをいくつか組み合わせれば、特定の個人（ある１人）の情報に行き当たります。これが「個人情報データベース」です。

一方、インターネットのウェブサイトは、仮に、個人情報が記録されている場合があるとしても、それは体系的に記録されているとは見られませんので該当しません。インターネットの検索エンジンも個人情報としての索引が付されている情報を検索できるわけではありませんので該当しません。

(イ) 特定の個人情報を容易に検索できるように体系的に構成したものとして政令で定めるもの

コンピュータにより「データベース」化されていないが、苗字、生年月日、住所等の項目を手がかりにすれば、特定の個人の情報を簡単に見つけることができるというものです。例えば、名簿が、一定のルールに従って、書棚に並べられており、検索カードを使えば、特定の大学の、特定の年度に作成された同窓会名簿にたどりつき、その名簿には、名前の索引があって、それを手がかりに特定の個人を探し当てることができるといった具合です。

イ 「個人情報データベース等」から除外されるもの

なお、「利用方法からみて個人の権利利益を害するおそれが少ないものとして政令で定めるものを除く。」とされています。それは次の①～③のいずれにも該当するものです（政令4条)。

① 法令に違反することなく不特定多数の者への販売目的で発行されたもの
② 不特定多数の者が随時購入可能、あるいは可能だったもの
③ 生存する個人に関する他の情報を加えることなく本来の用途に供しているもの

これは、中小規模事業者（過去6か月間で5,000人分以下の個人情報を扱う事業者）の負担に配慮する趣旨で、個人情報の性質及び利用方法からみて個人の権利利益を侵害するおそれの少ない一定の情報の集合物については、その取扱いについて法に定める義務が課されないよう、上記①～③を「個人情報データベース等」から除外する規定が設けられています。

ウ 「個人情報データベース等」から除外されない例

地域限定・会員限定等、極めて高額で販売されている等、特定の者しか購入ができない場合や、閲覧するために特殊なハード機器やソフトを購入しなければならない場合には、「不特定多数の者への販売目的」に該当しません。

また、購入等に際して多数の仲介人が介在するなど手続が煩雑な場合や、販売期間が限定されている場合は、「随時購入可能、あるいは可能だったもの」に該当しません。

自治会等の名簿については、既に公になっているものとはいえず、

漏えいがあった場合に、個人の権利利益が侵害される危険性がなお存在するため、除外されないと考えられます。

重要な点は、名簿屋が取り扱う名簿については、本規定により適用が除外されることは想定されていないことです。こうした名簿は、通常は編集や加工が施されていますので、市販名簿等をそのまま転売している極く例外的な場合を除いて除外されません。また、名簿事業者から購入した名簿は、広く一般に市販されているものではなく、要望のある特定の事業者に対してのみ販売が行われるものであることからも除外されません（『宇賀』72 頁参照）。

なお、適用除外になったとしても、除外されるのはあくまで最終的な市販の電話帳、職員録等であって、電話帳、職員録等の元となっている個人情報データベース等についてまで適用除外になっているわけではないことに留意する必要があります。

（個人情報データベース等に該当する事例と該当しない事例については、ガイドライン通則編 17 頁）

(5)「個人データ」の定義（法 16 条3項）

個人データは、「個人情報データベース等を構成する個人情報」をいいます。

「個人情報」は、例えば、特定の A さん自身が、運転免許証やマイナンバーカードなどの形で持っていますし、A さんから名刺をもらった人は、その名刺に書かれている範囲で A さんの個人情報を持っていることになります。

このうち、「個人情報データベース等」の中に入っている A さんの個人情報のことを、特に「個人データ」と定義します。

さらに、①個人情報データベース等から外部記録媒体に保存された個人情報、②個人情報データベース等から紙面に出力された帳票等に印字された個人情報のように、ある個人情報データベース等の中に入っている個人情報と同一性を保った状態の個人情報も「個人データ」に該当します（ガイドライン通則編19頁参照）。

(6)「保有個人データ」の定義（法16条4項）

ア 「保有個人データ」とは

保有個人データは、「個人情報取扱事業者が、開示、内容の訂正、追加又は削除、利用の停止、消去及び第三者への提供の停止（法33〜35条）を行うことのできる権限を有する個人データ」です。「個人データ」の内容をさらに絞り込むものです。

すなわち、「個人データ」は「個人情報」の集合に含まれ、さらに「保有個人データ」が「個人データ」の集合に含まれるという関係です。

イ 「保有個人データ」を持っている者

「開示、内容の訂正、追加又は削除、利用の停止、消去及び第三者への提供の停止を行うことのできる権限を有する」ことのポイントは、「個人データ」を持っている者が、その「個人データ」の開示等の「権限を有する」者か否かという点です。

A社が、マーケティングに利用する目的で、大量の個人情報を集め、その個人情報のデータベース化作業やその後の検索等のデータ処理については、専門の情報処理業者（B社）に外部委託した場合に、B社自身は、データベース化された「個人情報データベース」を持ってはいますが、マーケティングのために利用するわけではありません。マーケティングのために利用するのは、委託元のA社です。「個人情報データベース」の中に入っている「個人データ」を実質的に利用・管理し、その「個人データ」の本人から開示請求等があった場合に、開示するかしないかを判断できる（権限がある）のは、Ｂ社ではなく、Ａ社です。「保有個人データ」を持っているのは、Ａ社ということです。

ウ　保有個人データからの除外（法16条4項）

「その存否が明らかになることにより公益その他の利益が害されるものとして政令で定められるもの」が「保有個人データ」から除外されています。そして、「保有個人データ」から除外された「個人データ」については、開示義務等は課されません。

政令５条は、以下の①～④を挙げています。具体例は、ガイドライン通則編20～21頁を参照してください。

① 本人又は第三者の生命、身体又は財産に危害が及ぶおそれのあるもの
② 違法又は不当な行為を助長し、又は誘発するおそれがあるもの
③ 国の安全が害されるおそれ、他国若しくは国際機関との信頼関係が損なわれるおそれ又は他国若しくは国際機関との交渉上不利益を被るおそれがあるもの
④ 犯罪の予防、鎮圧又は捜査その他の公共の安全と秩序の維持に支障が及ぶおそれがあるもの

令和２年改正前までは、６か月以内に消去する場合（更新することは除く）も保有個人データから除外されていましたが、情報化社会の進展により、短期間で消去される個人データにおいても、その間に漏えい等が発生し、瞬時に拡散する危険が現実のものとなっており、短期間で消去される個人データについても、個人の権利利益を侵害する危険性が低いとは限らない（制度改正大綱11頁）として、短期保有データもすべて保有個人データに含めることとされました。

(7)「個人情報取扱事業者」の定義

ア　一般的な個人情報取扱事業者（法 16 条２項）

「個人情報取扱事業者」は、「個人情報データベース等を事業の用に供している者をいう。」と定義されています。

㈠「事業の用に供している」

「事業」とは、反復継続して社会的に事業と認められるものをいい、大量の個人情報を持ち、データベース化していても、私的に利用する場合は法の対象外です、また、「輸送業者、倉庫業者、書店のように、内容に関知することなく、単に、輸送、保管、販売のみを行う者も、事業の用に供しているとはいえ」ません（『宇賀』74 頁)。そして、個人事業主、法人、公益法人、営利を目的とする株式会社、法人格はないが代表者の定めのある団体のいずれも、原則として、個人情報取扱事業者に該当します。ただし、営利か非営利かは問われませんので、労働組合や医療機関、NPO 法人も、個人情報をその活動の用に供していれば､個人情報取扱事業者に該当します。

㈡「個人情報取扱事業者」に該当しない事業者

国の機関、地方公共団体、独立行政法人等、地方独立行政法人（法 16 条２項の１～４号）は該当しません。

なお､１人分の「個人データ」しか有していない事業者であっても、個人情報取扱事業者に該当しますので注意が必要です。

イ　匿名加工情報取扱事業者（法 16 条６項）

個人情報を含むパーソナルデータは有用であることから、個人情報の目的外利用及び個人データの第三者提供に本人の同意が求められていることについて（法 18 条及び 27 条１項)、大量の個人情報を取り扱う事業者にとってその全員から同意を得ることの負担は大きく、個人情報を利用した新規事業の実施に障害になることが懸念されていました。

そこで、平成27年改正法によりパーソナルデータの流通・利用を図るため、個人データを加工し、個人が特定される可能性を減じたデータについて、「匿名加工情報」という新たな類型が設けられ、本人の同意なしに提供することができるようになりました。

㋐　「匿名加工情報」の定義（法2条6項）

「匿名加工情報」とは、個人情報を次の①②の区分に応じた措置を講じて特定の個人を識別することができないように加工して得られる個人に関する情報で、当該個人情報を復元して特定の個人を再識別できないようにしたものです。

① 個人識別符号以外の個人情報：措置＝当該個人情報に含まれる記述等の一部の削除（一部の記述等を「復元することのできる規則性を有しない方法」により他の記述等に置き換えることを含む）
② 個人識別符号：措置＝当該個人情報に含まれる個人識別符号の全部の削除（個人識別符号を復元することのできる規則性を有しない方法により他の記述等に置き換えることを含む）

なお、②の措置を講じた上で、なお、①に該当する個人情報である場合には、①の加工を行う必要があります。

ここでの「復元することのできる規則性を有しない方法」とは、置き換えた記述から、置き換える前の特定の個人を識別できる記述等又は個人識別符号の内容を復元できない方法です（ガイドライン仮名加工等情報編29～30頁参照）。

匿名加工情報に求められる「特定の個人を識別することが

できない」及び「復元することができない」との要件は、技術的側面から全ての可能性を排除することまで求めるものではなく、少なくとも一般人及び一般的な事業者の能力、手法等を基準として当該情報を通常の方法により「特定できない」又は「復元できない」ような状態にすることで足ります(ガイドライン仮名加工等情報編 30 頁参照)。

(イ) 「匿名加工情報」の特徴

特定の個人の識別はできませんので、「個人情報」には該当せず、それゆえ、【容易照合性】の議論も不要です。

そもそも、技術的には汎用的で完全な匿名化措置というものはおよそないこと及び技術の発展に伴い多種多様かつ多量な情報が集積されうる現代において、情報が流通する先における特定に至るリスクを予測することは不可能に近いと考えられます。

このため、「匿名加工情報」は、特定に至るリスクを匿名加工情報の作成者と受領者に適切に配分(後述の通り一定の義務を課す)し、一方で、情報の有用性を喪失しない程度とする趣旨で制度化されました。

(ウ) 「匿名加工情報データベース等」(法 16 条 6 項)の意義

①特定の匿名加工情報をコンピュータを用いて検索できるように体系的に構成した、匿名加工情報を含む情報の集合物及び②紙媒体の匿名加工情報を一定の規則に従って整理・分類し、特定の匿名加工情報を容易に検索できるよう目次、索引、符号等を付し、容易に検索可能な状態に置いているもの(政令 7 条)が該当します(ガイドライン仮名加工等情報編 31 頁参照)。

(エ) 「匿名加工情報取扱事業者」(法 16 条 6 項)

「匿名加工情報データベース等」を事業の用に供している者をいいます。一般的な個人情報取扱事業者との関係ですが、匿名加工情報を作成加工し、自ら取り扱い、第三者提供する者は個人情報取扱事業者です。匿名加工情報取扱事業者は、自ら匿名加工情報作成加工せずに、提供を受けて「匿名加工情報データベース等」を事業の用に供している者です。

ウ　仮名加工情報取扱事業者（法16条5項）

平成27年改正法で導入された「匿名加工情報」の制度は、後述するとおり、加工基準が厳格であるなど、事業者によって有効に活用されているとまでは言えない状況でした。

一方で、事業者の中には、自らの組織内部でパーソナルデータを取り扱うにあたり、安全管理措置の一環として、データ内の氏名等特定の個人を直接識別できる記述を他の記述に置き換える又は削除することで、加工後のデータ単体からは特定の個人を識別できないようにするといった、いわゆる「仮名化」と呼ばれる加工（「匿名加工情報」よりも比較的簡便な加工）を施した上で利活用を行うニーズが高まっていました。

そこで、一定の安全性を確保しつつ、イノベーションを促進する観点から、その利活用を、本人を識別する利用を伴わない事業者内部における分析等に限定するとの前提で、「匿名加工情報」とは別の、「仮名加工情報」という新たな類型を設けました（以上、「制度改正大綱」21～22頁）。これにより、企業におけるビッグデータの分析、技術開発がより円滑、効率的にできるようになることが期待されます（令和２年５月22日　衆内　其田参考人答弁）。

㋐　「仮名加工情報」の定義（法２条５項）

「仮名加工情報」とは、個人情報を次の①②の区分に応じた措置を講じて他の情報と照合しない限り特定の個人を識別することができないように個人情報を加工して得られる個人に関する情報です。

①　個人識別符号以外の個人情報

当該個人情報に含まれる記述等の一部を削除すること（一部の記述等を復元することのできる規則性を有しない方法により他の記述等に置き換えることを含む）

②　個人識別符号

当該個人情報に含まれる個人識別符号の全部を削除すること（個人識別符号を復元することのできる規則性を有しない方法により他の記述等に置き換えることを含む）

上記①②の措置は、「匿名加工情報」に係る措置と同一ですが、「仮名加工情報」の制度が設けられた趣旨からすれば、他の情報と照合しない限り、特定の個人を識別することができないように個人情報を加工すれば足りるという、「匿名加工情報」よりも簡易な加工方法になります（氏名等の特定の個人を識別することができる記述を削除すること、住所や生年月日等、それ自体で特定の個人を識別することはできないが、それらを組み合わせることにより個人が識別される場合には、これらも削除対象となること等　令和２年５月22日　衆内　其田参考人答弁）。

⑴　「仮名加工情報」の特徴

「仮名加工情報」の作成過程に鑑みれば、例えば、作成後に原データである個人情報を削除した場合等には、当該仮名加工情報と他の情報を照合しても容易に特定の個人を識別できないので、この場合の「仮名加工情報」は「個人情報」には該当しないことになります。

しかし、原データである個人情報の削除等をしない場合には、他の情報と照合すれば、容易に特定の個人の識別ができます。

すなわち、「仮名加工情報」には、個人情報である「仮名加工情報」と、個人情報ではない「仮名加工情報」の２つの類型が存在することになります。

「匿名加工情報」については、本人の同意なしに第三者に提供することができます。しかし、後述しますが、「仮名加工情報」については、個人情報ではない「仮名加工情報」であっても、法令に基づく場合以外は、第三者に提供することはできません（本人の同意の有無とは関係がありません）。

(ウ)　「仮名加工情報データベース等」（法16条５項）

仮名加工情報を含む情報の集合物であって、特定の仮名加工情報を電子計算機を用いて検索することができるように体系的に構成したものその他特定の仮名加工情報を容易に検索することができるように体系的に構成したものとして政令（６条）で定めるもの。

特定の仮名加工情報をコンピュータを用いて検索できるように体系的に構成した仮名加工情報を含む情報の集合物及び紙媒体の仮名加工情報を一定の規則に従って整理・分類し、特定の仮名加工情報を容易に検索できるよう目次、索引、符号等を付し、容易に検索可能な状態に置いているものが該当します。

(エ)　「仮名加工情報取扱事業者」（法16条５項）

「仮名加工情報データベース等」を事業の用に供している者をいいます。

一般的な個人情報取扱事業者との関係ですが、仮名加工情報の作成加工時は、個人情報取扱事業者、作成者自ら取扱い・提供する時、当該仮名加工情報が個人情報であるときは個人情報取扱事業者でもあり、個人情報ではないときは、仮名加工情報取扱事業者のみとなります。

エ　個人関連情報取扱事業者（法16条7項）

インターネット広告の分野では、ユーザーがあるウェブサイトにアクセスした際に、当該ユーザーのPCやスマートフォン等のブラウザごとのクッキー等の端末識別子等を通じてユーザー一人ひとりの趣味嗜好・性別・年齢・居住地等に関するユーザーデータを取得し、それを活用して当該ユーザーに狙いを絞った広告配信を行う、いわゆるターゲティング広告の手法が広く普及しています。端末識別子等であっても、会員情報等と紐付けられ特定の個人を識別できるような場合は、個人情報保護法上の個人情報として取り扱われなければなりません。さらに、ここ数年、インターネット上のユーザーデータの収集・蓄積・統合・分析を行うDMPと呼ばれるプラットフォームが普及しつつあり、この中で、クッキー等の識別子に紐付く個人情報ではないユーザーデータを、提供先において他の情報と照合することにより個人情報とされることをあらかじめ知りながら、他の事業者に提供する事業形態が出現し、いわゆる「リクナビ問題」（株式会社リクルートキャリアが運営する就職情報サイト「リクナビ」におけるサービスでは、個人情報である氏名の代わりにクッキーで突合し、特定の個人を識別しないとする方式で内定辞退率を算出し、第三者提供に係る同意を得ずにこれを利用企業に提供していました。株式会社リクルートキャリアは、内定辞退率の提供を受けた企業側において特定の個人を識別できることを知りながら、提供する側では特定の個人を識別できないとして、個人データの第三者提供の同意取得を回避しており、法の趣旨を潜脱した不適切なサービスが行われていました）などの問題が発生しました。

このような現状を踏まえ、「容易照合性」（法２条１項１号）については、既に述べた通り「提供元基準」が政府見解ですが、これを前提としつつ、提供元では容易照合性が認められず個人データに該当しないものの、提供先において容易照合性が認められ個人データとなる

「個人関連情報」という新たな類型が創設されました（以上、「制度改正大綱」24～25頁参照）。

㋐　「個人関連情報」の定義（法２条７項）

「個人関連情報」とは、「生存する個人に関する情報であって、個人情報、仮名加工情報及び匿名加工情報のいずれにも該当しないものをいう。」と定義されています。クッキーやIPアドレス等の端末識別子情報や位置情報及びそれらに紐付いた「個人情報」ではない個人に関する情報（閲覧履歴や趣味嗜好等の情報）がこれに含まれます（なお、いわゆる「統計情報」は「個人関連情報」には含まれません。令和２年６月４日　参内　其田参考人答弁。統計情報は、特定の個人との対応関係が排斥された上で、アグリケート等の処理がなされているため、他の情報と照合しても特定の個人は識別できず、「個人に関する情報」でもありません）。

ガイドライン通則編（22頁）は、個人関連情報に関する事例として以下のものを挙げています。

事例１）Cookie等の端末識別子を通じて収集された、ある個人のウェブサイトの閲覧履歴

事例２）メールアドレスに結び付いた、ある個人の年齢・性別・家族構成等

事例３）ある個人の商品購買履歴・サービス利用履歴

事例４）ある個人の位置情報

事例５）ある個人の興味・関心を示す情報

なお、個人情報に該当する場合は、個人関連情報に該当しないことになります。例えば、一般的に、ある個人の位置情報それ自体のみでは個人情報には該当しないものではあるが、個人に関する位置情報が連続的に蓄積される等して特定の個人を識別することができる場合には、個人情報に該当し、個人関連情報には該当しないことになります。

(イ)「個人関連情報データベース等」（法16条7項）

個人関連情報を含む情報の集合物であって、特定の個人関連情報を電子計算機を用いて検索することができるように体系的に構成したものその他特定の個人関連情報を容易に検索することができるように体系的に構成したものとして政令（7条の2）で定めるもの。

特定の個人関連情報をコンピュータを用いて検索できるように体系的に構成した個人関連情報を含む情報の集合物及び紙媒体の個人関連情報を一定の規則に従って整理・分類し、特定の個人関連情報を容易に検索できるよう目次、索引、符号等を付し、容易に検索可能な状態に置いているものが該当します。

(ウ)「個人関連情報取扱事業者」（法16条7項）

「個人関連情報データベース等」を事業の用に供している者をいいます。個人関連情報は「個人情報」ではないので、個人情報取扱事業者とは概念的には関係がありません。

2　一般的な個人情報取扱事業者に対する規制Ⅰ－「個人情報」に関する規制（義務）

(1) 個人情報の取得に関する規制

ア　適正な取得（法20条1項）

「偽りその他不正の手段により」個人情報を取得してはなりません。

「偽りその他不正の手段」とは、顧客名簿や顧客情報がデータ化されたフロッピーを盗んで個人情報を取得するなど違法と評価される場合は当然として、違法とまでは評価されないが、一般の社会通念から見て適切でないと判断される場合も含みます。

例えば、a. 個人情報を収集している事実や利用目的などを偽って取得する場合、b. 相手が利用目的等を誤解しているのを知りながら取得する場合、c. 他人が持っている書類を覗き込むなどして個人情報を盗み見たり、隠し撮りしたりする場合、d. 個人情報に関わる電話の会話を無断で録音したり、インターネットから不正アクセスにより取得する場合、e. 子供に甘言を弄するなどして家族の個人情報を取得する場合などです（その他の例につき、ガイドライン通則編 40～41 頁参照)。

なお、個人情報を含む情報がインターネット等により公にされている場合であって、単にこれを閲覧するにすぎず、転記等を行わない場合は、個人情報を取得しているとは解されません。

イ　同意取得の原則、直接収集の原則

個人情報の取得に関する規制の考え方としては、個人情報を収集する目的を相手方に告げ、同意を得た上で取得するという原則（同意取得の原則）や、第三者からではなく、本人から直接収集しなければならないという原則（直接収集の原則）があります。法には、上記の原則に関する規定は置かれていません。しかし、「適正な取扱いが図られなければならない」（法３条）とある通り、個人情報を適切に取り扱うという観点からは、同意取得、直接取得が望ましく、法もそのことを否定する趣旨ではありません。

同意取得との関係では、本人が不特定多数の者に公開した（電話帳、個人として開設したウェブサイトに自分の情報を掲載した場合など）情報を収集する場合は、本人の同意を必要とせずに取得することが許されますが、利用目的が、本人が公開した意図に反し、本人の権利利益を侵害するおそれのあるような場合は、同意なしの取得は認められないでしょう。

また、間接取得は禁止されていませんから、各種名簿などを名簿業者などから有償で購入したりすることは直ちに不正な手段による取得とはいえません。しかし、既に述べたように、提供元が不正な手段で取得したり、後述する第三者提供に関するオプトアウトの手続をとっていないことを知りながら、それを購入したりする場合は、不正の手段による取得となります。

ウ　要配慮個人情報の取得原則禁止（法 20 条２項）

本人が知らないところで当該本人に関する要配慮個人情報が取得され、それに基づいて、例えば①病歴を取得してこれによってマンションへの入居を拒んだり、②社会的身分を理由として入社拒否すること等の差別的取扱いがなされることを防ぐ趣旨です。

要配慮個人情報取得には、本人の事前の同意が必要で、上記の趣旨からは、事後の同意による追完は許されないと考えられます。

他方、要配慮個人情報であっても、適正に公開されている情報の取得が妨げられるのは不合理で、当人ですら気がつかない間に要配慮個人情報を取得することまで違法とする必要はありません。そこで、本人の意思に優先すべき必要性が認められる場合や、取得を制限する合理性がない場合については、例外的に本人の同意がなくても要配慮個人情報の取得ができます（以上、『しくみ』66～67 頁参照）。

本人の同意を得る必要のない場合は、以下の①～⑧です（法 20 条２項各号列挙事由）。

① 法令（条例を含む。）に基づく場合
・相続事件を受任した弁護士が戸籍を取り寄せ、それにより嫡出でない子を含む相続人の有無を確認する場合（『宇賀』143 頁参照）

② 人の生命、身体又は財産の保護のために必要がある場合であって、本人の同意を得ることが困難であるとき

・急病等の事態に、本人の病歴や輸血を伴う手術の可否を判断するための本人の信仰等を医師や看護師が家族から聴取する場合
・新興宗教団体による詐欺的商法事案で、契約取消及び損害賠償請求訴訟を起こした原告の代理人弁護士が、被告が新興宗教団体の一員であることの立証のために情報を取得する場合（『宇賀』144頁参照）

③　公衆衛生の向上又は児童の健全な育成の推進のために必要ある場合であって、本人の同意を得ることが困難であるとき

・病気の予防治療のための研究目的で人種に関する情報を取得する場合や、児童虐待防止のために、児童の保護に関する業務を行う者が、従業員等の児童虐待に係る前科・前歴等を、公開情報等を用いて調査する場合
・児童生徒の不登校等について、児童相談所、学校、医療機関等の関係機関が連携して対応するため、ある関係機関が、他の関係機関から当該児童生徒の保護事件手続情報を取得する場合

④　国の機関若しくは地方公共団体又はその委託を受けた者が法令の定める事務を遂行することに対して協力する必要がある場合であって、本人の同意を得ることにより当該事務の遂行に支障を及ぼすおそれがあるとき

・事業者が警察の任意の求めに応じて要配慮個人情報に該当する個人情報を提出するため、当該個人情報を取得する場合
（以上②から④につき、『宇賀』143～144 頁、ガイドライン通則編43～44 頁参照）

⑤　当該個人情報取扱事業者が学術研究機関等である場合であって、当該要配慮個人情報を学術研究目的で取り扱う必要があるとき（当該要配慮個人情報を取り扱う目的の一部が学術研究目的である場合を含み、個人の権利利益を不当に侵害するおそれがある場合を除く。）

⑥　学術研究機関等から当該要配慮個人情報を学術研究目的で取得する必要があるとき（当該要配慮個人情報を取得する目的の一部が学術研究目的である場合を含み、個人の権利利益を不当に侵害するおそれがある場合を除く。）（当該個人情報取扱事業者と当該学術研究機関等が共同して学術研究を行う場合に限る。）

⑦　当該要配慮個人情報が、本人、国の機関、地方公共団体、学術研

究機関等（いずれも「外国の者」を含む－規則6条－）により公開されている場合（ガイドライン通則編45頁（7）参照）

令和３年改正で、⑤及び⑥が追加になりました。

⑦の「本人」による公開とは、自らがウェブサイトやフェイスブック等のSNSを用いてインターネット上で、自己の信条等について表明している場合です。

「国の機関、地方公共団体」による公開とは、警察庁や地方警察が刑事事件について、被疑者の人種や前科、捜査状況について発表する場合です。報道機関が上記公的機関の発表や取材により取得した情報を用いて被疑者の人種や前科、特定の個人の信仰に触れる報道をする場合も該当します。

公開は「適法」であることが必要です。したがって、「報道の用に供する目的」に当たらないときや、放送法上の「公安及び善良な風俗を害しない」等の規律に違反する場合、プライバシー侵害や名誉棄損罪になる場合は含まれません（『宇賀』145頁参照）。

例えば、ある著名人の刑事事件で逮捕直前の被疑者が乗ったタクシーの車載カメラの映像をワイドショーで放映することが、もっぱら逮捕前の被疑者の様子を見せる趣旨であれば、放映する公益性に疑問があり、プライバシー侵害の可能性があります。

⑧　その他①～⑦に準ずるものとして政令（9条）で定める場合

・本人を目視し、又は撮影することにより、その外形上明らかな要配慮個人情報を取得する場合

例）身体の不自由な方が来店したときに、その旨のお客様対応記録を作成する場合、防犯カメラに映り込んだ場合

・委託、事業承継又は共同利用によって要配慮情報の提供を受ける場合（法27条5項各号）

（ガイドライン通則編46頁(8)(9)参照）

なお、要配慮個人情報を取得するに際して、常に本人の同意を得るのは難しいため、不要な情報を取得すべきではなく、本人確認書類において要配慮情報が記載されたものがある場合などには、マスキング（塗りつぶし）を施すことが必要と考えられます。

エ　利用目的の通知・公表（法21条1、2項）

個人情報の取得時又は取得後に、個人情報取扱事業者が行わなければならないのは、利用目的の通知、公表です。すなわち、あらかじめ公表している場合を除いて、速やかに、その利用目的を本人に通知し、又は公表しなければなりません（「本人に通知」、「公表」の意義については、ガイドライン通則編26～27頁参照）。

㋐　必ず事前に本人に利用目的を明示しなければならない場合

契約書締結の場合など、本人から直接書面（電磁的記録を含む）によって個人情報を取得する場合です。

事例1）利用目的を明記した契約書その他の書面を本人に手交・送付

なお、契約約款等の中に利用目的条項を記載する場合は、例えば、裏面約款等に記載されている利用目的条項を表面にも記載し、かつ、社会通念上、本人が認識できる場所及び文字の大きさで記載する等留意することが望ましい。

事例2）ネットワーク上に、利用目的を、本人がアクセスした自社のホームページ上に明示し又は本人の端末装置上に表示

なお、本人が送信ボタン等をクリックする前等にその利用目的（利用目的の内容が示された画面に1回程度の操作でページ遷移するよう設定したリンクやボタンを含む）が本人の目に留まるようその配置に留意することが望ましい。

（ガイドライン通則編48頁、**第2章第4④図表2-4(6)** 参照）

(イ) 通知、公表の例外（法 21 条４項）

次に掲げる場合には、利用目的の本人への通知、公表、明示が求められる場合であっても、当該利用目的の通知等は不要です（事例は、ガイドライン通則編 49～50 頁参照）。

① 通知・公表により本人又は第三者の生命、身体、財産その他の権利利益を害するおそれがある場合（１号）
② 通知・公表により事業者の権利又は正当な利益を害するおそれがある場合（２号）
③ 国の機関又は地方公共団体による法令事務遂行に対して協力する必要がある場合であって、当該事務遂行に支障を及ぼすおそれがある場合（３号）
④ 取得状況から利用目的が明らかな場合（４号）

なお、近年のビジネスの実態等を踏まえると、会社の従業員として交換した名刺のメールアドレスに広告宣伝のメールを送付することについては、多くの場合、利用目的として一般的になっており、「取得状況から利用目的が明らかな場合」に該当します（令和２年６月４日参内　其田参考人答弁。この答弁に基づき、ガイドライン通則編 50 頁の事例 2）が修正されています）。

(2) 個人情報の利用に関する規制

○　利用目的の特定、利用目的による制限（法 17 条、18 条）

利用目的の特定、目的変更の制限及び目的外利用原則禁止は、不必要に又はみだりに個人情報が取り扱われることを制限することで、個人情報利用の限界を画し、本人が自らの権利利益の侵害を未然に防止するために必要な対応（目的外利用に対する利用停止等請求―30 条―）がとれる前提となっています。個人情報取扱事業者に対する規制の最も基本的な部分です。

なお、合併等の事業承継により個人情報が取得された場合にも、承継前に定めた利用目的による制限が承継後の事業主体に引き継がれることが明記されています（法 18 条２項）。

㈠　「できる限り特定」（法 17 条１項）

本人にとって当該情報が利用された場合、自己や第三者にいかなる影響や作用が及ぶかが予測できる程度まで具体化しなければならないと考えられます（特定している事例、特定していない事例については、ガイドライン通則編 31 頁参照）

なお、ガイドライン通則編 32 頁は、「本人から得た情報から、行動・関心等の情報を分析する場合に具体的に利用目的を特定している事例」として以下のものを挙げています。

事例１）「取得した閲覧履歴や購買履歴等の情報を分析して、趣味・嗜好に応じた新商品・サービスに関する広告のために利用いたします。」

事例２）「取得した行動履歴等の情報を分析し、信用スコアを算出した上で、当該スコアを第三者へ提供いたします。」

また、事業者において、利用目的の文言を拡張的に解釈した上で、個人情報の利用の範囲を拡大し、結果として、利用者本人の予測に反する態様で利用を行った場合には、利用目的の制限に違反する場合に該当します（令和２年５月 22 日衆内　其田参考人答弁）。

㈡　「変更前の利用目的と関連性を有すると合理的に認められる範囲」（法 17 条２項）

平成 15 年法では、利用目的の変更が可能な範囲は、変更前の利用目的と「相当の関連性を有する」範囲とされていました。

平成 27 年改正法により、「相当の」が削除され、変更できる利用目的の範囲を、本人が予期しうる限度で拡大し、利用目的を特定させる趣旨を損なわないようにしつつ、事業者の機動的な目的変更が可能となりました。

「変更前の利用目的と関連性を有すると合理的に認められる範囲」は、本人の主観や事業者の恣意的な判断によらず、一般人の判断において、当初の利用目的と変更後の利用目的を比較して予期できる範囲をいい、当初の利用目的とどの程度関連性を有するかを総合的に勘案して判断されます（ガイドライン通則編33頁（※1）参照）

目的変更が可能になる場合として、以下の事例などが想定されます（法制局資料）。

電力会社が、家庭内の機器ごとの電気の使い方を「見える化」して省エネ行動を促すシステム（HEMS）を通じて、機器の使用状況情報を収集していたところ、改正前は、機器が故障した際の保守サービスの連絡等に変更する程度しか認められません。しかし、改正後は、顧客の生活スタイルを可視化するサービスの提供を目的とすることは、関連性を有する合理的な範囲内での目的変更になり、上記情報を、家庭内の電気使用状況分析による高齢者の安否確認サービスや家電制御技術研究開発等に活用することが可能になります。

一方、遺伝子検査や鉄道の利用など、およそ広告配信とは関係がないサービス利用のために提供された個人情報から本人の選好を分析し、広告配信のために用いる場合、本人が到底予期しない目的変更と考えられます（『しくみ』135頁参照）。

また、第三者提供をせずに社内でのみ使用するとしていた個人情報について、第三者提供を目的に追加することは、一般的には関連性を有するものとは言い難いでしょう（『宇賀』135頁参照）。

(ウ)　利用目的達成に必要な範囲（法18条1項）

例えば、「就職のための履歴書情報をもとに、自社の商品の販売促進のために自社取扱商品のカタログと商品購入申込書を送る場合」）は目的の範囲外となり、あらかじめ本人の同意が必要となります。

(エ)　本人の同意なく目的外利用ができる場合（法18条3項）

利用目的は、個人情報取扱事業者による利用の大きな限界になりますが、以下の①～⑥の例外があります。

①　法令（条例を含む）に基づく場合（1号）

刑事訴訟法218条（令状に基づく捜査）、国税通則法74条の2（当該職員の所得税等に関する調査に係る質問検査権）等については、強制力を伴っており、一律「法令」に該当します。一方、刑事訴訟法197条2項（捜査に必要な取調べ）は、強制力を伴いませんが、法令に根拠がありますのでこれに該当します。また、弁護士法23条の2（弁護士会からの照会）や、感染症の予防及び感染症の患者に対する医療に関する法律15条1項（新型コロナウイルスについて、保健所が行う疫学調査－感染経路調査など－）も、法令に基づく場合に該当すると考えられます。

②　人の生命、身体又は財産の保護のために必要がある場合であって、本人の同意を得ることが困難であるとき（2号）

事例1）急病等の事態に、本人について、その血液型や家族の連絡先等を医師や看護師に提供する場合
事例2）大規模災害や事故等の緊急時に、被災者・負傷者情報等を家族、行政機関、地方自治体等に提供する場合
事例3）製造した商品に関連して事故が生じたため、又は、事故は生じていないが、人の生命若しくは身体に危害を及ぼす急迫した危険が存在するため、当該商品の製造事業者等が当該商品をリコールする場合で、

販売事業者、修理事業者又は設置工事事業者等が当該製造事業者等に対して、当該商品の購入者等の情報を提供する場合

③　公衆衛生の向上又は児童の健全な育成の推進のために特に必要がある場合であって、本人の同意を得ることが困難であるとき（3号）

事例1）健康保険組合等が実施する健康診断の結果等に係る情報を、疫学調査等に利用する場合
事例2）児童虐待のおそれのある家庭情報を、児童相談所、警察、学校、病院等が共有する必要がある場合

④　国の機関もしくは地方公共団体又はその委託を受けた者が法令の定める事務を遂行することに対して協力する必要がある場合であって、本人の同意を得ることにより当該事務の遂行に支障を及ぼすおそれがあるとき（4号）

事例1）税務署又は税関の職員等の任意の求めに応じ個人情報を提出する場合
事例2）警察の任意の求めに応じ個人情報を提出する場合
事例3）統計調査に回答する場合

（①～④の事例は、ガイドライン通則編35～37頁参照）

⑤　当該個人情報取扱事業者が学術研究機関等であって、当該個人情報を学術研究目的で取り扱う必要があるとき（個人の権利利益を不当に侵害するおそれがある場合を除く）（5号）

⑥　学術研究機関等に個人データを提供する場合であって、当該学術研究機関等が当該個人データを学術研究目的で取り扱う必要があるとき（個人の権利利益を不当に侵害するおそれがある場合を除く）（6号）

（「個人の権利利益を不当に侵害するおそれ」について、ガイドラ

イン通則編38頁(5)(6)(※3) 参照)

なお、目的外利用の多くは、第三者提供の場面であることが多く、後に見る第三者提供制限の例外の規定と重なります。

○　不適正な利用の禁止（法19条）

昨今の急速なデータ分析技術の向上等を背景に、潜在的に個人の権利利益の侵害につながることが懸念される個人情報の利用の形態がみられるようになり、消費者側の懸念が高まりつつあります。そのような中で、特に平成27年改正法の規定に照らして違法ではないとしても、違法又は不当な行為を助長し、又は、誘発するおそれのある方法により個人情報を利用するなど、本法の目的である個人の権利利益の保護に照らして看過できないような方法で、個人情報が利用されている以下のようなケースがみられます。

・違法行為を営む事業者に個人情報を提供するケース
・官報に記載された自己破産者の氏名を情報収集してインターネットの上のグーグルマップに載せる破産者マップの作成と公開
・不当な要求による被害を防止するための業務を行う責任者・担当者の名簿等をみだりに開示したり、その存在を明らかにしたりするケース（令和2年5月22日　衆内　其田参考人答弁）

このような実態に鑑み、個人情報取扱事業者について、適正とは認めがたい方法による、個人情報の利用を行ってはならないことを明確にしました（以上「制度改正大綱」16頁参照)。すなわち、個人情報取扱事業者は、違法又は不当な行為（直ちに違法とまではいえないものの、個人情報保護法その他の法令の制度趣旨又は公序良俗に反する等、社会通念上適正とは認められない行為）を助長（個人情報の利用が、既に存在する特定の違法又は不当な行為をさらに著しくすること）し、又は誘発（個人情報の利用が原因となって、違法又は不当な行為が新たに引き起こされること）するおそれがある方法により個人情報を利用してはなりません（「助長」「誘発」の意義については『実務対応』31 頁参照）。

例えば、「リクナビ問題」においては、株式会社リクルートキャリアは、内定辞退率の提供を受けた企業側において特定の個人を識別できることを知りながら、提供する側では特定の個人を識別できないとして、個人データの第三者提供の同意を回避しており、このように法令に違反することを認識しているような個人情報の取扱いは、令和２年改正法の下では、違法行為を助長し又は誘発するものとして、不適切な利用に該当する場合があり得ます（令和２年５月 22 日　衆内衛藤国務大臣答弁、６月４日　参内　其田参考人答弁）。

3　一般的な個人情報取扱事業者に対する規制Ⅱ ―「個人データ」に関する規制（義務）

(1) データ内容の正確性の確保（法 22 条前段）

利用目的達成に必要な範囲内において、個人データを正確かつ最新の内容に保つように努めなければなりません。努力義務にとどめたのは、常に正確かつ最新の内容のものに保つには、個人情報取扱事業者側に膨大な負担が強いられる可能性を考慮したからです。

利用目的達成に必要な範囲内については、過去の一定時点の役職データや、苦情受付、消費者相談など特定の申出方法によって収集された情報などは、その時記録された内容それ自体に意味があり、正確性や最新性を重視して修正を施すと、そもそもの利用目的を達成できない場合があります。そこで、正確性、最新性も、それぞれの利用目的に応じて、その必要な範囲内で確保すれば足りるとされました。

現在の情報が、事業者にとって不要なものならば、取得当時の情報内容が更新されなくても、法 22 条違反にはなりません。

(2) 不要個人データの消去（法22条後段）

ア　必要なくなった個人データの消去

必要のない個人データを保存し続ける場合に発生するおそれのある、ずさんな管理による情報漏えい、また、不正確な情報が漫然と保有されることを防ぎ、長期間にわたって個人情報が継続保有されることによる本人の不安を解消することが趣旨です。努力義務としたのは、事業者のデータ管理のサイクル等、事業者の実務上の都合に配慮したためですが、必要なくなった個人データを消去するための安全管理措置を講ずることが事実上求められます。

例えば、①個人データの廃棄段階における、取扱方法、責任者・担当者及びその任務等について取扱規程を策定すること、②個人データを削除し又は個人データが記録された機器、電子媒体等を廃棄する場合は、焼却、溶解、適切なシュレッダー処理等又は、専用のデータ削除ソフトウェアの利用又は物理的な破壊等の復元不可能な手段で行うことなどです（ガイドライン通則編163、171頁参照）。

イ　「利用する必要がなくなったとき」

個人データを取り扱う際に特定した利用目的が達成され、その目的との関係では当該個人データを保有する合理的な理由が存在しなくなった場合です。例えば、「商品の発送を利用目的とする場合において当該発送作業が終了したとき」、「商品の修理、サポート、メンテナンスを利用目的とする場合において、当該サポートの期間が終了したとき」、「キャンペーン等についての情報提供を目的とする場合において、当該キャンペーンが終了したとき」などを指します（ガイドライン通則編51頁参照）。

なお、顧客データや社員の人事データなど業務に常時利用するものとして継続的に取り扱う個人データについては、利用目的の範囲内であれば、無期限に個人データを保有すること自体は許容されると考えられます（法制局資料）。

(3) 安全管理措置（法23条）

ア　安全管理措置

個人情報取扱事業者は、その取り扱う個人データの漏えい、滅失又はき損の防止その他の個人データの安全管理のために必要かつ適切な措置を講じなければなりません。

法19条と異なり、安全管理措置は、単なる努力義務ではなく、具体的な義務規定として定められています。

安全管理措置は、「組織的」、「人的」、「物理的」、「技術的」それぞれの側面から、事業規模や内容、取り扱う個人情報の量や性質、保管方法等を勘案しつつ講じられる必要があります。

ガイドライン通則編（162～174頁）別添「講ずべき安全管理措置の内容」では、まず、「個人情報取扱事業者は、その取り扱う個人データの漏えい等の防止その他の個人データの安全管理のために、個人データの具体的な取扱いに係る規律を整備しなければならない。」とした上で、その「手法の例示」として、「取得、利用、保存、提供、削除・廃棄等の段階ごとに、取扱方法、責任者・担当者及びその任務等について定める個人データの取扱規程を策定すること」を挙げ、さらに「組織的」、「人的」、「物理的」、「技術的」それぞれの安全管理措置として「講じなければならない措置」及び「講じるための手法例」が記載されています。

なお、中小規模事業者についても、その他の個人情報取扱事業者と同様に、安全管理措置を講じなければなりませんが、ガイドラインでは、「中小規模事業者」（従業員の数が100人以下の個人情報取扱事業者で、①事業の用に供する個人情報データベース等を構成する個人情報によって識別される特定の個人の数の合計が過去６月以内のいずれかの日においても5,000を超える者及び②委託を受けて個人データを取り扱う者を除く）との括りで、取り扱う個人データの数量や個人データを取り扱う従業員数が一定程度にとどまること等を踏まえ、円滑にその義務を履行し得るような手法の例が示されています（ガイドライン通則編162～174頁、**第２章第７④図表2-7(13)～(17)**参照)。

以下、組織的安全管理措置から技術的安全措置について極く簡単に触れておきます（詳細は、ガイドライン通則編164～174頁、**第２章第７②図表2-7(2)～(10)**を参照してください)。

イ　組織的安全管理措置

安全管理について従業者の責任と権限を明確に定め、規程や手順書を整備運用し、その実施状況を確認することです。

ウ　人的安全管理措置

従業者に対する、業務上秘密と指定された個人データの非開示契約の締結や教育・訓練等を行うことです。

エ　物理的安全管理措置

入退館（室）の管理、個人データの盗難の防止等の措置です。

オ　技術的安全措置

個人データ及びそれを取り扱う情報システムへのアクセス制御、不正ソフトウェア対策、情報システムの監視等をいいます。

なお、平成29年5月30日に廃止にはなりましたが、経産省ガイドラインでは、必要かつ適切な安全管理措置を講じているとはいえない場合として、以下のような例が挙げられており、参考になります。

> ① 公開されることを前提としていない個人データが事業者のウェブ画面上で不特定多数に公開されている状態を個人情報取扱事業者が放置している場合
> ② 個人データに対してアクセス制御が実施されておらず、アクセスを許されていない従業者がそこから個人データを入手して漏えいした場合
> ③ 個人データをバックアップした媒体が、持ち出しを許可されていない者により持ち出し可能な状態になっており、その媒体が持ち出されてしまった場合
> ④ 委託する業務内容に対して必要のない個人データを提供し、委託先が個人データを漏えいした場合

一方、安全管理措置の違反とはならない場合（従業者の監督及び委託先の監督違反ともならない場合）として、経産省ガイドラインでは、以下のような例が挙げられていました。

> ① 内容物に個人情報が含まれない荷物等の宅配又は郵送を委託したところ、誤配によって宛名に記載された個人データが第三者に開示された場合
> ② 書店で誰もが容易に入手できる市販名簿（事業者において全く加工をしていないもの）を処分するため、シュレッダー等による処理を行わずに廃棄し、又は、廃品回収に出した場合

(4) 従業者・委託先の監督（法24条、25条）

個人情報取扱事業者は、従業者に個人データを取り扱わせるにあたっては、当該個人データの安全管理が図られるよう、必要かつ適切な監督を行わなければなりません。また、個人データの取扱いの全部又は一部を委託する場合は、委託を受けた者に対する必要かつ適切な監督を行わなければなりません。

ア　従業者に対する「必要かつ適切な監督」

「従業者」とは、個人情報取扱事業者の組織内にあって直接間接に事業者の指揮監督を受けて事業者の業務に従事している者等をいい、雇用関係にある従業員（正社員、契約社員、嘱託社員、パート社員、アルバイト社員等）のみならず、取締役、執行役、理事、監査役、幹事、派遣社員も含まれます。

「必要かつ適切な監督」とは、法23条に基づいて講じられる安全管理措置が、その従業者によって的確に遵守されている状態を確保するための措置をとることです。個人データ及び情報システムの安全管理に関する従業者の役割及び責任についての教育・訓練を継続的に実施するとともに、その一方で、従業者を対象とするオンライン等によるモニタリングを、その目的を社内規程に定めて従業者に明示し、実施責任者と権限を定めた上で定期的に実施して安全管理措置の遵守状況を確認することなどが考えられます。

一方、必要かつ適切な監督を行っていない場合としては、①②などです。

①　従業者が、個人データの安全管理措置に係る規程等に従って業務を行っていることを確認しなかった結果、個人データが漏えいした場合

② 内部規程等に違反して個人データが入ったノート型パソコン又は外部記録媒体が繰り返し持ち出されていたにもかかわらず、それを放置した結果、当該パソコン等が紛失し、個人データが漏えいした場合

（事例について、ガイドライン通則編52頁参照）

イ 委託先に対する「必要かつ適切な監督」

個人データの取扱いを委託された者は、当然には業務関係上、委託元である個人情報取扱事業者の直接の指揮、監督下に置かれるわけではありませんし、もちろん、四六時中、委託先のことを見張っているわけにもいきません。したがって、委託先に対する監督は、委託先との委託契約の内容を充実させること等により実現させるのが現実的な対応となります。具体的な対応については、「**第２章第５**3**『外部委託に向けた対応』**」を参照してください。

なお、必要かつ適切な監督を行っていない場合とは、①②などです。

① 個人データの取扱いに関する安全管理措置の内容を委託先に指示しなかった結果、委託先が個人データを漏えいした場合
② 再委託の条件に関する指示を委託先に行わず、かつ委託先の個人データの取扱状況の確認を怠り、委託先が個人データの処理を再委託した結果、再委託先が個人データを漏えいした場合

（事例について、ガイドライン通則編54頁参照）。

委託先で情報漏えいや不正利用が発生した場合、委託元は、委託先に対する監督義務に違反したと認定される可能性が極めて高くなります。使用者又は監督者の立場にある者が十分な監督をした旨を主張しても、それにより免責される余地はほとんどありません。事業者とし

ては、結果的に不法行為法上の使用者責任ないしそれに類似の法的責任を負う可能性があり、さらに、例えば再委託先のアルバイト従業員によって生じた損害についても、賠償責任を負う可能性があります（宇治市住民基本台帳漏えい事件　大阪地裁平成13年12月25日判決）。

「特に再委託、再々委託と、委託元から離れれば離れるほど、情報漏えい事件発生の危険が高いので、再委託等については細心の注意を払う必要」があります（以上、『詳解』304頁）。

(5) 漏えい等の報告等（法26条）

平成27年改正法の下においては、個人データの漏えい等が生じた場合には、①事業者内部における報告および被害の拡大防止、②事実関係の調査および原因の究明、③影響範囲の特定、④再発防止策の検討および実施、⑤影響を受ける可能性のある本人への連絡等、⑥事実関係および再発防止策等の公表について必要な措置を講ずることが望ましいとされるとともに、その事実関係および再発防止策等について、個人情報保護委員会等に対し、速やかに報告するよう努めるものとされていました（平成29年個人情報保護委員会告示第1号）。

しかし、漏えい等報告は法令上の義務ではないため、積極的に対応しない事業者も一部に存在しており、仮に、事業者側が公表もしない場合、個人情報保護委員会が事案を把握できないまま、適切な対応が行えないおそれもあります。

そこで、法令上の義務としている諸外国の立法例も踏まえつつ、一定数以上の個人データの漏えい、要配慮個人情報の漏えい等、一定の類型に該当する場合に限定して、速やかに個人情報保護委員会へ報告することが義務づけられました（以上「制度改正大綱」14～15頁参照）。

ア　報告対象事案（法26条1項本文、規則7条）

取り扱う個人データの漏えい、滅失、毀損その他の個人データの安全の確保に係る事態であって個人の権利利益を害するおそれが大きいものが生じたとき。

規則７条では、次の①～④のいずれかに該当するものとされています。

① 要配慮個人情報が含まれる個人データの漏えい、滅失若しくは毀損（以下、「漏えい等」という）が発生し、又は発生したおそれがある事態
② 不正に利用されることにより財産的被害が生じるおそれがある個人データの漏えい等が発生し、又は発生したおそれがある事態
③ 不正の目的をもって行われたおそれがある個人データの漏えい等が発生し、又は発生したおそれがある事態
④ 個人データに係る本人の数が1,000人を超える漏えい等が発生し、又は発生したおそれがある事態

③は、不正アクセスによる漏えい等が想定されており、①～③については、件数にかかわりなく報告の対象となります。

①～④それぞれにつき、報告を要する事例については、ガイドライン通則編58～60頁を参照してください。

（なお、ここでいう個人データからは、高度な暗号化その他の個人の権利利益を保護するために必要な措置を講じたものが除かれています）

イ　報告事項、報告期限（規則8条1項及び2項）

① 速報　概要、漏えい等が発生し又は発生したおそれのある個人データの項目（媒体や種類－顧客情報、従業員情報の別等－）・本人の数、原因、二次被害又はそのおそれの有無及びその内容、本人

への対応実施状況、公表の実施状況、再発防止のための措置（実施済みの措置と今後実施予定の措置に分けて報告）などにつき、ア①から④の事態を知った（個人情報取扱事業者が法人の場合は、いずれかの部署が当該事態を知った時点）後、把握しているものに限り、速やかに（知った時から概ね３～５日以内）報告

②　確報　上記概要等について、ア①から④の事態を知った日（これを１日目として起算）から30日以内（③については60日以内、土日・祝日も含める）に報告

ウ　報告先、報告方法（規則８条３項）

個人情報保護委員会（メール送信又は報告書提出）又は権限委任事業所管大臣（報告書提出）。

エ　他の個人情報取扱事業者への通知（法22条１項ただし書、規則９条）

他の個人情報取扱事業者から、漏えい等が発生し、又は発生したおそれのある個人データの取扱いの全部又は一部の委託を受けた個人情報取扱事業者の場合は、委託者である個人情報取扱事業者に対して、上記イの報告事項を、上記ア①から④の事態を知った後、速やかに通知すれば、上記ウの報告をしたことになります。

オ　本人に対する通知（法22条２項、規則10条）

個人情報取扱事業者が上記イの報告をした場合には、上記ア①から④の事態を知った後、事態の状況に応じて速やかに、本人に対して、概要、漏えい等が発生し又は発生したおそれのある個人データの項目、原因、二次被害又はそのおそれの有無及びその内容、などにつ

き、通知しなければなりません。ただし、本人への通知が困難な場合に、公表を行い、問い合わせに応じるなどの代替措置をとる場合は、本人への通知を要しません（法 22 条 2 項ただし書。なお、通知の方法、通知が困難な場合、代替措置等の例については、ガイドライン通則編 66～67 頁参照）。

(6) 第三者提供の制限（法 27 条）

■図表 1-3(3)　第三者提供制限の仕組みについて（法 27 条）

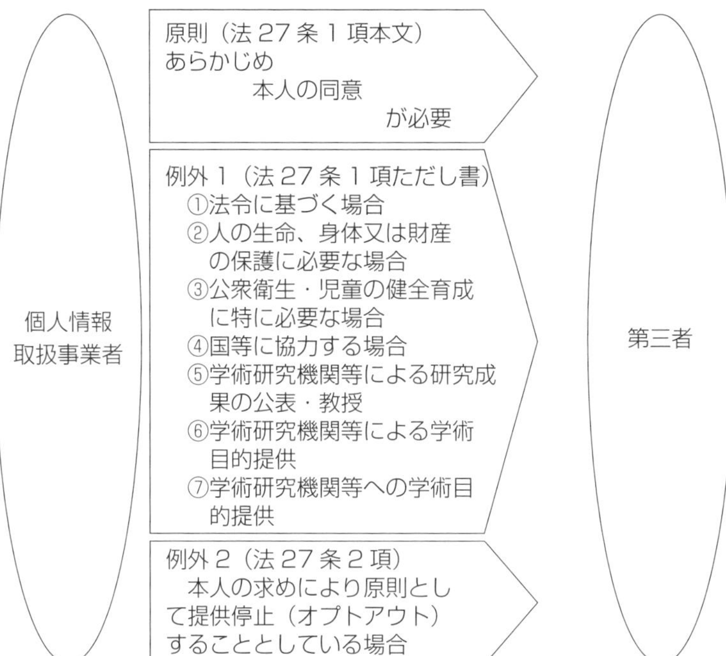

〈オプトアウトの要件〉

a. 以下の８項目をあらかじめ通知し、又は本人の知り得る状態におくこと
- ①第三者提供を行う事業者の氏名、名称、住所、代表者の氏名
- ②第三者提供すること
- ③提供される個人データの項目
- ④提供される個人データの取得の方法
- ⑤提供の方法
- ⑥求めに応じて提供停止すること
- ⑦本人の求めの受付方法
- ⑧提供される個人データの更新の方法、提供開始予定日

b. ①～⑧について個人情報保護委員会へ届出

例外３　第三者に当たらない場合（法 27 条５項）
- ①委託先への提供
- ②合併等に伴う提供
- ③グループによる共同利用

（首相官邸ホームページの資料（「個人情報保護法の解説」中の「第三者提供制限の仕組みについて」）を参照し令和２年改正法にあわせて作成）

ア　第三者提供制限の原則（法 27 条 1 項本文）

個人データを第三者に提供する場合、原則として、あらかじめ本人の同意を得る必要があります（「本人の同意」の意義について、ガイドライン通則編 27～28 頁、**第２章第５④図表 2-5(4)**）。

コンピュータ処理された個人データは、その加工、変更、他のデータとのマッチングなどは極めて容易であり、しかも、それがインターネット上に流れれば、瞬時に世界的に転々流通することになります。本人が、一旦ある個人情報取扱事業者に自己の個人情報を提供した以上、後は、当該個人情報取扱事業者から個人情報が誰に提供されようと、本人の意思が無視されるというのでは、本人に不測の権利利益の侵害が発生するおそれが大きくなります。

一方で、個人情報の有用性という観点からは、個人データの第三者提供をあまりにも制限することも適切でありません。そこで、両者のバランスを図りつつ、原則として、事前の本人の同意のない第三者提供はできないとする一方で、３つの例外規定を設けるという構造がとられています。

なお、第三者提供が制限される個人データは非公知情報（未だ公に知られるに至っていない情報）に限られません。たとえ公知の情報であっても、次々と第三者提供がなされる過程で本人の新たな権利利益の侵害がなされる可能性があるからです（第三者提供とされる事例、されない事例については、ガイドライン通則編 69 頁参照）。

イ　第三者提供制限の例外Ⅰ（法 27 条 1 項各号）

事前の本人の同意がなくても第三者提供ができる場合は、以下の①～⑦です。

① 法令（条例を含む）に基づく場合
② 人（法人を含む）の生命、身体又は財産の保護のために必要がある場合であって、本人の同意を得ることが困難であるとき
③ 公衆衛生の向上又は児童の健全な育成の推進のために必要ある場合であって、本人の同意を得ることが困難であるとき
④ 国の機関若しくは地方公共団体又はその委託を受けた者が法令の定める事務を遂行することに対して協力する必要がある場合であって、本人の同意を得ることにより当該事務の遂行に支障を及ぼすおそれがあるとき
⑤ 学術研究機関等が行う第三者提供が、研究の成果の公表又は教授のためやむを得ないとき
⑥ 学術研究機関等が、学術目的で提供する必要があるとき
⑦ 第三者が学術研究機関等で、学術研究目的で取り扱う必要があるとき

なお、①～④の具体例については、目的外利用禁止の例外を定めた法18条3項1号～4号に係る事例と同じです。

また、⑤の具体例として、ガイドライン通則編69頁は、以下を挙げています。

事例1）顔面の皮膚病に関する医学論文において、症例に言及する場合であって、目線を隠す等の対応をすることにより当該論文による研究成果の公表の目的が達せられなくなるとき

事例2）実名で活動する特定の作家の作風を論ずる文学の講義において、当該作家の実名を含む出版履歴に言及する場合であって、作家の実名を伏せることにより当該講義による教授の目的が達せられなくなるとき

ウ　第三者提供制限の例外Ⅱ－オプトアウト－（法27条2項～4項）

㈠　オプトアウトの仕組み

「オプトアウト」とは、事前の同意取得をする代わりに本人の求めに応じて当該本人が識別される個人データの第三者提供を停止することを事前告知する形で第三者提供する方法です（一方、事前同意を得て第三者提供する形態を「オプトイン」といいます）。

個人情報取扱事業者の中には、第三者提供すること自体を事業目的としている事業者があります。例えば、住宅地図業者は、各戸の表札等を調べて住宅地図を作成し、不特定多数の第三者へ地図を販売（提供）することによって事業を行っています。様々な資料からDM用の名簿等を作成、販売するデータベース事業者もいます。これらの事業者について、第三者に提供する際に、いちいち膨大な数の本人の同意を得なければ情報提供ができないとしたのでは、事業自体が成り立ちません。そこで、次の㈡bの通り、一定の要件を満たせば、事前の本人の同意がなくても第三者提供ができることにしました。

㈡　オプトアウト要件の厳格化

a　要配慮個人情報のオプトアウトによる第三者提供禁止（法27条2項ただし書）

要配慮個人情報は、その性質上、産業のために活用を認める必要性よりも本人を保護すべき要請が高いと考えられます。一方、オプトアウトは本人が第三者提供されていることを認識できない場合が多いとも考えられるため、要配慮個人情報のオプトアウトによる第三者提供が禁止されました。

b　不正手段取得個人データ等のオプトアウトによる第三者

提供禁止（法27条2項ただし書）

令和２年改正法で、不正な手段で取得した（法20条違反）個人データについてオプトアウトによる第三者提供が禁止されるとともに、一度オプトアウト手続で取得した個人データをさらにオプトアウト手続で第三者に再提供することが禁止されました（なお、当該個人データの全部又は一部を複製・加工したものについても第三者提供は禁止です。ガイドライン通則編76頁（※７））。

いわゆる名簿屋の個人情報の取得については、第三者から提供を受けて取得するケースが大半を占めますが、名簿屋に持ち込まれる名簿の中には、本人が提供した覚えのない形で流通しているものが含まれているのが実態で、提供者が違法に持ち出したり、不正の手段で取得している名簿も含まれています。名簿屋においても、提供者が不正の手段で取得していることを知り、又は容易に知り得るケースがあります。また、名簿屋同士でオプトアウト手続を用いて名簿が取引されることも多く見られ、第三者提供の確認・記録義務を履行していない事業者もあります。

このように、名簿の流通により本人の関与が困難になっている現状を踏まえ、オプトアウト届出事業者によって個人情報が不適切に取得されることがないよう、オプトアウト規定に基づいて本人同意なく第三者提供できる個人データの範囲がより限定されました（以上「制度改正大綱」12～13頁）。

c　オプトアウトに係る事項（変更を含む）の本人通知等（法27条2項、3項（変更の場合））

適切なオプトアウトを行っている事業者がいる一方で、名簿業者のように、形式的にはオプトアウト手続を備えているが、もともとその出所が怪しい個人データの取得であるため、本人の知らないうちに個人データが転々流通し、本人がオプトアウトの権利を行使することが事実上不可能な場合が考えられます（『しくみ』74頁参照）。

そこで、オプトアウトの方法により第三者提供をしようとする場合には、次の①～⑧の事項（変更を含む）をあらかじめ本人に通知し、又は本人が容易に知り得る状態に置くとともに、個人情報保護委員会に届け出なければなりません（法27条2項）。

令和3年改正で①④⑧が追加されました。

> ①　第三者への提供を行う個人情報取扱事業者の氏名又は名称及び住所並びに法人の場合はその代表者の氏名
> ②　第三者への提供を利用目的とすること
> ③　第三者に提供される個人データの項目
> 事例1）氏名、住所、電話番号、年齢
> 事例2）氏名、商品購入履歴
> ④　第三者に提供される個人データの取得の方法
> ⑤　第三者への提供の方法
> 事例）書籍として出版、インターネットに掲載等
> ⑥　本人の求めに応じて当該本人が識別される個人データの第三者への提供を停止すること
> ⑦　本人の求めを受け付ける方法
> 事例）郵送、メール送信、ホームページ上の指定フォームへの入力、事業所の窓口での受付、電話
> ⑧　規則で定める事項（第三者提供される個人データの更新の方法、第三者提供を開始する予定日）

（事例は、ガイドライン通則編73～74頁参照）

なお、事前の通知又は容易に知り得る状態に置く措置は、a）本人が提供の停止を求めるのに必要な期間を置き、b）本人が第三者に提供される個人データの項目等の法定事項（法27条2項各号）を確実に認識できる適切かつ合理的な方

法によります（規則11条1項）。

また、個人情報保護委員会への事前の届出は、a）情報処理システムを使用する方法又はb）届出書及び当該届出書に記載すべき事項を記録した光ディスク等を提出する方法のいずれかにより行わなければならないと定められています（規則11条2項）。

d　オプトアウトに係る事項の個人情報保護委員会による公表（法27条4項）

個人情報保護委員会は、上記のオプトアウトに係る事項の届出があったときは、遅滞なくインターネットの利用その他の適切な方法により当該届出に係る事項を公表しなければなりません（規則13条）。

e　オプトアウトに係る事項の個人情報取扱事業者による公表（規則14条）

個人情報取扱事業者は、自らに係るオプトアウト事項に関する個人情報保護委員会による公表がされた後、速やかにインターネットの利用その他の適切な方法により、第三者提供する個人データの項目等の法定事項を公表することとされています。

エ　第三者提供制限の例外Ⅲ－第三者に該当しない－（法27条5項）

以下の㈠～㈡の場合については、形式的には第三者提供に該当しても、本人の利益を必ずしも害することはないとして、「第三者」とはみなさないこととされ、事前の本人の同意を得なくとも、個人データの提供ができます。

㈠　委託先への提供（法27条5項1号）

事業者が、例1）データの打ち込み等、情報処理を委託するための個人データの提供、例２）百貨店が商品の配送のために、宅配業者に個人データを提供する場合（例はガイドライン通則編79頁参照）なども、形式的には、個人データの第三者提供になります。

しかし、個人データの利用を委託する場合は、個人データの管理上の責任は委託元が負い、委託先を監督する責任が課されます（法25条）ので、委託元を規制しさえすれば、本人の利益は守られることから、委託の場合は、「第三者」に該当しないとされています。

(イ) 合併等に伴う提供（法27条５項２号）

合併、分社化、営業譲渡などにより事業が承継され、これに伴って顧客情報が新会社や譲渡先企業に提供される場合、形式的には第三者提供にあたります。しかし、事業承継者の利用目的は承継前の事業者が通知していた利用目的に限られるなど、承継前の事業者が義務づけられていた規制をそのまま引き継ぐため（法18条２項)、第三者提供としての規制の必要がありません。

ただし、事業承継契約締結前の交渉段階で、相手会社から自社の調査を受け、自社の個人データを相手会社へ提供する場合は、利用目的、取扱方法、漏えい等が発生した場合の措置、事業承継の交渉が不調になった場合の措置等、相手会社に安全管理措置を遵守させるための契約締結が必要です（ガイドライン通則編79頁参照)。

(ウ) グループによる共同利用（法27条５項３号）

グループ企業で総合的なサービスを提供するために情報を共同利用する場合（旅行会社、ホテル、鉄道会社などの共同による、移動、観光、食事、宿泊等一連のサービスの提供や銀行その他の金融機関相互間での延滞情報等の交換など）に、これらの者の間における個人データの提供について、いちいち本人の同意をとらなければならないとすると、円滑な企業活動に支障を来たし、本人にとっても利益となるサービスを受けられなくなるおそれがあります。

そこで、個人データの共同利用にあたり、次の①～⑤の事項を、あらかじめ本人に通知し、又は本人が容易に知りうる状態に置いている場合には、本人の同意を得る必要がないとされています。

> ①　特定の者と共同で利用すること
> ②　共同利用される個人データの項目
> ③　共同利用者の範囲
> ④　利用する者の利用目的
> ⑤　個人データの管理について責任を有する者の氏名又は名称および住所（法人の場合は代表者の氏名も含む）

なお、利用目的や管理責任者が変更される場合は、その都度、その変更内容をあらかじめ本人に通知し、あるいはこれを本人の容易に知りうる状態に置かなければなりません。

共同利用される個人データの項目及び共同利用者の範囲については、原則として変更は認められませんが、以下の①～③の場合は、引き続き共同利用ができます（ガイドライン通則編 82 頁参照）

> ①　変更につき、あらかじめ本人の同意を得た場合
> ②　事業者の名称に変更があるが、共同利用される個人データの項目には変更がない場合
> ③　事業承継が行われ、共同利用する個人データの項目等の変更がない場合

なお、共同利用か委託かは、個人データの取扱いの形態に

よって判断され、共同利用者の範囲に委託先事業者が含まれる場合であっても、委託先との関係は共同利用となるわけではありません（ガイドライン通則編 81 頁（※５）参照）。

「たとえば、グループ企業でイベントを開催する場合に、各子会社から親会社に顧客情報を集めたうえで展示会の案内を発送する場合には共同利用となりますが、自社でイベントを開催する場合に、案内状を発送するために発送代行事業者に顧客情報を提供する場合は、たとえ共同利用の範囲に含まれるグループ内企業の事業者への提供であっても、それは委託にな」ります（『詳解』261～262 頁）。

(7) トレーサビリティの確保（法 29 条、30 条）

ア　規定がおかれた背景等と概要（ガイドライン確認義務編 32 頁の全体図、**第２章第５⑥図表 2-5(16)** 参照）

規定がおかれた背景は、平成 26 年７月に発覚した大手教育会社ベネッセの会員情報流出です。ベネッセの業務委託先の元社員が、ベネッセの顧客情報を不正に取得し、約 3,504 万件分の情報（登録者の氏名、性別、生年月日、さらに保護者又は子供の氏名、性別、生年月日、続柄等）を名簿業者３社へ売却しました。この事件を通じて、名簿業者を介在し、違法に入手された個人データが社会に流通している実態が明らかになり、平成 27 年改正法において、個人データの適正な第三者提供を確保するための規定が新たに設けられました。

まず、個人情報取扱事業者が第三者から個人データの提供を受けた場合には、当該第三者が当該個人データを取得した経緯等を確認する義務が課されました（法 30 条）。

また、個人データが不正に流通した場合に、個人情報保護委員会による個人データの流通経路の事後的特定を可能にするため、第三者提供する場合又は第三者から提供を受ける場合には、当該第三者の氏名等の記録を作成・保存する義務が課されました（法29、30条）（以上、ガイドライン確認義務編1頁参照）。

㈠　確認・記録義務の全般的な適用関係

a　法27条1項各号（上記**(6)イ**）に掲げる第三者提供については、確認・記録義務は適用されません（外国にある第三者に対する提供の場合で、法27条1項各号に該当するときも同様）。

b　委託、事業の承継又は共同利用（法27条5項）の場合も、確認・記録義務は適用されません。

c　形式的には第三者提供の外形を有する場合であっても、確認・記録義務の趣旨に鑑みて、実質的に確認・記録義務を課する必要性に乏しい第三者提供については、同義務の対象たる第三者提供には該当しません。具体的には以下のa)～f)です。

a) ①「本人による提供」又は②「本人に代わって提供」に該当する場合は、実質的に「提供者」による提供ではないものとして、確認・記録義務は適用されません（①②の事例については、ガイドライン確認義務編7～9頁、**第2章第5⑥図表2-5(14)** 参照）。

b) 本人の代理人又は家族等、本人と一体と評価できる関係にある者に提供する場合、本人側に対する提供とみなし、確認・記録義務は適用されません。

また、提供者が、最終的に本人に提供することを意図した上で、受領者を介在して第三者提供を行い、本人がそれを明確に認識できる場合は、同じく、本人側に対する提供とみなし、確認・記録義務は適用されません（それぞれの事例は、ガイドライン確認義務編9頁、**第2章第5⑥図表2-5(14)** 参照）。

c) 不特定多数の者が取得できる公開情報をあえて提供する

行為は、受領者による取得行為を提供者が代行していることになりますので、実質的に確認・記録義務を課すべき第三者提供には該当しません。

例えば、ホームページ等で公表されている情報、報道機関により報道されている情報などの提供行為が該当します。

ただし、当初に、個人データを公開に供する行為については、提供者として記録を作成しなければなりません。

なお、いわゆる公開情報であっても、「個人情報」に該当するため、確認・記録義務以外の規定は適用されることに留意する必要があります。

d）受領者にとって「個人データ」に該当しない情報、又は、そもそも「個人情報」に該当しない情報の提供を受けた場合は、確認・記録義務は適用されません。

e）単に閲覧する行為については、「提供を受ける」行為があるとはいえず、確認・記録義務は適用されません。

f）口頭、FAX、メール、電話等で、受領者の意思と無関係に、一方的に個人データを提供された場合は、「提供を受ける」行為がなく、確認・記録義務は適用されません。

なお、提供者たる個人情報取扱事業者が、個人データを第三者が利用可能な状態に置く行為は提供行為に該当します（以上、dにつき、事例を含めガイドライン確認義務編10〜11頁、**第2章第5 6 図表2-5(15)** 参照）。

(イ) 提供者の義務（法29条）

a 提供記録作成義務（法29条1項）

個人データを第三者に提供したときは、第三者提供に係る記録作成義務がありますが、法27条1項各号に該当する場合や委託、合併等の事業承継又は共同利用については、作成義務はありません。

記録作成方法は、以下a)〜c)の通りです（規則19条、

20条)。

a) 文書、電磁的記録又はマイクロフィルムを用いて作成(規則19条1項)。

b) 記録は、個人データを第三者に提供した都度、速やかに作成。ただし、一定期間に特定事業者に対し継続的又は反復して提供したとき、又は提供することが確実であると見込まれるときは、記録の一括作成が可能(「一括して記録を作成する方法」規則19条2項、事例については、ガイドライン確認義務編17～18頁参照)。

また、「確実であると見込まれるとき」とは、継続的に又は反復して個人データを授受することを内容とする基本契約を締結し、当該契約に基づき継続的に又は反復して個人データを提供する場合などがあり、この場合は、当該基本契約に係る契約書をもって記録とすることができます。

c) 上記b)にかかわらず、本人に対する物品又は役務の提供を締結し、かかる契約の履行に伴って、契約締結の相手方を本人とする個人データを第三者提供する場合は、当該契約書等をもって記録とすることができます(「契約書等の代替手段による方法」規則19条3項)。

ただし、オプトアウトによる第三者提供については、「一括して記録を作成する方法」及び「契約書等の代替手段による方法」は適用されません(ガイドライン確認義務編16～18頁参照)。

なお、提供者・受領者のいずれも記録の作成方法・保存期間は同一ですので、提供者(又は受領者)は受領者(又は提供者)の記録義務の全部又は一部を代替して行うことができます(ただし、提供者と受領者の記録事項の相違については留意する必要があります)。

また、委託先が委託契約の目的の範囲内で、第三者と個人データの授受を行った場合、一義的には委託先に記録作成義務がありますが、委託元が記録作成を代行できます（「なお」書き以下につき、ガイドライン確認義務編20頁参照）。

d）記録事項は、提供年月日、提供先の氏名等提供先特定事項、本人の氏名等本人特定事項、提供データの項目、本人の同意を得た旨ですが、ⅰ）オプトアウトによる提供、ⅱ）本人の同意を得た提供の区分に応じて定められています（規則20条1項。具体的には、事例も含めガイドライン確認義務編20～23頁、**第2章第5⑥図表2-5(9)**参照）。

なお、複数回にわたって同一「本人」の個人データの提供をする場合には、既に上記の方法により作成された記録（現に保存している場合に限る）に記録された事項と内容が同一であるものについては、当該事項の記録を省略することができます（規則20条2項）。

ただし、記録事項の内容は同一でなければならないため、例えば、同一法人であっても、代表者が交代し、その後に記録を作成する場面では、改めて、新代表者の氏名について記録しなければなりません（以上、ガイドライン確認義務編28～29頁参照）。

b　提供記録保管義務（法29条2項）

作成した記録は、以下のa）～c）（規則21条）の通り保存しなければなりません（**第2章第5⑥図表2-5(10)**参照）。

a）「契約書等の代替手段による」方法により記録を作成した場合：最後に当該記録に係る個人データの提供を行った日から起算して1年を経過する日までの間

b）「一括して記録を作成する方法」により記録を作成した場合：最後に当該記録に係る個人データの提供を行った日から起算して3年を経過する日までの間

c）上記（ⅰ）（ⅱ）以外の場合：３年

なお、対象となる複数の本人の記録を一体として作成した場合には、保存期間は記録ごとに異なる場合がありますので注意が必要です（ガイドライン確認義務編29～30頁参照）。

また、保存期間以内に廃棄した場合には、勧告・命令等の行政処分の対象になります（法制局資料）。

(ウ)　受領者の義務（法30条）

a　取得経緯等確認義務（法30条１項）

第三者から個人データの提供を受けるに際しては、提供元が当該個人データを取得した経緯等について確認しなければなりません。ただし、法27条１項各号に該当する場合や委託、事業の承継又は共同利用の場合は、確認義務はありません。

確認事項は、a）提供元の氏名・名称・住所、b）提供元が法人である場合はその代表者の氏名（法人でない団体で代表者・管理人の定めのあるものについては、その代表者・管理人の氏名）、c）提供元による当該個人データ取得経緯です。

「取得経緯」の具体的な内容は、取得先の別（顧客としての本人、従業員としての本人、他の個人情報取扱事業者、家族・友人等の私人、いわゆる公開情報等）、取得行為の態様（本人から直接取得したか、有償で取得したか、いわゆる公開情報から取得したか、紹介により取得したか、私人として取得したものか等）などです。

なお、提供元による取得経緯を確認すれば足り、遡って提供元より前に取得した者の取得経緯を確認する義務はありません。

さらに、受領者は、個人データの提供を受ける際には、提供者の法の遵守状況（利用目的、開示手続、問合せ・苦情の受付窓口の公表等）についても確認することが望まれます。提供される個人データが適法に入手されたものでないと疑われるにもかかわらず、提供を受けた場合には、法20条1項（適正取得）に違反するおそれがあります（以上、ガイドライン確認義務編13～14頁参照）。

確認方法は、以下のa）b）の通りです（規則22条1項、2項）。

a）確認事項の区分に応じて、それぞれⅰ）ⅱ）の通りです。

> **ⅰ）提供元の氏名及び住所等：申告を受ける方法その他の適切な方法**
>
> 【その他の適切な方法に該当する事例】
>
> 事例1）受領者が自ら登記事項証明書・登記情報提供サービスで提供元の名称・住所・代表者の氏名を確認
>
> 事例2）提供元が自社のホームページなどで名称、住所を公開している場合において、その内容を確認
>
> 事例3）信頼性のある民間データ業者データベースを確認
>
> **ⅱ）提供元による当該個人データの取得経緯：取得経緯を示す契約書等の提示を受ける方法その他の適切な方法**
>
> 【その他の適切な方法に該当する事例】
>
> 事例1）提供元が別の者から個人データを買い取っている場合には売買契約書等を確認
>
> 事例2）提供元が本人から書面等で当該個人データを直接取得している場合に当該書面等を確認
>
> 事例3）提供元による取得経緯が明示的又は黙示的に示されている、提供元と受領者間の契約書面を確認
>
> 事例4）提供元が本人同意を得ている旨の誓約書面を受領
>
> 事例5）提供元のホームページで公表されている利用目的、規約等の中の取得経緯の記載内容を確認
>
> 事例6）本人による同意書面を確認
>
> （事例について、ガイドライン確認義務編12～14頁参照）

b）複数回にわたって個人データの提供を受ける場合に、既に上記の方法により確認を行い、記録を作成している場合は、その時点において保存している記録に記録された事項と内容が同一であるものについては、当該事項の確認を省略することができます（規則22条3項）。

例えば、同じ提供元から、既に確認・記録義務を履行した特定の事業活動であることを認識しながら、提供を受ける場合には、提供元の名称、提供元による取得経緯について「同一であることの確認」が行われているとされます。

（以上、ガイドライン確認義務編15頁参照）

b　受領記録作成義務（法30条3項）

記録事項は、提供を受けた年月日、提供元の氏名等提供元特定事項、本人の氏名等本人特定事項、提供を受けたデータの項目、個人情報保護委員会による公表の旨、本人の同意を得た旨ですが、ⅰ）オプトアウトにより提供を受けた場合、ⅱ）本人の同意を得て提供を受けた場合、ⅲ）個人情報取扱事業者以外の第三者からの提供、という区分に応じて定められています（規則24条1項。具体的には、ガイドライン確認義務編23～27頁、**第2章第5⑥図表2-5(12)** 参照）。

なお受領記録作成方法は、文書、電磁的記録又はマイクロフィルムを用いて、速やかに作成する必要がありますが（規則23条1項、2項）、既に述べた提供記録作成と同様、「一括して記録を作成する方法」（規則23条2項）、「契約書等の代替手段による方法」（規則23条3項）が可能であり、既にこれらの方法により作成した記録（保存している場合に限る）に記録された事項と内容が同一であるものは、当該事項の記載の省略ができます（規則24条2項）。

c　受領記録保存義務（法30条4項）

保存期間は、以下のa）～c）の通りです（規則25条）。

a)「契約書等の代替手段による方法」により記録を作成した場合：最後に当該記録に係る個人データの提供を受けた日から起算して1年を経過する日までの間

b)「一括して記録を作成する方法」により記録を作成した場合：最後に当該記録に係る個人データの提供を受けた日から起算して3年を経過する日までの間

c）上記a）b）以外の場合：3年

d　提供者において確認事項を偽ることの禁止（法30条2項）

トレーサビリティ確保のためには、個人データの提供元が取得経緯等の確認事項について真実を申告することが重要です。したがって、提供元は、上記の確認が行われる場合、当該確認に係る事項を偽ってはなりません。違反した場合は、法185条1号で10万円以下の過料が科せられます。

例えば、A社がB社から個人情報の提供を受ける際に、提供元のB社は、既に本人の同意を得ていると説明していたが、現実には、B社は、本人の同意を得ておらず、また、オプトアウトの手続もとっていなかったような場合です。B社が本人の同意を得ていたと説明したとしても、それが虚偽の場合には、A社の情報取得が違法と解される可能性があり、B社の事情を過失で知らない場合にも、法20条違反の責任を負うことがあり得ますので、B社における同意の取得を証明できるもの（本人の同意書等）の提供を求めるなど、事実確認に十分留意すべきでしょう（『詳解』191頁参照）。

なお、後述するとおり、令和2年改正法に基づき、第三者提供記録の開示請求ができることになりましたが、請求の前提として第三者提供記録がきちんと作成、保存されていないと何にもならないことから、個人情報保護委員会による事業者への指導の徹底が求められます（令和2年6月4日　参内　其田参考人答弁）。

4　一般的な個人情報取扱事業者に対する規制Ⅲ　－「保有個人データ」に関する規制（義務）

■図表 1-3(4)　本人の関与の仕組み

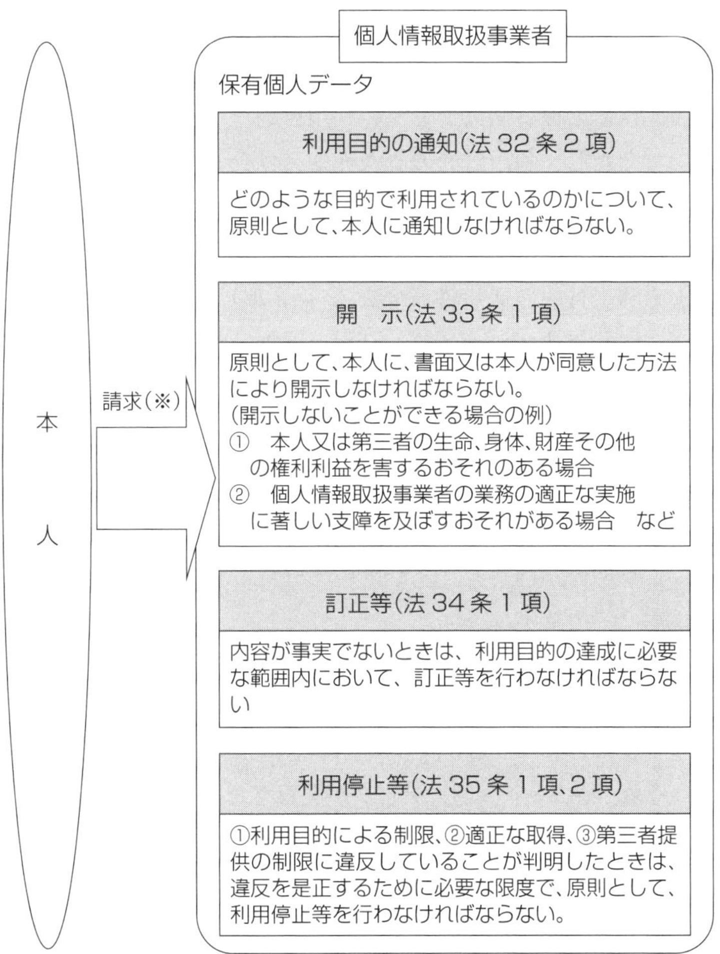

※開示等の請求は、法定代理人又は本人が委任した代理人によりすることができる。

（首相官邸ホームページの資料（「個人情報保護法の解説」中の「本人の関与の仕組み」）を参照し令和２年改正法にあわせて作成）

(1) 保有個人データの利用目的の通知等（法 32 条）

ア　個人情報取扱事業者は、次の(ア)～(エ)について、本人の知り得る状態（本人の求めに応じて遅滞なく回答する場合を含む）に置かなければなりません（法 32 条 1 項）。

(ア)　保有個人データを利用する当該個人情報取扱事業者の氏名又は名称および住所、法人の場合は代表者の氏名

(イ)　すべての保有個人データの利用目的

ただし、利用目的の本人通知又は公表の例外に該当する場合（法 21 条 4 項 1 号～ 3 号）は除かれます。

(ウ)　開示等を求める手続

①　利用目的の通知請求（法 32 条 2 項）の手続

②　開示（法 33 条 1 項）、訂正・追加・削除（法 34 条 1 項）、利用停止・消去（法 35 条 1 項）、第三者提供停止（法 35 条 3 項）の各請求の手続

③　利用目的の通知及び開示請求に係る手数料の額（定めた場合）

(エ)　その他保有個人データの適正な取扱いの確保に関し必要な事項（政令 8 条）

①　保有個人データの安全管理のために講じた措置（具体的事例については、ガイドライン通則編 117～118 頁参照）

なお、本人の知り得る状態に置くことにより支障を及ぼすおそれがあるもの（個人データが記録された機器等の廃棄方法、盗難防止のための管理方法、個人データ管理区域の入退室管理方法、アクセス制御の範囲、アクセス者の認証手法等、不正アクセス防止措置の内容等）については除外されています。

②　保有個人データの取扱いに関する苦情の申出先

③　認定個人情報保護団体の対象事業者の場合は当該認定個人情報保護団体の名称及び苦情の解決の申出先

イ　利用目的の通知

本人は、自己が識別される「保有個人データ」について、その利用目的を通知するよう請求でき、個人情報取扱事業者は、請求があれば、遅滞なく通知しなければなりません（法32条２項）。

ただし、個人情報取扱事業者が上記のように法32条１項に基づく措置をとり、本人に係る保有個人データの利用目的が明らかな場合や利用目的通知・公表義務の例外に当たる場合（法21条４項１号～３号）は、通知をする必要はありません。

なお、本人に係る保有個人データの利用目的が「明らか」といえない場合とは、利用目的が複数掲げられており、本人に係る保有個人データがそのうちどの目的で利用されているのかわからない場合等です。

(2) 保有個人データの開示請求（法33条）

ア　開示請求権等の裁判規範性の明確化

平成15年法は、個人情報取扱事業者は、本人から保有個人データの開示、訂正等を「求められた」場合に、それらに応じる義務があるとの規定ぶりでした。しかし、これでは、本人の開示請求権等が私法上の権利として認められるか、裁判規範性があるか否かについて文言上明らかでなく、これを否定する判決も見られました（東京地判平成19年６月27日等）。

そこで、平成27年改正法で開示、訂正等及び利用停止等の請求権を明確化するため、例えば、開示請求権について「本人は、個人情報取扱事業者に対し、当該本人が識別される保有個人データの開示を請求することができる。」と改正されました（法33条１項）。訂正等、利用停止等についても同様の改正がされました（法34条１項、35条１項・３項）。

イ　開示請求への対応

(ア)　開示原則

個人情報取扱事業者は、本人から、自身が識別される保有個人データの開示請求を受けたときは、遅滞なくそのデータを本人に開示しなければならず（法33条2項）、原則として開示義務があります。

本人は、個人情報取扱事業者が「当該本人が識別される保有個人データ」を有していることを主張立証した上で、開示請求することができます。

例えば、事業者が本人の個人情報を有していると考える根拠（例：当該事業者と契約をした事実や、当該事業者からダイレクトメールが届いた事実）を示すことになります。

また、請求にあたっては、開示対象の特定が必要です。例えば、特定の年度や、「既往歴」等の特定の事項に限って開示請求する場合は、それらを特定して請求することになります。ただし、保有個人データすべてを開示対象とすることも請求の特定としては足ります。

(イ)　不開示事由

開示請求に応じなくてよい場合は、以下①〜③の場合です（33条2項ただし書）。

① **本人又は第三者の生命、身体、財産その他の権利利益を害するおそれがある場合**

> 事例1）医療機関等において、病名等を患者に開示することにより、患者本人の心身状況を悪化させるおそれがある場合（患者が不治の病にかかっていることを開示することにより、患者本人に回復困難な精神的苦痛を与えたり、病状を悪化させたりするおそれがある場合）

事例2）本人に関する情報の中に第三者（本人又は開示請求を受けている個人情報取扱事業者以外の者）のプライバシーに関する情報や他の事業者の生産技術上又は販売・営業上のノウハウに関する情報などが含まれている場合

②　当該個人情報取扱事業者の業務の適正な実施に著しい支障を及ぼすおそれがある場合

事例1）生産技術上又は販売・営業上のノウハウに関する情報、経営方針・経理・人事・労務管理等専ら当該個人情報取扱事業者内部の情報等、開示することにより、事業活動に著しい不利益を与えるおそれがある場合
事例2）検査機関等において、検査情報を開示することにより本人と検査機関との信頼関係を損ない、業務上著しい支障を及ぼすおそれがある場合
事例3）同一の本人から複雑な対応を要する同一内容について繰り返し開示請求があり、事実上問い合わせ窓口が占有されることによって他の問い合わせ対応業務が立ち行かなくなる等、業務上著しい支障を及ぼすおそれがある場合

なお、「おそれ」の有無は、社会通念等の客観的な経験則等により判断され、個人情報取扱事業者の主観的・恣意的な判断は認められません。また、「著しい支障」ですから、「開示が適当でない」という抽象的な理由や、「請求者が訴訟を前提としているから」という理由による開示の拒否は許されません。

③ 他の法令に違反することとなる場合

> 事例1）刑法134条（秘密漏示罪）により保護される（医師や弁護士などの守秘義務に基づくもの）他人の秘密を開示することになる場合
> 事例2）電気通信事業法4条（通信の秘密の保護）に違反することとなる場合

（①から③の事例につき、ガイドライン通則編125～126頁参照）

上記の①～③のいずれかに該当するときは、個人情報取扱事業者は、その全部又は一部を開示しないことができます。

⑴ 開示の方法（開示のデジタル化）

令和2年改正法以前は、「書面の交付による方法（開示の求めを行った者が同意した方法があるときは、当該方法）」（旧政令9条）とされていましたが、開示請求のデジタル化の必要性にかんがみ、「電磁的記録の提供による方法、書面の交付による方法その他当該個人情報取扱事業者の定める方法」となり（33条1項、規則30条）、個人情報取扱事業者が開示を行う方法は、原則として、当該本人が請求した方法によらなければならないとされました（33条2項）。

具体的事例について、ガイドライン通則編124頁は電磁的記録の提供による方法として、①電磁的記録をCD-ROM等の媒体に保存して、当該媒体を郵送する方法、②電磁的記録を電子メールに添付して送信する方法、③会員専用サイト等のウェブサイト上で電磁的記録をダウンロードしてもらう方法を挙げ、その他当該個人情報取扱事業者の定める方法として、個人情報取扱事業者が指定した場所における①音声データの視聴及び②文書の閲覧を挙げています。

⑵ 開示の措置をとらない場合等の対応（理由の説明）

全部開示の措置をとらない場合には、請求者にその旨通知する（法33条３項）とともに、全部開示しない理由を説明するよう努めなければなりません（法36条）。本人の権利利益保護という観点からは、ある程度具体的な理由を説明すべきと考えられます。

また、一部分に開示に応じられない情報が含まれていたとしても、単にそのことだけを理由に、すべての開示を拒否することは妥当ではありません。開示できる部分とできない部分とが容易に区分できる場合は、原則として部分開示を行う必要があります。容易に区分できない場合や不開示部分を除くと有意な情報が残らないような場合は、全部不開示とすることも可能です。

ウ　保有個人データの取得元（提供元）の開示請求

開示させることができるのは、「あるがままの」保有個人データの内容についてであり、新たに取得元情報を作成させてまで開示させることは原則できないと考えられます。

ただし、取得元情報が、保有個人データの一部として記録されている場合（取得元を特定するための記号、番号などが含まれている場合）には、保有個人データの一部として取得元情報も開示する義務を負います。ただし、取得元を特定するための記号・番号だけを切り離して開示することはできないと考えられます。

一方、取得元情報の開示請求を拒否した場合、本人から、特に、「第三者から不正に入手したのではないか」と法20条（適正取得）違反を疑われる可能性もあります。したがって、特に「不正に入手したと疑う」理由を示されたような場合は、既に述べた通り第三者提供の受領者における確認義務の履行として有しているはずの取得元（提供元）の名称や取得経緯等について回答して、疑いを晴らす必要があるでしょう。なお、令和２年改正前のガイドライン通則編では、「本人の権利利益保護の観点からは、事業活動の特性、規模及び実態を考慮して、個人情報の取得元又は取得方法（取得源の種類等）を可能な限り具体的に明記し、本人からの求めに一層対応していくことが望ましい」とされていました。

エ　第三者提供記録の開示義務化

既に述べたとおり（「個人データに関する規制（義務）(7) トレーサビリティの確保」）、個人データの第三者提供をする場合は、第三者提供に係る記録（法29条1項）及び第三者提供を受ける際の確認記録（法30条3項）を作成しなければなりません。

しかし、これは、あくまでも監督機関から見たトレーサビリティの確保であって、本人から見たトレーサビリティは担保されていませんでした。

本人が、適正取得（法20条）違反を理由とする利用停止請求権や、第三者提供制限（法27条1項、28条）違反を理由とする第三者提供請求権を適確に行使するためには、取得元情報を入手することが必要になります。

上記**ウ**のように令和2年改正前のガイドラインには、本人からの取得元情報の請求への対応に関する記載がありますが、「望ましい」とされているだけでした。個人情報保護委員会が設置している相談ダイヤルに、個人情報の取得元情報の開示を求める制度を作るべきとの意見が多数寄せられていることも踏まえ、第三者提供に関する記録及び第三者提供を受ける際の確認記録も開示請求の対象に加えられました（以上、「制度改正大綱」13頁参照）。

ただし、その存否が明らかになることにより公益その他の利益が害される（①本人又は第三者の生命、身体又は財産に危害が及ぶおそれがあるもの、②違法又は不当な行為を助長し、又は誘発するおそれがあるもの、③国の安全が害されるおそれ、他国若しくは国際機関との信頼関係が損なわれるおそれ又は他国若しくは国際機関との交渉上不利益を被るおそれがあるもの、④犯罪の予防、鎮圧又は捜査その他の公共の安全と秩序の維持に支障が及ぶおそれのあるもの）は開示対象から除かれます（政令11条。①～④それぞれの具体的事例については、ガイドライン通則編127～128頁参照）。

(3) 保有個人データの訂正等請求（法34条）

本人から、当該本人が識別される保有個人データの内容が事実でないという理由で、内容の訂正、追加又は削除（これらを「訂正等」という）請求がなされた場合に、その請求に理由がある（データの内容が真実でない）ことが判明したときには、内容の訂正等を行わなければなりません（法34条1項）。

「訂正」とは、情報の誤りを正し、又は古い事実を新しい事実に更新すること、「追加」とは、不完全な情報に不足している情報を加えること、「削除」とは、不要な情報を除くことです。

ただし、訂正等は「利用目的の達成に必要な範囲内で」行えばよいとされています。よって、現在では事実でない、として訂正請求があった際に、もともと過去の一定時点のデータを利用する目的しかないとすれば、最新データへの更新義務は負わず、訂正する必要はありません。また、既に当該保有個人データの利用が終了し、廃棄が予定されている場合も訂正する必要はありません（法制局資料）。

ア　評価情報に対する訂正請求の可否

個人データの本人の評価、診断、判断等に関する情報（評価情報）は、単なる事実に関する情報ではありません。例えば、カルテなどの医療記録や、内申書・指導要録などの教育情報、労働者の勤務評定に関する情報などです。

訂正等請求が認められる場合のポイントは、データが「事実」に関するもので、かつ、その内容が「事実でない（事実に反する）」ことです。「評価」は「事実」ではありません。何が正しい評価であるかをあらかじめ定めることは困難です。原則として、評価情報については、訂正等請求は認められないと考えられます。

ただし、「事実」に関する情報について訂正等が行われた場合に、当該訂正等が評価にも影響を与えるようなときには、訂正等をした事実に基づいて評価に関する情報の訂正等が認められる場合も生じると考えられます。

イ　訂正等請求への対応

㋐　訂正等の決定を行うにあたり講ずべき措置

①　調査義務

事実かどうかについて、「遅滞なく必要な調査を行う」義務が課されています（法34条2項）。

②　通知義務

訂正等をするか応じないかのいずれの決定をしたかについて、本人に対して、遅滞なく通知しなければなりませんし、訂正等を行う場合には、その内容も併せて、本人に遅滞なく通知しなければなりません（法34条3項）。

③　調査期間や通知期間

「遅滞なく」とのみ規定されていますが、やはり常識的・合理的期間というものはありますから、特段の理由もなく何か月も対応しないということは許されないと考えられます。

㋑　訂正等の方法

コンピュータによりデータベース化されている場合は、端末を操作して、誤りを修正し、不足している情報を加え、事実でない部分を削除することになります。マニュアル情報の場合は、当該情報が記載されている書面等に修正等を行うことになります。

(ウ)　訂正等の措置をとらない場合等の対応（理由の説明）

訂正等の措置をとらない場合、又は訂正等の措置をとる場合であっても、具体的な訂正等の仕方が、本人の求めていた訂正等の仕方とは異なるような場合には、本人にその旨を通知するとともに、理由を説明するよう努めなければなりません（法36条）。

ウ　調査の結果判明した事実が、現に保有している保有個人データとも訂正請求内容とも異なる場合の措置

例えば、私立大学の学生が、学期末試験のある科目の成績が、成績表には「可」となっているが、「優」の間違いであるとして訂正請求した場合に、調査の結果、「優」でも「可」でもなく、「不可」が正しいことが判明しました。大学側の対応としては、学生の請求は誤りですので、請求に応じる必要はありませんが、「可」自体も間違っていたのですから、法22条の「正確性の確保」という観点から、大学側が自ら「不可」に訂正するのが適切でしょう。

(4)　保有個人データの利用停止等請求（法35条）

本人から、当該本人が識別される保有個人データが、「利用目的による制限」（法18条）規定又は「適正な取得」（法20条）規定に違反するとの理由で、利用の停止又は消去を請求された場合に、違反行為があったことが判明したときには、利用の停止又は消去の措置をとらなければなりません（法35条1項）。

また、第三者提供制限規定（法27条1項、28条）に違反するとの理由で、当該保有個人データの第三者への提供を停止するよう請求さ

れた場合に、違反行為があったことが判明したときには、第三者への提供を停止しなければなりません（法35条3項）。

本人は、「18条の規定に違反して取り扱われている」こと、「20条の規定に違反して取得されたものである」こと又は「27条1項の規定に違反して第三者に提供されている」ことを主張立証して、利用停止等請求をすることができます。

これが、令和2年改正前までの利用停止等請求の仕組みでした。

しかし、利用停止等請求に関しては、消費者から、自分の個人情報を事業者が利用停止又は消去等を行わないことへの強い不満が見られたことなどから、事業者の負担も考慮しつつ、保有個人データに関する本人の関与を強化する観点から、個人の権利利益の侵害がある場合を念頭に、保有個人データの利用停止・消去の請求、第三者提供の停止の請求に係る要件が緩和（請求事由が追加）されました（以上、「制度改正大綱」8頁、令和2年5月22日　衆内　其田参考人答弁）。

追加された請求事由は、次のとおりです。

ア　利用停止・消去請求について（法35条1項及び5項）

- 不適正な利用の禁止（法19条）違反の場合
- 保有個人データを利用する必要がなくなった場合
- 保有個人データの漏えい等が生じた場合
- その他保有個人データの取扱いにより本人の権利又は正当な利益が害されるおそれがある場合

イ　第三者提供停止請求について（法35条5項）

- 保有個人データを利用する必要がなくなった場合（複数の利用目的がある場合は、全ての利用目的との関係で「利用する必要がなくなった」かどうかを判断する必要がある）
- 保有個人データの漏えい等が生じた場合
- その他保有個人データの取扱いにより本人の権利又は正当（「正当」かどうかを判断するにあたっては、個人情報取扱事業者に本人の権利利益の保護の必要性を上回る「特別な事情」がない限りは、請求に応じる必要がある。当該「特別な事情」があるかどうかを判断するにあたって考慮すべき事情については、ガイドライン通則編136～137頁（※5）参照）な利益が害されるおそれがある場合

その他保有個人データの取扱いにより本人の権利又は正当な利益が害されるおそれがある場合については、本人が非常に嫌だなと思っているのに、頻繁に継続的にダイレクトメールが送られてくるような場合などが考えられています（令和2年5月22日　衆内　其田参考人答弁）。（「利用する必要がなくなった場合」「本人の権利又は正当な利益が害されるおそれがある場合、ない場合」の事例については、ガイドライン通則編134～136頁参照）。

利用停止等請求の対象となる保有個人データかどうかについてですが、メールアドレスと氏名を組み合わせたアドレス帳については、保有個人データとして請求対象になります。一方、コンテンツプロバイダーの保有する掲示板への書き込み等に関するログ情報については、個人が特定できないケースが多いこと、また内容の訂正、追加、削除ができないことから、請求対象としての保有個人データには該当しないことが多いと考えられます。さらに、インターネットサービスプロバイダーが保有する住所、氏名、IPアドレスなどは、一般的には保有個人データに該当する場合もありますが、インターネットサービスプロバイダーがこうした情報を保有し続けることが本人の権利又は正当な利益が害される場合に該当するケースが一般的には想定できないので、請求対象とならないことが多いと考えられます。

なお、利用停止等の請求が認められるのは、本人の権利又は正当な利益が前提となります。したがって、例えば料金の支払を免れるという目的や、係争となったときに本人に不利な証拠を消去するといった目的などは正当な利益に当たらず、請求は認められません（以上、令和2年6月4日　参内　其田参考人答弁）

ア　利用停止等請求への対応（法35条2項）

㋐　利用停止等の決定を行うにあたり講ずべき措置

法18条、19条、27条1項若しくは28条違反事実又は、利用の必要がなくなった事実、26条1項本文に規定する事態が生じたことなどを裏づける資料等の提出を受けて、調査・検討の上、速やかに結論を出して、請求に応じるか否かの対応を決定しなければなりません。

訂正等請求とは違って、「遅滞なき調査義務」は課されていませんが、違反行為の有無を調査することは当然必要と考えられます。

違反行為があったことが判明したときは、遅滞なく、利用停止、消去、第三者提供停止（以下、「利用停止等措置」という）を行わなければなりません。

㋑　利用停止等措置の範囲等

法35条1項に基づく利用停止又は消去の場合であれば、違反を是正するために必要な限度で行えばよいと規定されています（法35条2項）。これは、目的外で利用している部分のデータや、不適正な利用がなされているデータだけその利用を停止し、データを消去すればよいということです。一方、法35条3項に基づく第三者提供停止については、「違反を是正するために必要な限度」という限定はありません（法35条4項）。第三者提供すること自体が許されないことから、データすべての提供を止めるのが当然だからです。

さらに、法35条5項に基づく利用停止又は消去、第三者提供停止については、「本人の権利利益の侵害を阻止するために必要な限度」で行うことになります。

利用停止等措置には例外があります。これらの措置に多額の費用を要する場合その他のこれらの措置をとることが困難な場合は、本人の権利利益を保護するために必要な代替措置をとればよいとされています（法35条2項ただし書。代替措置の事例は、ガイドライン通則編137〜138頁参照）

(ウ)　利用停止等の方法

利用停止、消去、第三者提供停止については、コンピュータによりデータベース化されている場合は、端末を操作して、データベースからの消去、個人識別性を消滅させる措置、当該情報に個人情報取扱事業者又は提供先の第三者がアクセスできないような措置をとり、又は個人情報取扱事業者と第三者との間の情報提供に係る契約・取り決め等の解約などを行うことになります。

マニュアル情報の場合は、当該情報が記載されている書面等の廃棄、第三者に提供していた書面等をすべて回収の上、今後第三者に当該書面等を提供しないこととし、又は個人情報取扱事業者と第三者との間の情報提供に係る契約・取り決め等の解約などを行うことになります。

(5)　開示等請求の手続

ア　個人情報取扱事業者が、開示等請求の受付方法を合理的な範囲で定めたときは、それに従わなかった請求を拒否することができます。一方、受付方法を定めなかった場合には、自由な申請を認めることになります。

(ア)　開示等請求の受付方法として定めることができる事項（政令12条）

①　請求の申出先（例：担当窓口名・係名、郵送先住所、受付電話番号、受付FAX番号、メールアドレス等）

②　請求に際して提出すべき書面等（電磁的記録を含む）の様式その他の開示等請求の方式（例：郵送、FAX、電子

メールやウェブサイト等のオンラインで受け付ける等）

③　請求者が本人又は代理人であることの確認方法

確認方法は、事業の性質、保有個人データの取扱状況、請求受付方法等に応じて、適切なものでなければならず、確認のために必要以上に多くの情報を求めないなど、本人に過重な負担を課すことにならないよう配慮する必要があります。

1）本人の場合：運転免許証、健康保険の被保険者証、個人番号カード（マイナンバーカード）表面、旅券（パスポート）、在留カード、特別永住者証明、年金手帳、印鑑証明書と実印、公的個人認証による電子署名 2）代理人の場合：本人及び代理人について、運転免許証、健康保険の被保険者証、個人番号カード（マイナンバーカード）表面、旅券（パスポート）、在留カード、特別永住者証明、年金手帳等。このほか、代理人については、代理権を与える旨の委任状（親権者が未成年者の法定代理人であることを示す場合には、本人及び代理人が共に記載され、その続柄が示された戸籍謄抄本、住民票の写し、また、成年後見人が成年被後見人の法定代理人であることを示す場合は、登記事項証明書）

（以上、①～③につきガイドライン通則編 140～142 頁参照）

④　開示手数料の徴収方法

手数料を徴収「できる」ということですから、定める義務は負いませんが、通常の場合は定めることになると考えられます。

実費を勘案して合理的であると認められる範囲内において手数料を定めなければならないとされており、実費については、郵送料だけではなく、対象情報の検索、内容の確認、通知等の事務等の費用についても勘案することができると解されることから、電子メールによって開示を行う場合であっても、合理的であると認められる範囲内において手数料を徴収することは可能です（令和2年6月4日　参内　其田参考人答弁）。

なお、訂正等及び利用停止等請求の場合は、手数料を徴収できるとの規定はありません。

(イ)　提出すべき書面等の様式等

請求者に対して、（ｉ）開示等の請求年月日、（ⅱ）請求者の氏名及び住所、（ⅲ）請求対象となる個人情報の内容、保有個人データの特定のための事項（ID、パスワード、会員番号等）などを記載した書面（電子メールによる請求を認める場合は当該電子メール）を、受付窓口宛に提出（又は送信）してもらうことになります。

なお、訂正等請求については、請求者に対して、（ｉ）ないし（ⅲ）に加えて、（ⅳ）訂正等を求める箇所及び訂正等の内容や参考となる資料（訂正等の請求の対象となる個人情報の内容が事実に反していることを証明するための資料）を提出してもらうことになります。

上記を踏まえた請求書の書式を作成し、これを本人の知り得る状態（本人の求めに応じて遅滞なく回答する場合を含む）に置かなければなりません（法32条1項）。

(ウ)　本人等確認方法

請求者が、本人である場合には、上記(ア)③で述べた本人確認書類を、上記(イ)の書面等とあわせて、写しを提出（郵送）、もしくは書類そのものを受付窓口に提示してもらうことになります。

電子メールによる請求の場合には、IDとパスワードを知らせてもらうことになります。

電話による請求の場合には、一定の登録情報（生年月日等）を口頭で確認するか、コールバックの方法で本人確認をすることが考えられます。

請求は、未成年者若しくは成年被後見人の法定代理人、又は弁護士等の本人が委任した代理人がすることができます(法37条3項)。

代理請求の場合は、代理人に対して、上記(ア)③で述べた代理権の存在を示すための資料及び代理人本人の本人確認資料の提出(郵送)や受付窓口への提示を求めることになります。

この本人等確認方法についても、本人の知り得る状態（本人の求めに応じて遅滞なく回答する場合を含む）に置かなければなりません（法32条1項)。

なお、本人確認に注意を払わなかったため、本人以外の第三者に対して、個人データを提供してしまった場合は、本人の同意を得ないで第三者に提供したことになり、27条1項違反の責任を負う可能性があります（『詳解』313頁参照)。

イ　開示等を求める手続の本人への周知

請求をしようとする本人又は代理人から、口頭又は文書で「どうやればよいのでしょう」と問い合わせがあれば、手続の内容や手数料の額について口頭又は文書で回答をし、請求書の書式や本人確認方法等を記載したパンフレット等を作成して事務所等に備え置いたり、これらの内容をウェブサイトに載せたり、ウェブサイトのアドレスを教えたりする必要があります。

(6) 訴訟手続等

ア　開示請求等前置主義の採用（法39条）

当事者間の任意の解決を促進し、かつ、濫訴を防止する観点から、開示等請求に係る訴え提起前に、個人情報取扱事業者に対して当該請求をしなければなりません。

本人は、上記の請求に係る訴えを提起しようとするときは、その訴えの被告となるべき者に対し、あらかじめ、開示等請求を行い、かつ、請求（書）の到達した日から2週間を経過した後でなければ、その訴えを提起することはできません。ただし、その被告となる者がその請求を拒んだときは、2週間の経過を待たずに訴えを提起することができます。

イ　情報漏えいに伴う損害賠償額

㋐　2018年度情報セキュリティインシデントに関する調査報告書（速報版　NPO日本ネットワークセキュリティ協会セキュリティ被害調査ワーキンググループ　2019年6月10日）について

この報告書は、2018年1年間に発生した個人情報漏えい事件で、インターネット上で報道された443件について分析し、一定の予想計算式を用いて情報漏えい事件1件当たりの平均損害賠償額（想定）を6億3,767万円と算出しています。一方、被害者は1件当たり平均で1万3,334人であるとしており、1人当たりの平均損害賠償額（想定）は、2万9,768円となります。

また、2005年から2017年までの13年間の同グループの調査報告書によれば、1人当たりの平均想定損害賠償額は、以下の通りであり、２万円台後半から５万円の範囲に収まっています。

2005 年	4 万 547 円
2006 年	3 万 6,743 円
2007 年	3 万 8,278 円
2008 年	4 万 3,632 円
2009 年	4 万 9,961 円
2010 年	4 万 2,662 円
2011 年	4 万 8,560 円
2012 年	4 万 4,628 円
2013 年	2 万 7,675 円
2014 年	5 万 2,625 円
2015 年	2 万 8,020 円
2016 年	3 万 1,646 円
2017 年	2 万 3,601 円

なお、報告書の予想計算式は、漏えい個人情報価値を基本にして、これに一定の要素を掛けて算出しており、漏えい個人情報価値は「漏えい個人情報価値＝基礎情報価値×機微情報度×本人特定容易度」として算出しています。

「機微情報度」とは、漏えいした個人情報に含まれる機微情報の量を表し、要配慮個人情報に相当するような情報ほど「漏えい個人情報価値」は高くなり、「本人特定容易度」が高い、すなわち漏えいした個人情報からの個人特定がしやすければしやすいほど「漏えい個人情報価値」は高く、漏えいによる損害賠償額も高くなります。

(イ)　情報管理の重要性

個人情報の漏えいによる損害額は、(ア)の報告書の分析からしても、１件の漏えい事件で大量の被害者が出ることに鑑みれば、損害額は巨額になると想定され、場合によっては事業者（企業）の経営を危機に陥らせることにもなります。

したがって、個人情報取扱事業者としては、情報管理の重要性を認識する必要があります。

5　個人関連情報取扱事業者に対する規制

既に述べたとおり、個人関連情報について問題状況が発生するのは、もっぱら第三者提供の場面であることから、法は、第三者提供について制限規定を設けています。

(1) 第三者提供想定時における確認義務（法31条1項）

第三者が個人関連情報を個人データとして取得することが想定されるときは、法27条1項各号（法令に基づく場合等）に掲げる場合を除くほか、以下の事項について、あらかじめ確認しなければ、個人関連情報を第三者に提供することは禁止されます。

「個人データとして取得する」とは、提供先の第三者において、個人データに個人関連情報を付加する等、個人データとして利用しようとする場合をいいます。提供先の第三者が、提供を受けた個人関連情報を、ID等を介して提供先が保有する他の個人データに付加する場合には、該当しますが、直接個人データに紐付けて利用しない場合は、別途、提供先の第三者が保有する個人データとの容易照合性が排除しきれないとしても、直ちには該当しません（ガイドライン通則編91頁参照）。

「想定されるとき」とは、あくまで一般人の認識を基準として想定できる場合であり、提供先において個人関連情報を個人データとして取得する可能性が高くない場合を含めてまで調査義務を課すものでは

ありません。「想定されるとき」の具体例としては、

① 提供先が個人データとして取得することを提供元の事業者が想定している場合（例えば、個人関連情報を受領した後に、他の情報と照合して個人データにするといった旨を、提供元が提供先から事前に告げられている場合）

② 取引状況等の客観的な事情に照らして、個人データとして取得することが一般人の認識を基準にして想定できる場合（例えば、プラットフォーマーなどに対し個人関連情報を提供する際、提供先のプラットフォーマーが当該個人関連情報を氏名等でひも付けて利用することを想定しつつ、そのために用いる固有 ID 等をあわせて提供する場合）

です（以上、令和２年６月４日　参内　其田参考人答弁、ガイドライン通則編 91〜92 頁参照）。

ア　当該第三者が個人関連情報取扱事業者から個人関連情報の提供を受けて本人が識別される個人データとして取得することを認める旨の当該本人の同意が得られていることの確認

同意の取得方法としては、例えば、本人から同意をする旨を示した書面や電子メールを受領する方法、ウェブサイトの確認欄へのチェックなどが考えられます。ただし、ウェブサイトで同意を取得する場合には、単にウェブサイト上に本人に示すべき事項を記載するのみでは足りず、そのサイトの上のボタンをクリックするなどのアクションを求める方法等によることが必要となると考えられます（令和２年６月４日　参内　其田参考人答弁）。

また、確認を行う方法は、個人関連情報の提供を受ける第三者から申告を受ける方法その他の適切な方法とされています（規則 26 条１項）。この場合、提供元は提供先のその申告内容を一般的な注意力を持って確認すれば足り、特段の事情のない限り、真正性や正確性まで独自に調査することは求められません（令和２年６月４日　参内　其

田参考人答弁）。

なお、既に確認（当該確認について記録の作成及び保存をしている場合にする）を行っている事項の確認を行う方法は、既確認内容と、今回の提供に係る確認内容とが同一であることの確認を行う方法によればよいことになります。

イ　外国にある第三者への提供にあたっては、アの本人の同意を得ようとする場合において、あらかじめ、当該外国における個人情報の保護に関する制度、当該第三者が講ずる個人情報の保護のための措置その他当該本人に参考となるべき情報が本人に提供されていること（※）の確認（参考情報が本人に提供された上で、本人の同意が得られていることの確認）

この確認を行う方法は、参考情報の提供が行われていることを示す書面の提示を受ける方法その他の適切な方法とされています（規則26条2項）。

なお、既に確認（当該確認について記録の作成及び保存をしている場合に限る）を行っている事項の確認を行う方法は、既確認内容と今回の提供に係る確認内容とが同一であることの確認を行う方法によればよいことになります。

（※）参考となるべき情報の本人への提供（規則17条）

⑺　提供の方法　電磁的記録の提供による方法、書面の交付による方法その他の適切な方法

⑴　提供すべき事項

①　提供先の外国の名称

②　適切かつ合理的な方法により得られた当該外国における個人情報の保護に関する制度に関する情報

③　提供先の第三者が講ずる個人情報の保護のための措置に関する情報

④　①が特定できない場合は、①及び②に代えて、①が特定できない旨及びその理由、①に代わる参考となるべき情

報がある場合は、その情報

⑤　③について情報提供ができない場合は、その旨及び理由

なお、後記8でも述べますが、当該第三者が個人の権利利益を保護する上で我が国と同等の水準にあると認められる個人情報保護制度を有している国にある場合又は当該第三者が個人情報取扱事業者が講ずべき措置に相当する措置を継続的に講ずるために必要な体制を整備している場合は、本人同意の取得について、上記(イ)①～⑤の情報が提供されていることを確認する必要はありません（ガイドライン通則編97～98頁参照）。

(2) 確認に係る記録作成義務（法31条3項）

(1) で行われた確認について、以下のとおり記録を作成しなければなりません（規則27条、28条）。

ア　作成方法　文書、電磁的記録又はマイクロフィルム

イ　作成時期　個人関連情報を第三者に提供した都度、速やかに作成。ただし、継続的又は反復して提供したとき、又は提供することが確実であると見込まれるときは、記録の一括作成が可能

ウ　イにかかわらず、本人に対する物品又は役務の提供に関して当該本人に係る個人関連情報を第三者に提供した場合に、契約書等の書面が作成されており、その書面に、確認に係る、エの記載事項が記載されている場合には、当該契約書等をもって記録とすることができます。

エ　記載事項

①　本人の同意が得られていることを確認した旨及び外国にある第三者への提供にあっては、参考情報の提供が行われていることを確認した旨

②　提供した年月日（一括作成の場合は、提供期間の初日及び末日）

③　提供先の第三者の氏名又は名称及び住所、法人の場合は代表者の氏名

④　提供に係る個人関連情報の項目

なお、複数回にわたって同一「本人」の個人関連情報の提供をする場合には、既に上記の方法により作成された記録に記録された事項と内容が同一であるものについては、当該事項の記録を省略することができます。

(3) 確認に係る記録の保存義務（法31条３項）

確認に係る記録は、以下の期間保存しなければなりません（規則29条）。

①「契約書等の代替手段による方法」により記録を作成した場合：最後に当該記録に係る個人関連情報の提供を行った日から起算して１年を経過する日までの間

②「一括して記録を作成する方法」により記録を作成した場合：最後に当該記録に係る個人関連情報の提供を行った日から起算して３年を経過する日までの間

③　上記①②以外の場合　３年

6　匿名加工情報取扱事業者に対する規制

既に述べたように、事業者に対して、匿名加工情報について生成・加工及び取り扱うにあたっての義務（行為規制）を設定する（法43～46条）ことにより、事業者が、匿名加工情報を、第三者提供時の本人同意等「個人情報」に係るルールから自由にその利活用を図ることができるようになりました。

なお、事業者が安全上の観点などからまったく別の目的で加工したり、仮名化した場合は、法でいう匿名加工情報には該当しません（平成27年5月28日　参内　向井審議官答弁参照）ので、留意する必要があります。

(1) 匿名加工情報を加工（作成）等する個人情報取扱事業者の義務（法43条）

匿名加工情報の作成者には、次の５つのルールが適用されます（第２章第12 2図表2-12(1) 参照）。

① 匿名加工情報を作成するときは、一定の基準に従い、適正に加工しなければなりません（適正加工義務）。

② 匿名加工情報を作成したときは、a）作成に用いた個人情報から削除した記述等及びb）個人識別符号並びにc）上記①により行った加工方法等の情報の安全管理措置を講じなければなりません。

さらに、当該匿名加工情報の適正な取扱いを確保するための安全管理及び苦情処理等の措置を自主的に講じてその内容を公表するよう努めなければなりません（安全管理措置義務等）。

③ 匿名加工情報を作成したときは、当該情報に含まれる個人に関する情報の項目を公表しなければなりません。さらに第三者に提供するときは、あらかじめ、提供する情報の項目及び提供方法について

公表しなければなりません（作成時・提供時公表義務）。

④　匿名加工情報を作成して第三者に提供するときは、提供先に対して、当該提供に係る情報が匿名加工情報である旨を明示しなければなりません（提供時明示義務）。

⑤　匿名加工情報を自ら利用するときは、元の個人情報に係る本人識別の目的で、他の情報と照合してはなりません（識別行為禁止）。

ア　適正加工義務（法43条1項）

適正加工の基準（規則34条）は、㋐〜㋔の通りです。

なお、㋐〜㋔に関する【想定される加工の事例】については、ガイドライン仮名加工等情報編34〜39頁、**第2章第12③図表2-12(2)**を参照してください。

㋐　特定個人を識別できる記述等の全部又は一部の削除

㋑　個人識別符号の全部削除

㋒　個人情報と当該個人情報に措置を講じて得られる情報とを連結する符号（現に個人情報取扱事業者において取り扱う情報を相互に連結する符号に限る）の削除

㋓　特異な記述等の削除

「特異な記述等」とは、特異であるがために特定の個人の識別に至り得るものを指すものであり、他の個人と異なるものであっても特定の個人の識別にはつながり得ないものは該当しません。

なお、一般的なあらゆる場面において特異であると社会通念上認められる記述等が該当します。

㋔　㋐〜㋓の加工を施した場合であっても、一般的にみて、特定の個人を識別することが可能である状態あるいは元の個人情報を復元できる状態のままである場合もあり得ます。そのような場合に対応するため、㋐〜㋓の措置のほかに必要となる措置の有無を勘案し、必要に応じて、【匿名加工情報の加工に係る手法例】の手法などにより、適切な措置を講じなければなりません。

なお、【匿名加工情報の加工に係る手法例】については、ガイドライン仮名加工等情報編40頁別表2、**第2章第12③図表2-12(3)** の通りです。

イ　安全管理措置義務等（法43条2項、6項）

(ア)　法43条2項の安全管理措置の基準は、以下①～③の通りです（**第2章第12④図表2-12(4)** 参照）。

①　加工方法等情報（a. 作成に用いた個人情報から削除した記述等及びb. 個人識別符号並びにc. 加工方法に関する情報（その情報を用いて当該個人情報を復元することができるものに限る。））を取り扱う者の権限及び責任の明確化 ②　加工方法等情報の取扱いに関する規程類の整備とその実施、取扱状況の評価・改善 ③　加工方法等情報を取り扱う正当な権限を有しない者による加工方法等情報の取扱防止（規則35条）

(イ)　法43条6項の安全管理・苦情処理措置等については、個人情報と同様の取扱いを求めるものではありませんが、事業の性質、匿名加工情報の取扱状況、取り扱う匿名加工情報の性質、量等に応じて、合理的かつ適切な措置を講ずることが望まれます。

なお、講じなければならない措置・具体例についてはガイドライン仮名加工等情報編42頁別表3の通りです（以上、**イ**につき、ガイドライン仮名加工等情報編41～43頁参照）。

ウ　作成時・提供時公表義務（43条3項、4項）（第2章第12 5 図表2-12(5) 参照）

匿名加工情報を作成したときは、遅滞なく、インターネット等を利用し、当該匿名加工情報に含まれる個人情報の項目を公表しなければなりません。

個人情報から匿名加工情報になることが明確になるのは、まさに公表されたときです(平成27年5月28日　参内　向井審議官答弁参照)。

ここで、「匿名加工情報を作成したとき」とは、個人情報を加工する作業が完了したときです。

そして、匿名加工情報を第三者提供するときは、あらかじめ①第三者提供する匿名加工情報に含まれる個人に関する情報の項目、②匿名加工情報の提供方法を、インターネット等利用して公表しなければなりません。

ここで、「提供」とは、匿名加工情報を第三者が利用可能な状態に置くことをいいます。ネットワーク等を利用することにより、第三者が匿名加工情報を利用できる状態にあれば（利用する権限が与えられていれば)、「提供」に当たります。匿名加工情報をインターネット等で公開する行為についても不特定多数への第三者提供に当たるため、上記義務を履行する必要があります。

さらに、個人に関する情報の項目が同じ匿名加工情報を、同じ手法により反復・継続的に作成・提供する場合には、最初の匿名加工情報を作成して個人に関する情報の項目を公表する際に、作成期間等継続的に作成されることとなる旨を明記しておけば、その後に作成される匿名加工情報に係る公表については先の公表により行われたものと取り扱われます。

また、委託により匿名加工情報を作成する場合は、委託元において当該匿名加工情報に含まれる個人に関する情報の項目を公表するものとされています。

なお、上記【個人に関する情報の項目の事例】、【第三者に提供する匿名加工情報に含まれる個人に関する情報の項目】及び【匿名加工情報の提供の方法】については、ガイドライン仮名加工等情報編 44、46 頁を参照してください。

（以上、ガイドライン仮名加工等情報編 44～46 頁参照）

エ　提供時明示義務（法 43 条４項）（第２章第 12 5 図表 2-12 (5) 参照）

匿名加工情報を第三者提供するときは、提供先に対して、当該提供に係る情報が匿名加工情報である旨を電子メール又は書面等により明示しなければなりません。

これは、受領者側に匿名加工情報取扱事業者としての義務を負うことを明確に認識させるためです。

オ　識別行為禁止（法 43 条5項）

既に述べた通り、匿名加工情報は、復元の可能性がまったくなくなったものではありませんので、復元されないための担保措置の１つとして、匿名加工情報を取り扱う場合には、当該匿名加工情報の元となった個人情報の本人を識別する目的で、自己が作成した匿名加工情報を他の情報と照合することが禁止されます。

「他の情報」に限定はなく、本人を識別する目的をもって行う行為であれば、個人情報及び匿名加工情報を含む情報全般と照合する行為が禁止されます。また、具体的にどのような技術又は手法を用いて照合するかは問われません（【識別行為に当たらない取扱いの事例】及び【識別行為に当たる取扱いの事例】については、ガイドライン仮名加工等情報編 48 頁参照）。

（以上、オにつき、ガイドライン仮名加工等情報編 47～48 頁参照）

なお、自ら匿名加工情報を作成し、取り扱う場合なので、匿名加工情報提供の場合に関する識別行為禁止（法38条）とは異なり、加工方法等情報取得禁止は含まれません。

「あくまで識別しようとする目的をもった行為を規制するものであって、匿名加工情報を利活用するうちに偶然本人を識別することまで違法となるものではない。ただし、偶然にではあっても個人情報となってしまえば、個人情報についての義務規定が適用されることには注意」する必要があります（『しくみ』128頁参照）。

(2) 匿名加工情報を提供する「匿名加工情報取扱事業者」の義務（法44～46条）

ア　提供時公表・明示義務（法44条）

匿名加工情報取扱事業者が、匿名加工情報を第三者提供するときは、あらかじめ、インターネット等を利用し、①第三者に提供される匿名加工情報に含まれる個人に関する情報の項目及び②その提供方法について公表するとともに、提供先に対して、当該提供に係る情報が匿名加工情報である旨を電子メール又は書面等により明示しなければなりません（規則38条）。

イ　識別行為禁止義務（法45条）

匿名加工情報取扱事業者は、他者が作成した匿名加工情報を取り扱うにあたっては、当該匿名加工情報の作成の元となった個人情報の本人を識別する目的で、加工方法等情報を取得し、又は当該匿名加工情報を他の情報と照合してはなりません。

ウ　安全管理・苦情処理措置等（法46条）

匿名加工情報取扱事業者は、匿名加工情報の安全管理のために必要かつ適切な措置、匿名加工情報の取扱いに関する苦情の処理その他の匿名加工情報の適正な取扱いを確保するために必要な措置を自ら講じ、かつ、当該措置の内容を公表するよう努めなければなりません。

7　仮名加工情報取扱事業者に対する規制

(1) 仮名加工情報を加工（作成）する個人情報取扱事業者の義務（法41条）

ア　加工（作成）基準

仮名加工情報（仮名加工情報データベース等を構成するものに限る。以下7において同じ）の作成者は、他の情報と照合しない限り特定の個人を識別することができないようにするために必要なものとして、以下の基準に従い、個人情報を加工しなければなりません（法41条1項、規則31条）

① 個人情報に含まれる特定の個人を識別することができる記述等の全部又は一部の削除（当該全部又は一部の記述等を復元することのできる規則性を有しない方法により他の記述等に置き換えることを含む）（想定される加工の事例につき、ガイドライン仮名加工等情報編10頁参照）

② 個人情報に含まれる個人識別符号の全部の削除（当該個人識別符号を復元することのできる規則性を有しない方法により他の記述等に置き換えることを含む）

③ 個人情報に含まれる不正に利用されることにより財産的被害が生

じるおそれがある記述等の削除（当該記述等を復元することのできる規則性を有しない方法により他の記述等に置き換えることを含む）（想定される加工の事例につき、ガイドライン仮名加工等情報編 11 頁参照）

イ　削除情報等に係る安全管理措置

仮名加工情報を作成したとき、又は仮名加工情報及び当該仮名加工情報に係る「削除情報等」（仮名加工情報の作成に用いられた個人情報から削除された記述等及び個人識別符号並びに上記**ア**により行われた加工の方法に関する情報）を取得したときは、削除情報等の漏えいを防止するために必要なものとして、以下の基準に従わなければなりません（法 41 条 1 項、規則 32 条）。

① 削除情報等（上記**ア**により行われた加工方法に関する情報については、その情報を用いて仮名加工情報の作成に用いられた個人情報を復元することができるものに限る）を取り扱う者の権限及び責任を明確に定めること（なお、「その情報を用いて……復元することができるもの」には、例えば、氏名等を仮 ID に置き換えた場合における置き換えアルゴリズムに用いられる乱数等のパラメータ又は氏名と仮 ID の対応表等のような加工の方法に関する情報が該当するが、「氏名を削除した」というような復元につながらない情報は該当しない。ガイドライン仮名加工等情報編 13 頁（※１）参照）

② 削除情報等の取扱いに関する規程類を整備し、当該規程類に従って削除情報等を適切に取り扱うとともに、その取扱いの状況について評価を行い、その結果に基づき改善を図るために必要な措置を講ずること

③ 削除情報等を取り扱う正当な権限を有しない者による削除情報等の取扱いを防止するために必要かつ適切な措置を講ずること（具体的に講じなければならない項目及び具体例については、ガイドライ

ン仮名加工等情報編 13〜14 頁の別表１参照）

なお、削除情報等が漏えいした場合、安全管理措置義務を履行する観点からも、当該仮名加工情報に含まれる ID など、仮名加工情報と削除情報等をつなぐものを振り直すことなどによって、仮名加工情報を新たに作り直す必要があります。つまり、元の仮名加工情報を使い続けることはできないと考えられます。

したがって、仮名加工情報に係る削除情報等が漏えいした場合において、その漏えいが起きた事業者においては、その仮名加工情報をそのまま継続して利用することは原則として許容されません（令和２年５月 22 日　衆内　其田参考人答弁）。

(2) 仮名加工情報取扱事業者の義務（法 41 条）

ア　個人情報である仮名加工情報

(ア)　目的外利用の禁止（法 41 条３項）

法令に基づく場合を除くほか、法 20 条１項の規定により特定された利用目的の達成に必要な範囲を超えて、仮名加工情報を取り扱ってはなりません。

すなわち、本人の事前の同意を得て目的外利用をすることができません（仮名加工情報は、他の情報と照合しない限り特定の個人を識別することができないものであり、本人識別のための照合は禁止されている（法 41 条７項）ことからすれば、本人の同意に基づく目的外利用はそもそも想定されていない）。また、法令に基づく場合以外の公益的理由（人の生命、身体又は財産の保護、公衆衛生の向上、児童の健全な育成、国の機関等への協力）による目的外利用をすることもできません。

なお、個人情報取扱事業者が仮名加工情報を作成したときは、作成の元となった個人情報に関して特定された利用目的は、当該仮名加工情報の利用目的として引き継がれます（ガイドライン仮名加工等情報編 14 頁（※２）参照）。

(イ)　利用目的の公表等（法 41 条４項）

仮名加工情報を取得したときは、あらかじめその利用目的を公表しているときを除き、すみやかに、その利用目的を公表しなければなりません（「取得」の意味については、ガイドライン仮名加工等情報編 15 頁（※）参照）。ただし、本人との間で契約を締結することに伴って契約書その他の書面・電磁的記録に記載された当該本人の仮名加工情報を取得する場合その他本人から直接書面に記載された当該本人の仮名加工情報を取得する場合は、人の生命、身体又は財産の保護のために緊急に必要がある場合を除き、あらかじめ、本人に対し、その利用目的を明示しなければなりません。

さらに、利用目的を変更したときは、変更後の利用目的を公表しなければなりません。

ただし、仮名加工情報については、法 20 条２項は適用されないため（法 41 条９項）、変更前の目的との合理的関連性の有無を問わず無制限に変更することは可能です。

なお、法 21 条が準用されますので、目的外利用禁止の適用除外の場合を定めた 21 条４項も適用されます。

(ウ)　仮名加工情報である個人データ及び削除情報等の消去（削除）（法 41 条５項）

仮名加工情報である個人データ及び削除情報等を利用する必要がなくなったとき（利用目的が達成され当該目的との関係で保有する合理的な理由が存在しなくなった場合や、利用目的が達成されなかったものの当該目的の前提となる事業自体が中止となり、当該事業の再開の見込みもない場合等。ガイドライン仮名加工等情報編 16 頁参照）は、これらを遅滞なく消去（削除）するように努めなければなりません。

なお、法22条（データ内容の正確性の確保等）の規定は適用されません（仮名加工情報は、他の情報と照合しない限り特定の個人を識別することができないものであり、本人識別のための照合は禁止されている（法41条7項）ことからすれば、正確性の確保は期待できない）。

(エ) 第三者提供の制限（法41条6項）

法令に基づく場合を除くほか、仮名加工情報である個人データを第三者に提供することはできません。これは、仮名加工情報は、事業者内部における分析のために用いられることを大前提としていることからの当然の帰結です（制度改正大綱）し、仮名加工情報の第三者提供を許容すると、仮名加工情報を取得した悪意のある第三者が特定の個人を識別するおそれがあるという懸念があり、また、仮名加工情報の第三者提供に本人を関与させる（本人の同意を取得する）ために他の情報と照合され加工前の個人情報が復元するリスクが高まるということがあります（令和2年5月22日　衆内　其田参考人答弁）。

ただし、法27条5項は適用されるので、委託、事業承継、共同利用に該当する場合は、提供を受けるものは「第三者」に該当しないので、これらの三者に対して仮名加工情報である個人データを提供することは可能です。

なお、仮名加工情報を作成した事業者においては、一般的に、当該仮名加工情報の作成に用いた個人情報自体を保有していると考えられるので、それを普通の個人データとして、本人の同意を得て第三者に提供することは可能です（令和2年5月22日　衆内　其田参考人答弁）。

(オ) 他の情報との照合禁止（法41条7項）

仮名加工情報の作成に用いられた個人情報に係る本人を識

別するために、当該仮名加工情報を他の情報と照合することは禁止されます。

(カ)　仮名加工情報に含まれる情報の流用の禁止（法41条8項）

電話をかけ、郵便等により送付し、電報を送達し、ファクシミリ装置若しくは電磁的方法（※）を用いて送信し、又は住居を訪問するために、当該仮名加工情報に含まれる連絡先その他の情報を利用することは禁止されます。

※電磁的方法とは以下の方法です（規則33条）。

① 電話番号を送受信のために用いて電磁的記録を相手方の使用に係る携帯して使用する通信端末機器に送信する方法（ショートメール）

② 電子メールを送信する方法

③ ②のほか、その受信をする者を特定して情報を伝達するために用いられる電気通信を送信する方法（LINE、ツイッター、インスタグラム等のメッセージ機能によりメッセージを送信する方法、Cookie IDを用いて受信する者を特定した上で、当該受信者に対して固有の内容のインターネット広告を表示する方法。ガイドライン仮名加工等情報編23頁参照）

(キ)　なお、仮名加工情報、仮名加工情報である個人データ、仮名加工情報である保有個人データについては、法26条（漏えい等の報告等）及び法32～39条（公表、開示義務、訂正・利用停止、第三者提供の停止、開示手続等）の適用はありません。

仮名加工情報は、本人と紐づいて利用されることがない限りは個人の権利利益が侵害されるリスクが相当程度低下していることになるため、再識別をしない、内部分析に限定するという前提で、利用目的の変更、開示等の個人の各種請求の対象から除外されました（令和2年5月22日　衆内　其田参考人答弁）。

イ　個人情報でない仮名加工情報

(ア)　目的外利用は禁止されません（法41条3項の反対解釈）。

(イ)　利用目的の公表等を行う必要はありません（法41条4項の反対解釈）。

(ウ)　法令に基づく場合を除くほか、仮名加工情報である個人データを第三者に提供することはできません（法42条1項）。

　ただし、法27条5項は適用される（法42条2項）ので、委託、事業承継、共同利用に該当する場合は、提供を受けるものは「第三者」に該当しないので、これらの三者に対して仮名加工情報である個人データを提供することは可能です。

(エ)　他の情報との照合禁止（法42条3項）。

　仮名加工情報の作成に用いられた個人情報に係る本人を識別するために、当該仮名加工情報を他の情報と照合することは禁止されます。

(オ)　仮名加工情報に含まれる情報の流用の禁止（法42条3項）。

　電話をかけ、郵便等により送付し、電報を送達し、ファクシミリ装置若しくは電磁的方法（※）を用いて送信し、又は住居を訪問するために、当該仮名加工情報に含まれる連絡先その他の情報を利用することは禁止されます。

　※電磁的方法とは以下の方法です（規則33条）。

① 電話番号を送受信のために用いて電磁的記録を相手方の使用に係る携帯して使用する通信端末機器に送信する方法（ショートメール）

② 電子メールを送信する方法

③ ②のほか、その受信をする者を特定して情報を伝達するために用いられる電気通信を送信する方法（LINE、ツイッター、インスタグラム等）

(カ)　なお、個人情報ではありませんが、漏えいを防止する観点から、安全管理措置（法23条。ただし、滅失又は毀損の防止の観点は除かれている）、従業者の監督（法24条）、委託先の監督（法25条）は準用されており、さらに、苦情の処理（法40条）も準用されています。

(3) 仮名加工情報と匿名加工情報との差異

仮名加工情報と匿名加工情報の定義上の差異はほとんどありません。仮名加工情報と匿名加工情報の加工基準の差異及び取扱いに関する主な規律の差異については、ガイドライン仮名加工等情報編49～50頁の表及び**第2章第13③図表2-13(4)**を参照してください。

8　国際的データ流通に関する規制

(1) 外国にある第三者への提供の制限（法 28 条）

■図表 1-3(5)　個人情報の取扱いのグローバル化に対応するための規定の整備

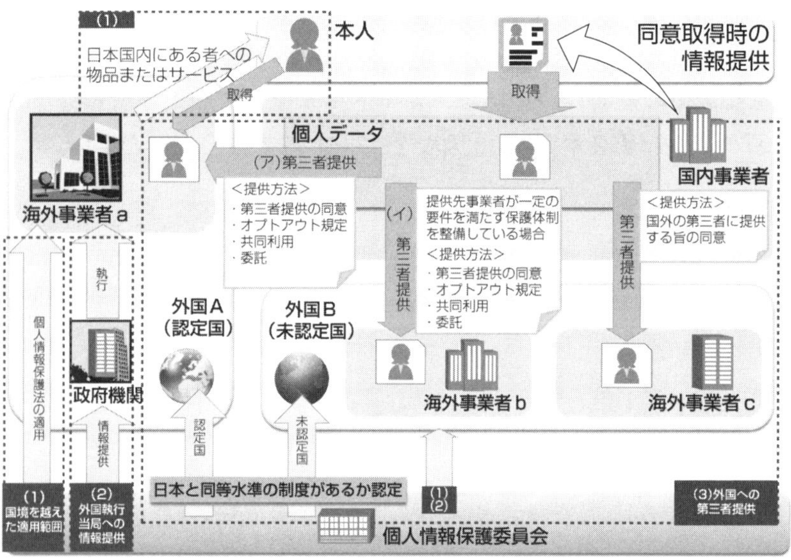

（「骨子案」の図を一部修正）

我が国の企業活動のグローバル化や情報通信技術の普及に伴い、個人情報の海外とのやりとりが増加していることから、これを踏まえ、平成 27 年法において、外国の第三者に対して個人情報を提供する場合のルールが整備されました。これは、外国の第三者への提供等を禁止する規定を新たに設けるのではなく、現在の企業等において適切に行われている個人情報の取扱いを追認し、明確にするものです（平成 27 年 5 月 8 日　衆内　平副大臣答弁参照）。

個人データを外国にある第三者に提供するにあたっては、次の①から③までに該当する場合を除き、あらかじめ「外国における第三者への提供を認める旨の本人の同意」を得る必要があります（事前同意取得規制がそのまま適用されます）。

① 当該第三者が、我が国と同等の水準にあると認められる個人情報保護制度を有している国として規則で定める国（以下、「同等水準認定国」という）にある場合
② 当該第三者が、個人情報取扱事業者が講ずべき措置に相当する措置を継続的に講ずるために必要な体制として規則で定める基準に適合する体制を整備している場合（以下、「基準適合事業者」という）
③ 法27条1項各号（7つの例外）に該当する場合
例えば、海外の遠隔地で海外旅行保険の契約者に保険事故が発生し緊急の対応を要する際に、保険者が委託している現地のクレームエージェンシーに情報提供を行う場合等（ガイドライン越境提供編3～4頁参照）

上記①の場合、当該第三者が所在する国は、法28条1項における「外国」に該当しません。また、上記②の場合の当該第三者も法28条1項における「第三者」に該当しません。これらの場合には、法28条1項の適用がないため、個人情報取扱事業者は、当該第三者への個人データの提供に際して、「外国にある第三者への個人データの提供を認める旨の本人の同意」を得る必要はありません（ガイドライン越境提供編4～5頁参照）。したがって、同条1項に基づきあらかじめ第三者提供について本人の同意を得ること、同条2項に基づきいわゆるオプトアウト手続をとること、又は同条5項各号に掲げる場合（委託、事業承継又は共同利用）に該当することで、外国にある第三者に個人データを提供することができます。

ア　外国における第三者への提供を認める旨の本人の同意（法28条1項）

法24条において求められる本人の同意を取得する場合、本人の権利利益保護の観点から、外国にある第三者に個人データを提供することを明確にしなければなりません。

㋐　外国にある第三者の意義

a 「外国にある」

個人データを受信したサーバの設置場所や、個人データが記録された媒体の受渡し場所等、個人データの移転に付随する要素が物理的に外国にあるか否かで判断されます。

例えば、外国にサーバを設置している場合であっても、自社サーバであれば、「外国にある第三者」への提供に該当しませんが、他社サーバの場合は、「外国にある第三者」への提供に該当します。

また、外国の法令に準拠・設立され外国に住所を有する法人であっても、当該外国法人が法２条５項に規定する個人情報取扱事業者に該当する場合は、「外国にある第三者」には該当しません。

例えば、外国法人であっても、例えば日本国内に事務所を設置している場合、又は、日本国内で事業活動を行っている場合など、日本国内で「個人情報データベース等」を事業の用に供していると認められるときは、当該外国法人は「個人情報取扱事業者」に該当し、「外国にある第三者」には該当しません（事例については、ガイドライン越境提供編６頁参照）。

b 「第三者」

個人データを提供する個人情報取扱事業者と当該個人データによって識別される本人以外の者であり、外国政府などもこれに含まれます。法人の場合、個人データを提供する個人情報取扱事業者と別の法人格を有するかどうかで第三者に該当するかを判断します。

例えば、日本企業が、外国の法人格を取得している当該企業の現地子会社に個人データを提供する場合には、当該日本企業にとって「外国にある第三者」への個人データの提供に該当しますが、現地の事業所、支店など同一法人格内での個人データの移動の場合には「外国にある第三者」への個人データの提供には該当しません。

事例）外資系企業の日本法人が外国にある親会社に個人データを提供する場合、当該親会社は「外国にある第三者」に該当。

（以上、ガイドライン越境提供編６頁参照）

【外国にあるクラウドサーバの利用】

「個人データをその内容に含む電子データを取り扱わない旨」がクラウド事業者の利用規約又は約款に定められているか、これを交渉で獲得しない限り、クラウドサーバの利用は、形態にかかわらず、原則として委託に該当することを前提にする必要があります。

クラウド事業者側で、サーバの場所（国外であるかどうか）を明確にしてもらえない場合、同等水準認定国への提供かどうかすら判定できませんので、当該クラウド事業者が基準適合事業者でなければ、個人情報に係る本人全員の同意を得ることは困難であり、事実上、当該クラウド事業者のクラウドサーバの利用が不可能となることもあり得ます。例えば、東南アジアや南アジアの国にサーバを置いている場合、日本の個人情報保護法制より緩やかであるとして法23条の適用を受けられない可能性がありますので留意すべきです（以上Q&A 43頁（Q５-33）、『しくみ』157～158頁参照）。

イ　例外①同等水準認定国

ガイドライン越境提供編８頁では、同等水準認定国として、EU及び英国が該当するとされています。

同等水準認定国は28条にいう「外国」ではなく、27条１～６項が適用され、27条２項のオプトアウトが可能となり、委託・事業承継又は共同利用は、第三者提供となりません。

ウ　例外②基準適合事業者

基準は、以下の①②のいずれかに該当することです（規則16条）。なお、必要な体制が整備されていることについて、個人情報保護委員会に対する事前の届出等は要しません（ガイドライン越境提供編９頁参照）。

基準適合事業者については、国内事業者と同様とみなされますので、法28条にいう第三者ではなくなり、法27条が適用となります。したがって、法27条２項のオプトアウトが可となり、委託・事業承継又は共同利用は、第三者への提供となりません。

① 個人情報取扱事業者と個人データの提供を受ける者との間で、当該提供を受ける者における当該データの取扱いについて、「適切かつ合理的な方法」により、「法第４章第２節の趣旨に沿った措置」の実施が確保されていること
② 個人データの提供を受ける者が、「個人情報の取扱いに係る国際的な枠組みに基づく認定」を受けていること

【適切かつ合理的な方法】（事例についてはガイドライン越境提供編9頁参照）

提供先である外国にある第三者が、日本の個人情報取扱事業者が講ずべきこととされている措置に相当する措置を継続的に講ずることが担保される方法。

【法4章2節の規定の趣旨に沿った措置】

OECDプライバシーガイドラインやAPECプライバシーフレームワークなどの国際的基準に準拠した措置（ガイドライン越境提供編10～11頁参照）。

【個人情報の取扱いに係る国際的な枠組みに基づく認定】

国際機関等において合意された規律に基づき権限のある認証機関等が認定するものをいい、当該枠組みは、個人情報取扱事業者が講ずべきこととされている措置に相当する措置を継続的に講ずることができるものである必要があります（APECの越境プライバシールール（CBPR）システムの認証など）（ガイドライン越境提供編39頁参照）。

エ　本人への情報提供義務（法28条2項、3項）

平成27年法で導入された旧24条（令和3年改正法28条）は、個人情報取扱事業者が外国に個人データを移転できる場合を一定の場合に制限するものであり、その規制の対象は個人データの移転元である国内事業者であることから、当該規制によって、移転先における状況の多様性に起因するリスクに対応するためには、移転先の事業者やその事業者がおかれている外国の状況について必要最低限の留意を求める方向になりました。具体的には、移転元となる個人情報取扱事業者に対して本人の同意を根拠に移転する場合は、移転先国の名称や個人情報の取扱いに関する本人への情報提供の充実が求められます。また、移転先事業者において継続的な適正取扱いを担保するための体制が整備されていることを条件に、本人の同意を得ることなく個人データを移転するにあっては、本人の求めに応じて、移転先事業者における個人情報の取扱いに関する情報提供を行うこととされました。なお、移転先国の個人情報の保護に関する制度等についての本人に対する情報提供は、当該個人情報の取扱いについて本人の予見可能性を高めることが趣旨であることから、その範囲で必要最低限のものとされ、網羅的なものである必要はないとされました（制度改正大綱30～31頁）。

なお、今回の改正は、個人データの越境移転を行う事業者において、移転先の環境を認識してもらうという趣旨もあり、事業者自らの取り組みが基本ではありますが、個人情報保護委員会としても、外国の個人情報保護制度について、事業者に参考情報を提供する方向とのことです（令和２年６月４日　参内　其田参考人答弁）。

これに関し、個人情報保護委員会において「外国における個人情報の保護に関する制度等の調査」が行われ、令和３年内を目途に参考情報が公表される予定です（令和３年９月17日　個人情報保護委員会事務局）。

㈠　本人の同意を得るための本人への情報提供義務（法28条２項）

個人情報取扱事業者は、上記**イ**及び**ウ**の例外規定に基づかず、本人の事前同意を前提として、外国にある第三者に個人データを提供する場合には、以下のようにして、あらかじめ、当該外国における個人情報の保護に関する制度、当該第三者が講ずる個人情報の保護のための措置その他当該本人に参考となるべき情報を本人に提供しなければなりません（規則17条）。

a　提供の方法

電磁的記録の提供による方法、書面の交付による方法その他の適切な方法（「適切な方法」の該当事例は、ガイドライン越境提供編41頁参照）

b　提供すべき情報

① 提供先の外国の名称

② 「適切かつ合理的な方法」（該当事例は、ガイドライン越境提供編42頁参照）により得られた「当該外国における個人情報の保護に関する制度に関する情報」（提供先の第三者が所在する外国における個人情報の保護に関する制度と我が国の法との間の本質的な差異を本人が合理的に認識できる情報でなければならない。具体的に踏まえる観点については、ガイドライン越境提供編42〜44頁参照）

③ 提供先の「第三者が講ずる個人情報の保護のための措置に関する情報」（当該外国にある第三者が講ずる個人情報の保護のための措置と我が国の法により個人データの取扱いについて個人情報取扱事業者に求められる措置との間の本質的な差異を本人が合理的に認識できる情報でなければならない。ガイドライン越境提供編44頁参照）

④ ①が「特定できない場合」（該当事例は、ガイドライン越境提供編46頁参照）は、①及び②に代えて、①が特定できない旨及びその理由、①に代わる「参考となるべき情報」（該当事例は、ガイドライン越境提供編46〜47頁参照）がある場合は、その情報

⑤ ③について「情報提供ができない場合」（該当事例は、ガイドライン越境提供編47頁参照）は、その旨及び理由

(イ) 基準適合事業者に対する提供後に講ずる必要な措置（法28条3項）

個人情報取扱事業者は、上記ウの例外規定に基づき、外国の基準適合事業者に個人データを提供した場合（本人の事前同意は不要）には、以下のようにして、外国の基準適合事業者による相当措置の継続的な実施を確保するために必要な措置を講じなければならず、本人の求めに応じて当該必要な措

置に関する情報を本人に提供しなければなりません（規則18条）。

a　必要な措置

① 基準適合事業者による相当措置の実施状況並びに当該相当措置の実施に影響を及ぼすおそれのある当該外国（基準適合事業者の所在する）の制度の有無及びその内容を、適切かつ合理的な方法により、定期的に「確認」（該当事例は、ガイドライン越境提供編50頁参照）する。

② 基準適合事業者による相当措置の実施に支障が生じたときは、「必要かつ適切な措置」（該当事例は、ガイドライン越境提供編51頁参照）を講ずるとともに、「当該相当措置の継続的な実施の確保が困難となったとき」（該当事例は、ガイドライン越境提供編51～52頁参照）は、個人データの当該基準適合事業者への提供を停止する。

b　情報提供の方法

電磁的記録の提供による方法、書面の交付による方法その他「適切な方法」（該当事例は、ガイドライン越境提供編52頁参照）（規則18条2項）

c　本人の求めに対して提供（遅滞なく）する情報（規則18条3項）

① 基準適合事業者による体制整備の方法

② 基準適合事業者が実施する相当措置の概要

③ 個人情報取扱事業者による定期的確認の頻度

④ 基準適合事業者が所在する外国の名称

⑤ 基準適合事業者による相当措置の実施に影響を及ぼすおそれのある当該外国の制度の有無及びその概要

⑥ 基準適合事業者による相当措置の実施に関する支障の有無及びその概要

⑦ ⑥の支障に関して個人情報取扱事業者が講ずる措置の概

要

(①〜⑦の具体的な事例は、ガイドライン越境提供編53〜56頁参照。ただし、情報提供することにより、当該個人情報取扱事業者の業務の適正な実施に著しい支障を及ぼすおそれがある場合は、その全部又は一部を提供しないことができます)

d　cの情報の全部又は一部を提供しない旨の決定をしたときは、本人に対し、遅滞なく、その旨を通知しなければならず、その理由を説明するよう努めなければならない。

(2) 外国企業との共同利用

平成15年法では、外国企業との間での取得時の利用目的の範囲内での個人データの共同利用は、法27条5項の共同利用の要件の下で行えると考えられてきました。しかし、法28条の新設により、外国企業への第三者提供については、共同利用目的であっても法28条が適用され、本人の同意が必要となります。

ただし、上記の通り、同等水準認定国の外国企業や基準適合事業者への提供には、28条は適用されませんので、例えば、「外資系金融機関グループに属する日本の金融機関が、当該グループ内の外国金融機関等に個人データを提供する場合、これらの例外に該当すると整理するか、改めて本人の同意を取るかのどちらかの対応が必要になります」(『金融機関実務』194頁)。

(3) 域外適用(法171条)

外国において活動する事業者の外国における行為であっても、国内向けのサービスを提供している者であり、国内から発出され国内の機器を経由して取得したような個人情報を取り扱っている場合には、当該個人情報を日本法である個人情報保護法により保護できるとするものです。すなわち、外国の個人情報取扱事業者、個人関連情報取扱事業者、仮名加工情報取扱事業者又は匿名加工情報取扱事業者が行う個人情報、個人関連情報、仮名加工情報又は匿名加工情報の管理や提供等のうち、その行為のすべてが外国において行われるものにつき規制を及ぼすものです。

ア　域外適用の要件

① 国内にある者に対する物品・役務の提供に関連すること

「物品又は役務の提供」とは、「物品の提供」が有体物としての商品の販売や貸与等を、「役務の提供」が音楽や映像の販売、情報の提供等何らかのサービスの提供を意味します。

具体例：日本にある者を事業の相手方とすべく日本語のウェブサイトを開設している場合や、日本に向けた物品の送付等を伴う事業を行っている場合。

また、インターネットを通じたサービス提供の場合には、容易に配信地域（国）を制限できる（映画、スポーツイベント、アニメ、音楽等のコンテンツは、権利上の制限から地域又は国単位で配信制限をかけなければならないケースがあり、これに関する事業を行っている場合は配信地域を制限している）、現在のインターネット環境に鑑みると、日本を配信地域にしている場合はもとより、自国内に制限せずに配信している場合でも、日本を含めた外国へのサービス提供の客観的行為と認識があるのが通常であり、「国内にある者に対する物品又は役務の提供」に当たり得ます（法制局資料）。

② 物品・役務提供を受けた本人の個人情報等の取得

③ 取得した個人情報等を外国において取り扱うこと

なお、平成27年改正法では、域外適用の対象となる規定が限定列挙されていましたが、令和２年改正法では、限定列挙はなくなり、外国事業者に対しても個人情報保護委員会からの報告徴収、命令ができるようになり、国内事業者とのイコールフッティングが図られました（令和２年５月22日衆内　其田参考人答弁）。

イ　外国にある第三者への提供との関係

法166条は、国内の個人情報取扱事業者から、外国にある第三者に提供される場合には適用されません。かかる場合は、「外国にある第三者への提供の制限」（法28条）が適用されます。したがって、外国の事業者に第三者提供の一類型である委託を行う場合にも適用されません。

9 個人情報保護委員会の役割等

■図表 1-3(6)　事業者と本人との間に生じた苦情の処理の流れ

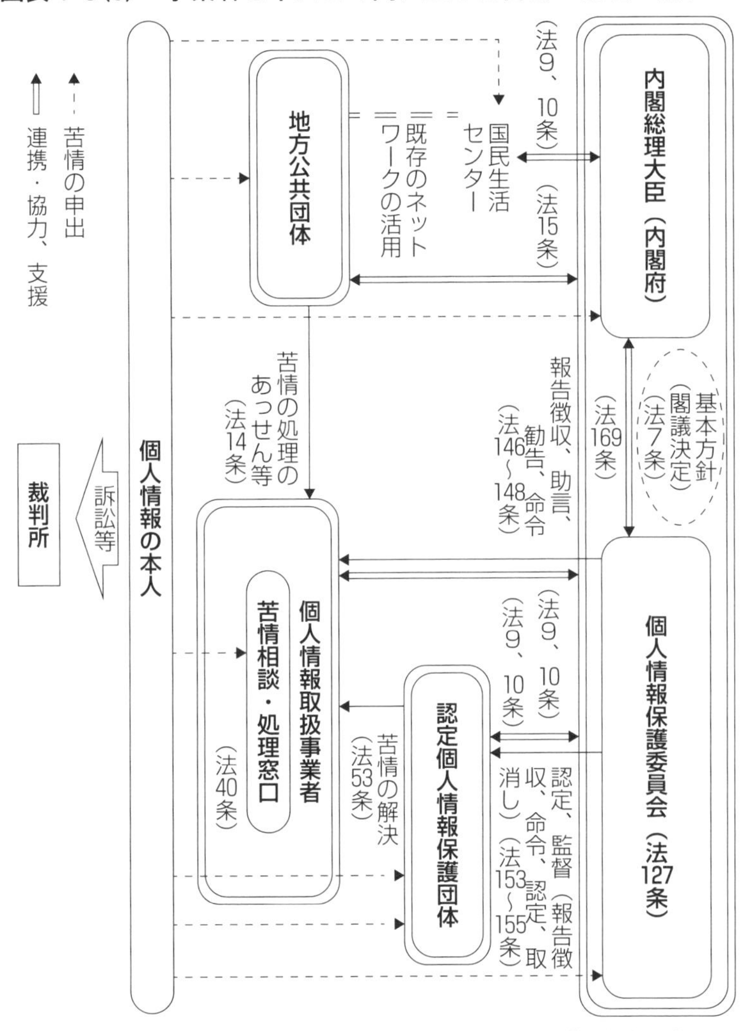

（官邸ホームページの資料（「個人情報保護法の解説」中の「事業者と本人との間に生じた苦情の処理の流れ」）を参照し作成）

省庁縦割りによる、事業者に対する重複的対応をなくすとともに、いかなる分野の事案においても迅速な対応を実現するために、執行体制の一元化が必要とされていました。

また、諸外国においては、EU加盟国をはじめとして、パーソナルデータの保護を担当する独立した監督機関が設置され、公・民、分野を問わず広く所管していることが一般的であり、諸外国との間で滞りなくデータの移転を行うためには、組織面において整合性のとれた機関による交渉、執行協力等を行うことが必要でした。

そこで、平成27年法により、個人情報の保護に関する独立した監督機関として、マイナンバー法に基づく特定個人情報保護委員会を改組する形で、個人情報保護委員会が設けられました。(『しくみ』43〜44頁参照)。

(1) 組織・所掌事務

個人情報保護委員会は、内閣府設置法49条3項に基づく内閣府の外局で、主務大臣は内閣総理大臣であり、国家行政組織法3条のいわゆる「三条委員会」と同等の独立性の高い機関です。

所掌事務は、①個人情報の保護に関する基本方針の策定及び推進、②個人情報・仮名加工情報・匿名加工情報・個人関連情報の取扱いに関する監督、行政機関等における個人情報、仮名加工情報、匿名加工情報、個人関連情報の取扱いに関する監視並びに苦情の申出についての必要なあっせん及びその処理を行う事業者への協力、③認定個人情報保護団体に関する事務、④個人情報の保護及び適正かつ効果的な活用についての広報及び啓発、⑤①〜④の事務を行うために必要な調査及び研究、⑥所掌事務に係る国際協力等です（法133条、ただし、その他に特定個人情報（マイナンバー）に関する所掌事務がある）。

(2) 法執行権限

■図表 1-3(7)　実効性担保の仕組み

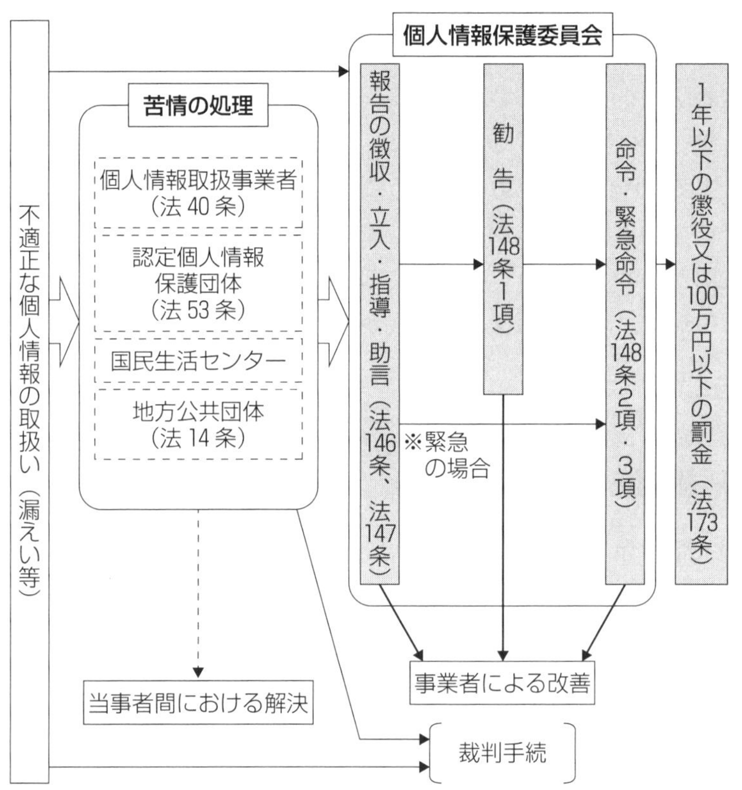

（首相官邸ホームページの資料（「個人情報保護法の解説」中の「実効性担保の仕組み」）を参照し令和２年改正法にあわせて作成）

ア　報告徴収及び立入検査（法146条）

個人情報取扱事業者、仮名加工情報取扱事業者、匿名加工情報取扱事業者又は個人関連情報取扱事業者（以下、「個人情報取扱事業者等」という）に対し、個人情報、仮名加工情報、匿名加工情報又は個人関

連情報（以下、「個人情報等」という）の取扱いに関し、必要な報告若しくは資料の提出を求め、又はその職員に、当該個人情報取扱事業者等の事務所その他必要な場所に立ち入らせ、個人情報等の取扱いに関して質問させ、若しくは帳簿書類その他の物件を検査することです。

イ　指導及び助言（法147条）

個人情報取扱事業者等に対し、個人情報等の取扱いに関し必要な指導及び助言をすることです。

ウ　勧告、命令、緊急命令（法148条）

㈠　勧　告

以下の①又は④の場合に、個人の権利利益を保護するために必要があると認めるときに、当該違反行為の中止その他違反を是正するために必要な措置をとるべき旨を勧告することです。

① 個人情報取扱事業者が18条から20条まで、23条から25条まで、27条（４項を除く）、28条、29条、30条（２項を除く）、32条、33条（１項を除く）、34条２項若しくは３項、35条２項、４項、６項若しくは７項、38条２項、41条（４項、５項を除く）若しくは43条（６項を除く）の規定に違反した場合
② 個人関連情報取扱事業者が、28条３項、30条３項若しくは４項（いずれも読み替え規定による）の規定に違反した場合
③ 仮名加工情報取扱事業者が、27条５項若しくは６項、23条から25条まで、41条７項若しくは８項（いずれも読み替え規定による）の規定に違反した場合
④ 匿名加工情報取扱事業者が44条若しくは45条の規定に違反した場合

⑴ 命　令

正当な理由がなく勧告に係る措置をとらなかった個人情報取扱事業者等に対し、個人の重大な権利利益の侵害が切迫していると認めるときに、当該勧告に係る措置をとるべきことを命ずることです。

⑼ 緊急命令

以下の①又は④の場合に、個人の重大な権利利益を害する事実があるため緊急に措置をとる必要があると認めるときに、当該違反行為の中止その他違反を是正するために必要な措置をとるべきことを命ずることです。

① 個人情報取扱事業者が18条から20条まで、23条から26条まで、27条1項、28条1項若しくは3項、41条1項から3項まで若しくは6項から8項まで、43条1項、2項若しくは5項の規定に違反した場合
② 個人関連情報取扱事業者が28条3項（読み替え規定による）の規定に違反した場合
③ 仮名加工情報取扱事業者が23条から25条まで、41条7項若しくは8項（いずれも読み替え規定による）の規定に違反した場合
④ 匿名加工情報取扱事業者が第45条の規定に違反した場合

⑴ 公　表

個人情報取扱事業者が、上記命令に違反した場合は、罰則（法178条）の適用がありますが、どうしても違反から一定の期間が必要となる等のため、命令及び緊急命令の実を上げるために、命令及び緊急命令違反を公表することができることになりました。そして、外国事業者との関係では、日本の当局が外国で取調べ等を行うことは、外国主権との関係から困難な場合もあり、命令違反に係る公表という手段により、

命令の実効性が担保されることが期待されます（令和２年５月22日　衆内　其田参考人答弁）。

エ　報道機関等への権限行使制限（法149条）

個人情報取扱事業者等に対し報告若しくは資料の提出の要求、立入検査、指導、助言、勧告又は命令を行うにあたっては、表現の自由、学問の自由、信教の自由及び政治活動の自由を妨げてはならないとされました。

さらに報道機関等、法の適用が除外される者（法57条１項、ただし、同項各号に定める目的で個人情報等を取り扱う場合に限る）に対して個人情報を提供する行為については、個人情報保護委員会は、その権限を行使しないこととされました。

(3) 認定個人情報保護団体の認定及び監督等

ア　苦情処理など個人情報等の適正な取扱いの確保を目的として業務を行う民間の業界団体に対し、その申請に基づいて個人情報保護委員会が認定する認定個人情報保護団体という制度が設けられています（法47条）。

令和３年７月28日現在で42団体が認定されています。

イ　個人情報保護委員会は、認定個人情報保護団体が主体的に行う個人情報保護指針の策定等に対して、情報の提供、助言等の支援を行い、その際、特に小規模事業者の事業活動が円滑に行われるよう配慮するものとされました。

ウ　認定個人情報保護団体による取組

㈠　事業等分野の実情に応じた公正・透明な個人情報保護指針等の策定・見直しに努めることが求められています。

(イ) 個人情報保護指針を作成したときは、個人情報保護委員会に届け出るとともに、当該団体に所属する事業者に対して当該指針の遵守に必要な指導監督を行わなければなりません（法54条2項、4項）。

認定個人情報保護団体により指針（指針作成は努力義務）を作成した場合には必ずインターネット等の利用により、公表するもの（規則42条）とし、かつ、一覧性を持たせるために、個人情報保護委員会において、インターネット等の利用により公表することとしました（法54条3項、規則41条）。

エ　事業者自身による取組

個人情報取扱事業者は、法の規定に従うほか、ガイドライン、個人情報保護指針等に則し、例えば、いわゆる、プライバシーポリシー、プライバシーステートメント等を対外的に明確化するなど、個人情報の保護及び適正かつ効果的な活用について主体的に取り組むことが期待されています。

その際、事業の規模及び性質、個人データの取扱状況等に応じ、各事業者において適切な取組が実施されることが重要です。

また、法は、苦情処理について、まず、第一に事業者の責任において適切かつ迅速な処理に努めるべきことを明らかにしています。したがって、事業者には、必要な体制整備として苦情受付窓口の設置、苦情処理手順の策定等が求められます（法40条）。

なお、「認定個人情報保護団体が存在しない場合や、存在していても、事業者がこれに加入していない場合には、適用される個人情報保護指針はなく、個人情報保護法が、ガイドラインに従って個人情報保護委員会により直接適用・執行される」ことになります（『しくみ』142頁）。

10　本法に違反した場合の制裁

(1) 個人情報保護委員会による行政処分

既に述べたような勧告、命令、緊急命令があります。

(2) 罰　則

ア　個人情報データベース等不正提供罪（法179条）

刑法の窃盗罪において、「情報」は財物に含まれません。会社から個人情報を盗んだ者に対しては、個人情報そのものではなく情報が記載又は記録された文章、テープ、フロッピー等といった「物」を盗んだ場合に初めて窃盗罪が成立します。また、営業秘密の不正取得に基づく不正競争防止法違反については、対象となるデータが「営業秘密」に該当するために、当該データに対しアクセス制限がなされたり、社内規程等において秘密として指定されていること等適切なアクセス権限の設定や保護が行われていることが必要です。

そこで、個人情報取扱事業者（その者が法人（法人でない団体で代表者又は管理人の定めのあるものを含む）である場合において、その役員、代表者又は管理人）若しくはその従業者又はこれらであった者が、その業務に関して取り扱った個人情報データベース等（その全部又は一部を複製し、又は加工したものを含む）を自己若しくは第三者の不正な利益を図る目的で提供し、又は盗用したときは、1年以下の懲役又は50万円以下の罰金に処することとしました。当該従業者等の所属する法人にも両罰規定として1億円以下の罰金（法人と個人の資力の格差等を勘案）が科されます（法定刑が引き上げられました。法184条）。

イ　個人情報保護委員会命令違反（法 178 条）

命令違反、緊急命令違反の場合は、1年以下の懲役又は 100 万円以下の罰金が課されます（法定刑が引き上げられた）。

例えば、法 20 条2項に違反して要配慮個人情報の取得が行われた場合に、法 20 条2項違反を根拠に直接罰則が科せられるわけではありません。まず個人情報保護委員会が法 20 条2項違反を根拠に個人情報取扱事業者に命令又は緊急命令を行った上で、この命令又は緊急命令に従わなかったときに、法 178 条の罰則が科せられるという仕組みになっています。これを間接罰といい、法 179 条が個人情報データベース等を不正利益目的で提供した行為そのものを直接罰すること（直接罰）とは異なっています。

命令又は緊急命令違反の場合の罰則についても、両罰規定が設けられており、法人に対しては、1億円以下の罰金が科されます（法定刑が引き上げられた）。

なお、個人情報保護委員会は、その命令を受けた事業者が当該命令に違反したときは、その旨を公表することができます（法 148 条4項）。

ウ　報告違反（法 182 条）

報告徴収に対する報告をしない又は資料を提出しない、虚偽報告、虚偽の資料の提出、職員の質問に対して答弁しない、虚偽の答弁、検査の拒否、妨害、忌避に該当する場合は、50 万円以下の罰金が科されます（法定刑が引き上げられた）。

個人情報保護委員会の報告要求や資料提出要求を拒否すること等に対して直接罰則を科すものです（直罰規定）。

なお、罰則に関する法定刑の引き上げについては、令和2年 12 月 12 日から適用されています。

エ　第三者提供における第三者による確認事項の虚偽申告（法30条2項違反）（185条）：10万円以下の過料

なお、過料は、行政上の義務違反に対する秩序罰で、刑罰ではありません。

11　その他

(1) 事業所管大臣への権限の委任等（法150条～152条）

令和３年法により、主務大臣の権限が個人情報保護委員会に一元化されますが、個人情報取扱事業者等に対する報告徴収や立入検査の権限については、緊急かつ重点的に個人情報等の適正な取扱いの確保を図る必要がある等、一定の事情がある場合に事業所管大臣に委任ができます。一方、事業所管大臣は、所管の事業者に法に違反する行為がある場合や、事業者の個人情報等の適正な取扱いを確保するために必要がある場合は、個人情報保護委員会に対し、適当な措置をとるべきことを求めることができます。

(2) 適用除外（法57条1項）

報道機関、著述を業とする者、学術研究機関、宗教団体、政治団体が、それぞれ報道の用に供する目的、著述の用に供する目的、学術研究の用に供する目的、宗教活動の用に供する目的、政治活動の用に供する目的で行う個人情報の取扱いについては、憲法の保障する基本的人権（表現の自由、学問の自由、信教の自由、政治活動の自由）への配慮から、法第４章に定められる個人情報取扱事業者等の義務等に係る規定は適用されません。

ただし、上記の者にも、法179条（個人情報データベース等不正提供罪）は適用されますので留意が必要です（ガイドライン通則編156頁参照）。

第2章

個人情報保護のため事業者がとるべき対応

第1 はじめに－作業リストの提示－

1 はじめに

> 以下では、本章に関する使用上の注意が記載されています。「読むところを極力少なく」「少ない量で過不足なく」が本書の目指すところではありますが、本項だけは皆さん必ず読んでください。

本書の（とりわけ本章の）コンセプトは、対応完了までの「最短距離」を示すこと、そして、そのために必要な情報を「できるだけ読む部分を少なく」提示することにあります。本文の概要を図表でまとめ、それだけ見ればアウトラインが一応理解できるように工夫もしています。

本章では、上記方針に従って話を進めていきますが、その前に以下の事柄を皆さんにご理解いただきたいと思っています。

それは、この個人情報保護対応というものは単に規程を作れば済むというわけではなく、実態に即していない文書化に意味はない、ということです。規程を作るだけであれば、本章の**第14**「文書化に向けて」を読み、添付資料の規程案を使えば、一応の格好は整います。しかし、皆さんの組織各々の事情を踏まえた実態に合致していなければ、それこそ「仏作って魂入れず」となってしまいますし、一見、きちんと対応できているように見えてしまうため、利用目的や開示等請求などをめぐって本人との間でトラブルが生じた場合には、かえって拗れる原因にもなりかねません。

以下の解説では、「実態に即した規程と体制」を整えるための内容を含んでいます。皆さんには規程作りの準備段階をきちんと踏んでいただきたいと思いますし、次にお示しする「作業リスト」を踏まえ、必要な作業を拾い出し、順次作業を進めていただければと思います。

2　作業リストの提示（対応が必要な範囲を把握する）

はじめに、本章でこれから述べる内容に対応して、事業者が対応すべき内容の作業リストを、一覧的に提示したいと思います。

詳細は**図表 2-1(1)**の通りですので、まずはこちらをご参照ください。

■図表 2-1（1）　作業リスト

① 自社では「個人情報データベース等」の取扱いがあると思う
➡事前準備事項＋共通対応事項＋α（以下の②～⑤の中で該当するものを適宜追加）

② 要配慮個人情報の取扱いがある
➡追加対応事項（1）

③ 外国にある第三者へ個人データを提供する予定がある
➡追加対応事項（2）

④ 個人情報を匿名加工した上で積極的に利用する予定がある
➡追加対応事項（3）

⑤ 個人情報を加工した仮名加工情報を利用する予定がある
➡追加対応事項（4）

※　以上を踏まえて各種文書化を進め、従業員教育を行い、体制整備後のメンテナンスを行うことになる。

このリストを踏まえ、自分の会社で関係のありそうな項目だけをまずは確認し、その上で対応を進め、それ以外の項目は、今後必要になったときに適宜ご確認いただければよいと思います。

ところで、法が要求する個人情報保護へ向けた対策というものを考えた場合、大きく２つに分けることができます（**図表 2-1(2)** 参照)。

１つはⅰ)「情報主体たる本人に向け何を提供するのか」という視点からの対応であり、もう１つはⅱ)「情報のセキュリティという観点から安全管理体制を確立するために何をするのか」という視点からの対応です。

具体的にいえば、ⅰ) は、利用目的の特定とその明示、第三者提供に際しての事前同意の取り付け（外国の第三者への提供の場合を含む)、情報主体たる本人からの開示・訂正・利用停止等の請求への対応、苦情窓口の設置といったものが当たります。ここに挙げた内容は、当該個人情報を利用するについて、その主体たる本人にいかに納得してもらうか、という視点からの取組ということになるでしょう。必ずしも厳密に分け切れるものでもありませんが、本章の**第 4、第**

■図表 2-1(2)　個人情報保護へ向けた対策の２つの視点

対応するにあたっての２つの方向性	
ⅰ）情報主体たる本人に向け何を提供するのかという視点	ⅱ）情報のセキュリティという観点から安全管理体制を確立するために何をするのかという視点
↓ それぞれの視点からの対応 ↓	
利用目的の特定とその通知・明示、第三者提供に際しての事前同意の取り付け、情報主体たる本人からの開示・訂正・利用停止等の請求への対応、苦情窓口の設置等	情報の取扱いに関する規律整備、情報へのアクセス制限・管理、コンピュータ室（サーバー室）への入退室管理、ロッカーの施錠、ファイルの入出庫記録の保管、パスワード管理等

5、**第6**、**第8**、**第9**、**第10**、**第11**、**第12**及び**第13**（いずれも安全管理措置以外）は概ねこちらに属するものと思われます。

一方、ⅱ）については、情報の取扱いに関する規程等、規律の整備を行うと共に、コンピュータ室（サーバー室）への入退室管理やロッカーの施錠、ファイルの入出庫記録の保管、パスワード管理を行うなど、情報漏えいや不正アクセス、情報の紛失・破壊や改ざんといった事態に、人的・物的な観点からいかなる対処をなすべきなのかという視点からの取組ということになります。本章の**第7**、**第12**（安全管理措置）、**第13**（安全管理措置）はこちらに属するものです。

とかくこの２つは混同されがちで、ⅰ）、ⅱ）いずれか一方だけ行われていればそれで良しとする向きもないではありませんが、両方揃って初めてその適切さが担保されることになりますので、実際の対応を行う際は、この２つの視点からそれぞれ現状を確認し、その後の対応を考えていくことが重要です。

3　「最短距離」で対応を行うための基本的な考え方

さて、個人情報保護に向け、対応を「最短距離」で進めるためには、どのようなアプローチで進むべきでしょうか。

ポイントは、「例外」「適用外」の抽出と、これによる「省力化」です。

対応の「最短距離」を目指すにあたっては、原則を理解しつつも、まずは自身の現状が「例外」やガイドラインの指摘する「適用外」の場合に当たらないかを検証するのが「省力化」のための第一歩ということになります。

その上で、この「例外」「適用外」の場合では括れない事象に関し、原則通りの対応を検討していくことになるでしょう。

4　個人情報保護対応が不要な事業者

ところで、前掲**図表 2-1(1)** の①「自社では『個人情報データベース等』の取扱いがあると思う」に関しては、以下のような疑問が生じてくるのではないかと思います。それは「そもそも対応せずに済む事業者はいないのか」「いるとすれば自分はそれに当たるのではないか」という疑問です。もし、これに該当するなら、対応も不要ですし、これ以上本書を時間をかけて読む必要はないわけですから当然でしょう。

そこで、本項を締め括るにあたり、この点について若干言及しておきたいと思いますが、「ほとんどの事業者は『個人情報取扱事業者』に当たってしまうであろう」というのが筆者の結論です。

個人情報保護法の定める各種義務が課されるのは、「個人情報取扱事業者」と同法が定義している事業者です。そして、義務規定の適用対象となる「個人情報取扱事業者」は、「個人情報データベース等」を業務の用に供している者をいう、と定められています（法16条2項）。そのため、①では「個人情報データベース等」の利用の有無を問題にしたわけです。

「個人情報データベース等」については**図表 2-1(3)** のように定められており、要するにコンピュータで使える形でデータベース化されているか、紙ベースの資料でも50音順のインデックス等を付けて検索できるよう整理している場合はこれに当たります。

そして、整理の対象である「個人情報」は**図表 2-1(4)** のように定められていますので、基本的に生きている個人の情報を整理して使うと、すべてこれに当たってしまうことになります（ちなみに、前章でも述べましたが、「個人識別符号」という概念もありますので、こちらにもご留意ください。ごく簡単に述べれば、DNA情報や顔認識データ、掌認証の静脈データなど身体的特徴をデータ化したものと、旅券情報や基礎年金番号など、主に役所絡みの公的な関係で各個人に付番された番号類が入っているものはすべて「個人情報」になるということです〔**図表 2-1(5)**～**図表 2-1(7)** 参照〕)。

ちなみに、「個人情報データベース等」に関しては**図表 2-1(8)** に定めるような例外があります。したがって、単に市販の電話帳や職員録などに手を加えずに使っているだけであれば、それらは「個人情報データベース等」の例外に当たるので、「個人情報取扱事業者」に当たらないという可能性も出てくるわけです。

■図表 2-1(3)　個人情報データベース等とは？

「個人情報データベース等」の定義（法16条1項、政令4条）
個人情報を含む情報の集合物であって、次に掲げるもの（利用方法から見て個人の権利利益を害するおそれが少ないものとして政令で定めるものを除く） 1）特定の個人情報を電子計算機を用いて検索することができるように体系的に構成したもの 2）前号に掲げるもののほか、特定の個人情報を容易に検索することができるように体系的に構成したものとして政令で定めるもの（⇒目次、索引その他検索を容易にするためのものを有するもの〔政令4条2項〕） ※　ただし政令4条1項に規定する例外（【図表 2-1(8)】参照）に該当するもの以外は使用していない、というのであれば「個人情報取扱事業者」ではない。
【個人情報データベース等に該当するもの】 ①　電子メールソフトに保管されているメールアドレス帳 ②　インターネットサービスにおいてユーザーが利用したサービスに係るログ情報がユーザーIDによって整理・保管されている電子ファイル ③　名刺の情報を業務用パソコン（所有者は問わない）の表計算ソフトに入力・整理し、他の従業者等によっても検索できる状態にしたもの ④　人材派遣会社が登録カードを氏名の50音順に整理しインデックスを付してファイルにしている場合

■図表 2-1(4) 「個人情報」の定義①

【法2条1項】
① 当該情報に含まれる氏名、生年月日その他の記述等（文書、図画若しくは電磁的記録（電磁的方式（電子的方式、磁気的方式その他人の知覚によっては認識することができない方式をいう。次項第2号において同じ。）で作られる記録をいう。第21条第2項において同じ。）に記載され、若しくは記録され、又は音声、動作その他の方法を用いて表された一切の事項（個人識別符号を除く。）をいう。以下同じ。）により特定の個人を識別することができるもの（他の情報と容易に照合することができ、それにより特定の個人を識別することができることとなるものを含む。） ② 個人識別符号が含まれるもの ※ 死亡している個人や法人の情報はこれには含まれない。

■図表 2-1(5) 「個人情報」の定義②

②「個人識別符号」関係

【法2条2項】
1）特定の個人の身体の一部の特徴を電子計算機の用に供するために変換した文字、番号、記号その他の符号であって、当該特定の個人を識別することができるもの 2）個人に提供される役務の利用若しくは個人に販売される商品の購入に関し割り当てられ、又は個人に発行されるカードその他の書類に記載され、若しくは電磁的方式により記録された文字、番号、記号その他の符号であって、その利用者若しくは購入者又は発行を受ける者ごとに異なるものとなるように割り当てられ、又は記載され、若しくは記録されることにより、特定の利用者若しくは購入者又は発行を受ける者を識別することができるもの

■図表 2-1(6)　「個人情報」の定義③
②「個人識別符号」関係（政令１条１号）

▶ 1）については以下のものが含まれる。
➡ DNA 情報（これを構成する塩基の配列）
➡顔（容貌）情報
➡虹彩情報
➡声紋情報
➡歩行の態様に関する情報
➡掌の静脈の情報
➡指紋・掌紋情報

■図表 2-1(7)　「個人情報」の定義④
②「個人識別符号」関係（政令１条２号〜８号）

▶ 2）については以下のものが含まれる。
➡旅券番号（2 号）
➡基礎年金番号（3 号）
➡免許証の番号（4 号）
➡住民票コード（5 号）
➡個人番号（マイナンバー）（6 号）
➡国民健康保険被保険者証の記号・番号・保険者番号、後期高齢者医療被保険者証の番号・保険者番号、介護保険被保険者証の番号・保険者番号（7 号、規則 3 条）
➡各種健康保険被保険者証の符号等（例：健康保険被保険者証の記号・番号・保険者番号）、雇用保険被保険者証の被保険者番号、外国政府が発行した旅券の番号、在留カードの番号、特別永住者証明書の番号（8 号、規則 4 条）

※　「国家資格の登録番号」「電子メールアドレス」「携帯電話番号」「情報通信端末 ID（通信事業者が割り当てる ID）」「IP アドレス（インターネット接続を成立させるために割り当てられる番号）」などは対象外。

■図表 2-1(8)　個人情報データベース等の例外

「利用方法から見て個人の権利利益を害するおそれが少ないものとして政令で定めるものを除く」の意義は？

➡個人情報データベース等に該当しない場合（政令４条１項）以下のいずれにも該当するものをいう。
① 法令に違反することなく、不特定多数の者への販売目的で作成したもの
② 不特定多数の者が随時購入可能、あるいは可能だったもの
③ 生存する個人の情報を加えることなく本来の用途に供しているもの

【個人情報データベース等に該当しないもの】
① 名刺を自由に他人に閲覧できる状態においてあったとしても他人には容易に検索できない独自の分類方法で分類しているもの
② アンケートの戻りはがきが名前等により分類整理されていないもの
③ 市販の電話帳、住宅地図、職員録、カーナビゲーションシステム等

もっとも、多くの事業者においては、複数の従業員や個人の顧客を有しているでしょうし、それを検索できるよう、エクセルなどで整理してリスト化していると思います。

したがって、多くの事業者がこれに該当するであろうことは想像に難くないところです。

事前準備事項１
－プロジェクトチーム（PT）立ち上げ－

1　PTはなぜ必要か？

それでは、これより実際の作業について話を進めます。

まずは共通事項（プロジェクトチーム（PT）立ち上げ、保有する個人情報の棚卸しと作業方針決定）についてです。

これらの内容はいちばんはじめの平成15年の個人情報保護法施行以来、今まで一度でも対応をしたことがある事業者にとってはお馴染みの内容でしょうし、「個人情報の棚卸し」などは既に完了し、次項で詳述する個人情報リストなども随時アップデートされている状況にあるかもしれません。しかし、作業方針を決定するにあたっての前提となる内容でもありますので、これらの事業者の方々においても、確認の意味で、かつての記憶を喚起するべく、簡単にでもよいですので、ご一読ください。

まずは、一番はじめの作業、プロジェクトチーム（PT）の立ち上げについてお話したいと思います。

なぜそもそもPTが必要なのでしょうか。

端的にいえば、この種の内向きの作業を１人で担当させると担当者の気が滅入り、実が上がらないからです。

これらの関連作業は、これから述べる個人情報の棚卸しをはじめ、かなりのボリュームが予想されます。ところが、この作業は基本的に内向きのもので、売上や利益には直結しないものです。

また、ゆくゆくは関連の規律を作成し、その遵守を事業者内の従業員に求めていくことになるのですが、往々にして実際の営業活動等に面倒を強いることになるため、遵守を求める側と遵守させられる現場との間に軋轢が生じる場合もあります。

日常の業務に加え、こういう面白くもない負荷の多い作業を特定のある担当者１人だけに背負わせると、その担当者は負担過多で大きな不満を抱えます。下手をすると、結局、日常業務に流されて何もしなかった、ということにもなりかねません。

ところが、個人情報の漏えいなどが起これば、近時はこの種の事案への世間の目も厳しく、激しい非難も巻き起こり、一瞬にして事業者自身が窮地に陥るため、遺漏なく対応せざるを得ません。この対応は事業者にとって重要事項なのです。

それでは、部署ごとの個別の対応に任せるのがよいのかといえば、各部署に一律に適用される規律を制定する必要があるため、不都合な部分もあります。

以上の理由から、PT を立ち上げておくほうが、かえって合理的だといえるわけです。

2 PT にはどのようなメンバーを集めるべきか？（図表 2-2(1) 参照）

それでは、PT にはどのようなメンバーを含めるべきでしょうか。

どこかの部署に一括して行わせるのがよいようにも考えられますが、規律や体制の整備にあたっては、事業者の内部での実際の営業や販売活動といった日常業務と個人情報保護法の対応を調和させ、実務上、機能するようにさせなければなりません。したがって、様々な部署から率直な意見を集め、それを反映できる体制を整えていくのがよいでしょう。IT 担当部門等、この種の問題に日頃から触れやすい部署のメンバーがメインで入るのは当然としても、これに限定せずに現業部門等も含めた各担当部署から人員を確保し、横断的な組織を立ち

■図表 2-2(1)　PT（作業チーム）の立ち上げ①

メンバー

IT 担当部門のほか、現業部門等も含めた各担当部署から人員を確保。

➡（理由）①「内向き」の量が多い作業を 1 人でさせると気が滅入る
②各部署から集めたほうが円滑な作業の進捗に資する（確認作業も部署ごと、各種規程を各部署に遵守「させなければならない」、各部署の現況把握にも有益）

組織体制

PT は社長の直轄下に置くなり、担当役員を任命するなどし、その下に設置すべき。

➡（理由）事業所内に与える影響が大きいから

上げるのが望ましいところです。

さらに、このPTの作業には、各部署に一律に適用される各種規程の制定が含まれており、また、事業者内全体のパソコンチェックや従業員へのヒアリング・アンケートの実施など、事業者内に与える影響が甚大なものが数多くあります。そこで、PTは、社長の直轄下に置くか、あるいは、この問題を担当する担当役員を任命し、その下に設置するかした上で、その指揮の下に事業者内全体に与える影響を勘案しながら作業を遂行していくことが重要です。

3　PTが行う作業の内容

PTの下、事業者においては**図表 2-2(2)** に示したような作業を行っていくことになります。作業内容の詳細は次項以降の説明に譲りますが、①対応方針の策定、②「情報の棚卸し」などの現況把握・各部署の進捗状況把握、③現況把握の結果取りまとめと文書化・組織体制整備の準備、④各種規程の制定・実施、組織体制の整備、⑤従業員セミナーの実施といった手順で作業は進んでいくことになります。体制整備後も、個人情報リストの管理や監査の実施、各種規程のメンテナンス、情報主体からの開示等の請求への対応など、継続的な作業が見込まれます。

したがって、この点は**第7**でも述べますが、体制整備後もこのPTについては、「個人情報対策チーム」など、この問題を担当する恒常的な組織に改組させるなどして、そのメンバーの全部ないし一部が、引き続きこの問題に関する業務に継続的に当たるようにするのが望ましいところです。

■図表2-2(2)　PT（作業チーム）の立ち上げ②

作業内容
① 対応方針の策定
② 「個人情報の棚卸し」などの現況把握・各部署の進捗状況把握
③ 現況把握の結果取りまとめと文書化・組織体制整備の準備
④ 各種規程の制定・実施、組織体制の整備
⑤ 従業員セミナーの実施　　等

事前準備事項2
－保有する個人情報の棚卸しと作業方針決定－

1 個人情報の棚卸しについて

(1) 個人情報の棚卸しとは？

次は「個人情報の棚卸し」についてです。

一般に、製造業でも流通業でも現在の商品在庫の状況を確認するため、「棚卸し」を行います。棚卸しでは、商品の動きを一旦止めて、在庫がいくつあるのか、それがいくらの金額に相当するものでどのような種類のものなのかを逐一確認します。その後、その結果は一覧化されて資産評価のための資料となり、また、今後どの種類の商品をどれだけ製造すべきか、現在在庫となっている商品についてどのような販売戦略をとり、現金にしていくのかなどを決めていく上での基礎情報となります。

ここで「個人情報の棚卸し」と称したのは、「事業者自身が現在どんな情報を保有しているのか、それが個人情報保護法の定める定義上のいずれに当たるのかを確認し、振り分ける作業」のことです。要は、個人情報について事業者の内部で「棚卸し」のようなことを行うわけです。

具体的には、個人情報（あるいはそれにより構成されるデータベース）の存在を、場合によっては業務の動きを止めて１つずつ確認し、その性質や保管状況を確認した上でこれをリスト化し、これをもとに各情報を保有している利益と漏えいしたときのダメージとを検証し、その位置づけを逐一評価する作業ということになります。

個人情報の棚卸しの結果、把握できる事項は**図表 2-3(1)** の通りです。

■図表 2-3(1) 「個人情報の棚卸し」の実施により判明すること

- ▶事業者自身がどのような個人情報を保有しているか
- ▶それがどのような利用目的で現在使われているか
- ▶それが現在どのような形態で登録されているか（データベースなのか、紙のファイルか、あいうえお順に整理されているのか否か等）
- ▶（登録方法とも関連して）それが現在どのような形で保管されているのか（どこに保管されているのか、アクセス権限は誰が持っているのか、アクセスログは保管されているのか［デジタルでもアナログでも］等）
- ▶当該個人情報の利用が事業者自身の業務においてどの程度重要な位置を占めているのか
- ▶当該個人情報はどの程度狙われやすい情報なのか（流失した際に価値があるものなのか）
- ▶当該個人情報が流失するとした場合に、どのような経路が想定され、それに対する守りはどうなっているのか　など

(2) 個人情報の棚卸しをなぜ行うのか？

それでは、なぜ、このような作業を行う必要があるのでしょうか。

それは、個人情報保護に向けた対応を漏れなく実施するためには、それが良いことであるか悪いことであるかにかかわらず、現況を包括的・網羅的に把握することが必須だからです。

例えば、情報主体たる本人から、「自分についての個人情報すべてについて開示してほしい」という情報開示の請求があったとしましょう。個人情報の棚卸しができていない状況では、そもそもリストすらありませんので、請求をしてきた当該人物の情報がどのデータベースの中に存在するのか、見当をつけることすら難しいでしょう。仮に、

請求をしてきた情報主体にいくらかの猶予をもらったとしても、最終的に正確にすべてを把握することは不可能かもしれませんし、それができたとしても、相当の日数を要することになるのは間違いありません。そのような状況の下、一応回答をしたものの、後から別のデータベースが発見され、当該請求をした情報主体の情報が見つかったら、しかもそれが「要配慮個人情報」に該当するような類のものであったとしたら、当該請求者はその事業者をどう見るでしょうか。意図的に情報を隠したと疑われても仕方がありませんし、「リストがなかったので十分に対応できなかった」という言い訳が仮に理解されたとしても、「個人情報の取扱いに関していい加減な事業者である」というイメージを持たれることは避けられないでしょう。

他にも、セキュリティ対策の観点から見ていくと、個人情報がどのように使われ、どのように保管されているのかを確認していなければ、誰が普段その情報に接しているのかも、その中に接する必要のない人間が含まれているのか否かもわかりません。また、ネットワークからの侵入を懸念しなければならないのかどうか等も含め、技術的にどのような漏えい経過が想定されるのかもわかりません。このような状況では、情報漏えいに対し防衛を図ろうにも、対策の立てようがないでしょう。

さらに、個人情報の棚卸しの結果、性質の似通った情報の利用目的はまとめて通知・公表・明示することで、作業の効率化を図ることができます。

これらの理由から、個人情報の棚卸しは、個人情報保護の対応を考えるにあたっての、いわば前提ともいうべき作業といえますし、一度きちんと個人情報の現況を把握しておくことは、大掛かりな作業とはなりますが、適切な個人情報保護の対策を行う上でも必須といえます。

この「棚卸し」により確認すべき事項は、①（各部署における）個人情報の取扱いの有無、②保有個人情報の種類（要配慮個人情報の有

■図表 2-3(2)　「個人情報の棚卸し」により確認すべき事項

①　個人情報の取扱いの有無 ②　保有個人情報の種類 ➡要配慮個人情報の有無、プライバシーとの関係、狙われやすい情報か（流失した場合の価値は）　等 ③　保有個人情報の用途 ➡業務上いかなる領域・目的で使用されているか、当該情報の業務における重要度　等 ④　保有個人情報の取得・利用・保管・廃棄の各方法 ➡データベースか紙での利用か、インデックスはあるか、保管場所はどこか、安全管理の状況、想定流失経路　等

無、プライバシーとの関係、狙われやすい情報か否か〔流失した場合の価値〕等)、③保有個人情報の用途（業務上使用されている領域・目的、当該情報の業務における重要度等)、④保有個人情報の取得・利用・保管・廃棄の各方法（データベースか紙での利用か、インデックスの有無、保管場所、安全管理の状況、想定流失経路等）等です。まとめると**図表 2-3(2)** のようになります。

(3) 個人情報の棚卸しの範囲・方法・手順

それでは、この個人情報の棚卸しに際し、何を注意すべきでしょうか。以下では、個人情報の棚卸しを行うに際し、留意すべき点を検討していくこととします（**図表 2-3(3)～(6)** にもまとめましたので、そちらもご参照ください)。

①　範囲の特定（図表 2-3(3) 参照)

まずは、範囲の特定です。

■図表 2-3(3)「個人情報の棚卸し」の対象

棚卸しの対象	➡対象は全事業所（本店・支店・事業所・工場）とならざるを得ない
	➡職員も全職員（派遣社員・パート・アルバイト等を問わず、当該事業者において個人情報の取扱いを行う作業に従事する者を含む）が対象

個人情報保護法は、一旦「個人情報取扱事業者」に該当するとなると、事業者全体について同法が要求するレベルをクリアする必要が生じます。したがって、場所的な範囲としては個人情報取扱事業者に該当する限り、本店・支店・事業所の別にかかわらず、すべての部署が対象となります。個人情報を保有しているとは思えないような事業所や工場のような場所も念のため「棚卸し」を実施することが必要です。

次に、人的な範囲については、全職員となります。派遣社員・パート・アルバイト等を問わず、当該事業者において個人情報の取扱いを行う作業に従事する者については、すべて後述する申告の対象となりますし、その保有するパソコンや記録媒体などはいずれも確認の対象となります。

②　個人情報とデータベースの存在確認

以上のような範囲を前提に、確認にあたっては、例えば会社であれば「係」単位あるいは最大でも「課」単位で作業を行い、これを最終的に「係」→「課」→「部」→「本部」という形で吸い上げて集約するのが相当でしょう。

まずは、顧客リストやアンケートデータベース等、サーバー等の中に保有している個人情報を含んだデータベースとして、どのようなものがあるかを1件ずつ確認していきます。これに加えて、全職員に対し、自身の利用する個人情報及びこれを含んだデータベースとしてどのようなものがあるかを申告させます。さらに、当該「係」あるいは「課」の責任者に対しては、ヒアリングを実施しておくべきでしょう。

次に、職員のパソコンか情報端末内に個人情報を含んだデータベースがないかを確認していきます。全職員のパソコンについて実地で確認をするのが一番良いのですが、これができない場合については、先の申告の中で確認をすることになります。

そして、これが発見されない場合は、特段問題がないのですが、発見された場合については、それも差し当たり事業者自身のデータベースとしてカウントしておきます。

さらに、未集計のアンケート等、収集されているが未だこれが検索可能な形で整理されていない個人情報が存在していないかを確認します。

③　個人情報・データベースの状況把握（図表 2-3(4)参照）

次に、存在が確認された個人情報・データベースに関して、その情報の内容、利用目的、入手経路・媒体、保管方法・保管場所、アクセス権限設定の有無と利用者の範囲、利用方法、情報の廃棄時期、廃棄方法をそれぞれ確認します。

特に、利用目的の確認にあたっては、「どの部署が」「何の事業目的のために」という２つの視点から確認を行います。

これらを確認するに際しては、データベースそのものの内容のほか、先の全職員からの申告内容ももとに判断していきます。さらに、廃棄時期等に関しては、既に規定がある場合も考えられますので、それらも参考に判断していくことになります。

それから、先ほど述べた職員のパソコン内にデータベースが存在する場合、上述の点に加えて、これが事業者の業務において事業所内のメンバー全体で使われるために保有している個人情報ないしはデータ

■図表 2-3(4)　「個人情報の棚卸し」の方法・手順

方法・手順	
①　データベースとファイル（紙含む）、未整理の個人情報（例：集計前のアンケート）の存在確認	➡「現場主義」の発想でボトムアップ型（例：「係」→「課」→「部」→「本部」）で対応。
②　データベース・ファイル等の実態分析と結果の一覧化（リスト化）	➡データベース・ファイル等に含まれる情報の内容、利用目的(※)、入手経路・媒体、保管方法・保管場所、アクセス権限設定の有無と利用者の範囲、利用方法、情報の廃棄時期、廃棄方法をそれぞれ確認。 ※　特に利用目的の確認にあたっては、「どの部署が」「何の事業目的のために」という２つの視点から確認。
③　（②で作成したリストに基づく）データベース・ファイル等の振り分け	

ベースとして把握すべきものなのか、また、専ら職員個人の私的な活動のために用いられるものが職場のパソコン内に紛れていないか、といった点を確認する必要があります。

前者については、事業者のデータベースがなぜか一職員のパソコン内に保管されているという奇妙な状態が生じているわけですので、事業者自身のサーバー等への移管を検討することになりますし、後者については、職場のパソコン内にこのようなものが含まれることが問題であり、また、情報主体たる本人からの開示請求等の場合に複雑な問題を生じさせますので、職員個人の記録媒体に移させた上で、職場のパソコンからは削除させることになります。

■図表 2-3(5)　個人情報リストのモデル(図表 2-3(4)の手順②について)

保管している部署	個人情報・データベースの名称	個人情報の内容	入手方法	利用目的	利用方法	保管形式	データベース化の有無	アクセス権限の有無	アクセス制限の方法	廃棄時期	廃棄方法
営業1課2係	R3/顧客アンケートデータベース	氏　名	用紙に記入	マーケティング	DM の送付	システム	DB 化	正社員のみ	パスワード設定	3年	消去
		住　所		商品情報提供	統計データの抽出						
		電話番号		·	·						
		メールアドレス		·	·						
		職　業		·	·						
		年　収		·	·						
		·		·	·						
		·		·	·						
		·		·	·						
		·		·	·						
		·		·	·						
人事課採用係	R3/履歴書ファイル	氏　名	履歴書の送付	採・否の判断	採用担当者の閲覧	紙情報	非 DB 化	採用担当者のみ	ロッカー保管・施錠	採否後即	返却
		住　所		·	面接の際の参照						
		電話番号		·	·						
		メールアドレス		·	·						
		職　歴		·	·						
		学　歴		·	·						
		·		·	·						
		·									
		·									

以上のようにして確認された個人情報・データベースの状況については、個人情報リストという形で、差し当たり確認に当たった係あるいは課ごとにまとめ、これを部→本部という形で集約させた上で、個人情報保護のための対応を所管する部署に集めます（リストのモデルは**図表 2-3(5)** 参照）。

④　個人情報リスト上の個人情報・データベースの振り分け

次に、個人情報リストに掲げられた各個人情報あるいはデータベースの情報について、いくつかの視点から振り分けを行います。

振り分けの視点は**図表 2-3(6)** の５つです。

■図表 2-3(6) 「個人情報の棚卸し」の方法・手順②

➡図表 2-3(4) の手順③につき、振り分けの視点は以下の５つ。

ⅰ）法律上の定義の視点（「個人情報」・「個人データ」・「保有個人データ」のいずれか、「要配慮個人情報」に当たらないか）
ⅱ）利用目的・利用頻度といった事業者の側から見た当該情報の重要性という視点
ⅲ）当該情報が「要配慮個人情報」のような情報なのか、一般の個人情報か、あるいは公表情報かといった情報自体の機微性の視点
ⅳ）情報の価値や性質から見て、どの程度狙われやすいかという視点
ⅴ）現在の保管状況から見た漏えいの脆弱性という視点

※　ⅰ）・ⅱ）は作業効率確保の観点から重要（法の求める対応範囲の外縁を見極め、事業者にとって不要な情報はこの段階で廃棄することで作業量を減らす）。
※　ⅲ）～ⅴ）は漏えいリスクと安全管理措置のレベル判定の観点から重要。

これらの視点から個別の個人情報やデータベースの評価を行っていくわけですが、例えば、情報の性質上、漏えい時の影響が大きく（ⅲ）、不正な手段を用いて取得したいと思うものが現れそうな有用性・有益性の認められる情報で（ⅳ）、かつ、ガードが甘い（ⅴ）ということであれば、当該情報の漏えいのリスクは極めて高いということになります。信用情報がいい加減に管理されているような状況を想定するとわかりやすいでしょう。

このように、ⅰ）からⅴ）の振り分け結果は当該情報の漏えいリスクを考える上で重要な示唆を与えます。

以上、5つの視点から振り分けを行う意義についてはご理解いただけたことと思います。なお、振り分けの結果については、先ほどの個人情報リストに併せて整理して記載しておけば、作業の便宜に資するものと思われます。

2　作業方針の決定

以上の情報を踏まえ、冒頭で掲げた**図表2-1(1)**の作業リストに従い、自分たちがどのような事業者であるかの振り分けを行います。そして、その中で必要な部分についての作業を実施していくことになります。

共通対応事項（1）
－利用目的の整理と伝達手段の選定－

1　はじめに

さて、本項から第９項では共通対応事項として個人情報保護法上対応が必要となる各事項に関し、述べていきます。

冒頭「第１」において、個人情報保護に向けた対応においては、ｉ）情報主体たる本人に向けた取組がどの程度なされているのかという視点からの取組と、ⅱ）情報のセキュリティという観点から見た場合にどの程度の措置がとられているのかという視点からの取組の２つがあるという話をしましたが、これに対応する形で、i）に関連する共通対応事項として、「利用目的の整理と伝達手段の選定」（本項）、「適正な第三者提供に向けて（本人同意原則との調整と適正な確認・記録）」（**第5**）、「個人情報の適正な取得・利用・保管等」「公表事項の整理」（**第6**及び**第8**）、そして「開示等請求に関して」（**第9**）を、ii）に関連する事項として「安全管理措置の実施」（**第7**）を、それぞれご紹介していきます。

まずは、「利用目的の整理と伝達手段の選定」についてですが、本項のテーマについて作業するにあたっての「肝」を冒頭で述べておきたいと思います。本項の作業を行うにあたっての「肝」、それは**図表2-4(1)**でも示しましたが、「最大公約数」と「省力化」です。

個人情報の棚卸しの中で、手元にある個人情報として何があるのかは見えていると思いますし、作成された個人情報リストには、既に各々の情報に関する現在の利用実態と保有の目的が記載されていることでしょう。利用目的の通知・公表・明示のねらいは情報主体たる

■図表 2-4(1)　利用目的の整理と通知・公表・明示の「肝」

▶キーワードは「最大公約数」と「省力化」
(1) 行われるべき作業とは？
➡通知・公表・明示に向けた利用目的の整理・集約
(2)「目的」として表示すべき内容
➡「何が『最大公約数』なのか？」を念頭に整理
(3) 通知・公表・明示の検討
➡できる限りの「省力化」を追求する
※　まずはインターネット等での「公表」による一括対応を狙う。契約書等で取得する場合に限り、やむを得ず「明示」を検討する。

本人に自身の個人情報がどのように取り扱われているかを合理的に認識・想定させることにあるわけですが、一方でそれを「A 情報の利用目的は○○」「B 情報の利用目的は○○と××」といった具合に「1対1」の関係ですべて列挙しなければならないというものでもなく、手持ちの個人情報全体についてその利用目的を類型化してまとめて表示することも可能ですし、実務上もこのような方法が定着しています。したがって、「手元にある各情報」について、何が目的として「最大公約数」であるのかを見極めることで、作業の「省力化」を図ることができます。

したがって、以下の作業は、これらの視点を念頭に置いて進めていけばよいでしょう。

2　利用目的を整理するにあたっての準備作業

以下、作業手順とその注意事項を見ていきますが、利用目的の整理を行う前に、準備作業として、**図表 2-4(2)** のフローチャートに従って、利用目的の内容を今一度確認いただくのがよいと思います。

■図表 2-4(2)　利用目的の整理・検討に関するフローチャート

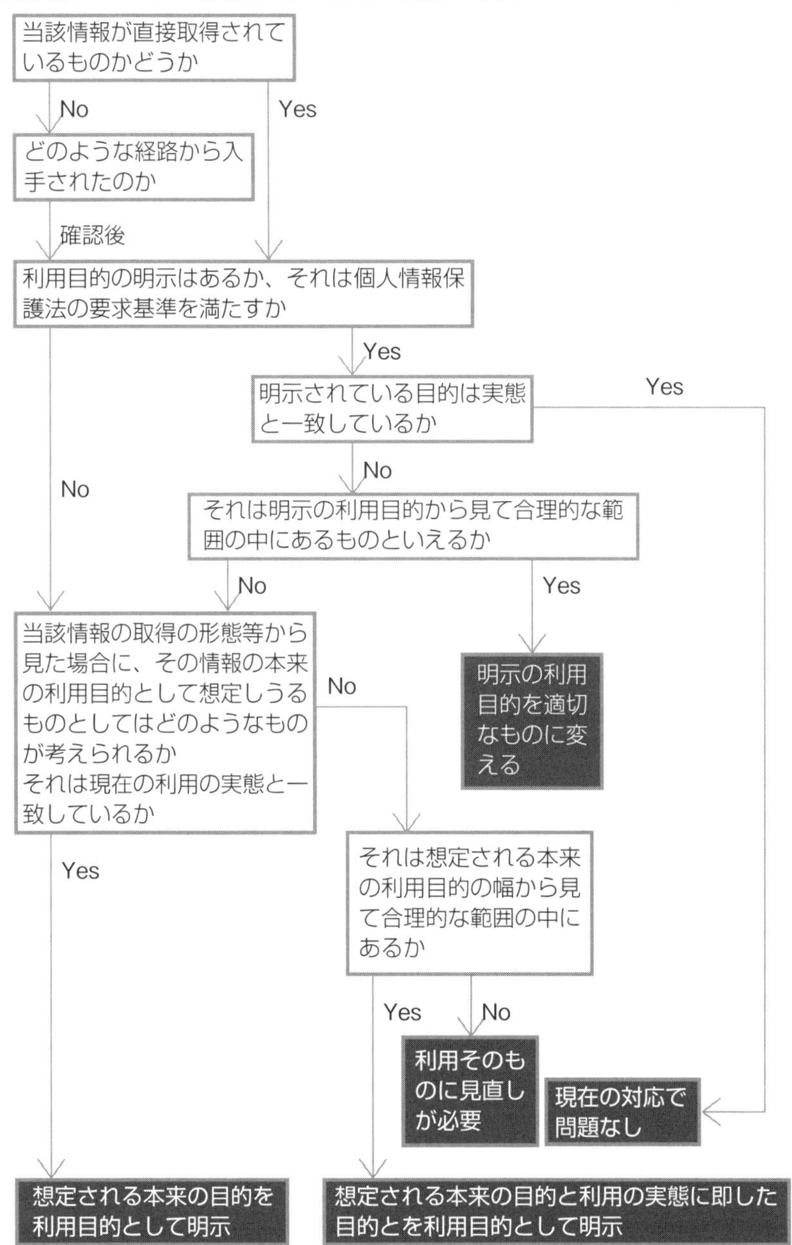

ここで、現在利用目的の明示がなされていない場合に、なぜさらに「取得の形態等から想定される本来の利用目的」なるものを考え、これと実態とを対比する必要があるのかについて述べたいと思います。このような対応が必要な理由、それは当該個人情報について、引き続き現在の実態通りの利用がなし得るのかどうかを厳密に見極めるためです。

そもそも取得の状況等から見て「この範囲内であれば当然利用することは許されるであろう」と想定できる範囲というものはあり得ます。

例えば、契約の申込書に記載された情報につき、「当該契約に関する手続のためにその情報を利用すること」が許されないのだとすれば、契約書に氏名・住所・電話番号等を記載させる意味などまったくなくなってしまうでしょう。

となれば、その範囲に限っていえば情報主体にも当該情報の利用目的は自明といえるかもしれません。ただ、書き物として改めて「これだ」と示す意味はあるでしょうし、個人情報保護法上、利用目的というものは変更前の利用目的と関連性を有すると合理的に認められる範囲内であれば変更することも可能で（法17条2項）、その変更後の利用目的は本人に通知し、あるいは公表すれば合法的に利用できることになっています（法21条3項）。ここで「本来の利用目的として想定しうるもの」が明示されており、変更後の利用目的がこれと関連性があると認められる限りにおいては、上述の各条文に基づき、現在の利用実態に即した利用目的を公表することで、現在の利用実態を法の趣旨に沿った適切なものとすることができます。変更時の情報主体の予期の可能性を示す意味でも「本来の利用目的として想定しうるもの」を明示する意味はあるというわけです。仮に、これがこの幅の中に入らないのだとすれば、現在の利用実態のほうを変更せざるを得ないということになるでしょう。ちなみに、これに当たるかどうかは、前章でも述べた通り、本人の主観や事業者の恣意的な判断によらず、一般人の判断において、当初の利用目的と変更後の利用目的を比較して予期できる範囲といえるかどうかといった観点から、当初の利用目的とどの程度関連性を有するかを総合的に勘案して判断されます。

3　利用目的の整理（「できる限り限定」の意義）

続いて、利用目的の整理をしていくことになります。

2で述べた視点も踏まえつつ、「手元にある各情報」について、何が目的として「最大公約数」であるのかを見極めるわけですが、ここでいう「利用目的」とは、個人情報取扱事業者が、当該情報を用いて最終的に達成しようとする目的のことです。個人情報保護法上、利用目的はできる限り特定しなければならないことから（法17条1項）、明示される利用目的も当然「できる限り限定」されている状態になければなりません。

それでは、この「できる限り特定」されている状態とは、どのような状態を指すのでしょうか。個人情報保護委員会のガイドラインは、**図表2-4(3)**のような例示をしつつ、「単に抽象的、一般的に特定するのではなく、個人情報が個人情報取扱事業者において、最終的にどのような事業の用に供され、どのような目的で個人情報が利用されるのかが、本人にとって一般的かつ合理的に想定できる程度に具体的に特定されることが望ましい。」と述べています。

以上の通り、少なくとも情報主体たる本人が、どのような事業に自分の情報が利用されているのかを具体的に認識できる状況になければなりません。

ちなみに、特定の程度に関し、個人情報保護委員会のガイドラインでは、「定款等に規定されている事業の内容に照らして、個人情報によって識別される本人からみて、自分の個人情報が利用される範囲が合理的に予想できる程度に特定されている場合や業種を明示することで利用目的の範囲が想定される場合には、これで足りるとされることもあり得るが、多くの場合、業種の明示だけでは利用目的をできる限

■図表 2-4(3)　個人情報保護委員会ガイドライン(通則編)の例示

【具体的に利用目的を特定している事例】
事業者が商品の販売に伴い、個人から氏名・住所・メールアドレス等を取得するに当たり、「○○事業における商品の発送、関連するアフターサービス、新商品・サービスに関する情報のお知らせのために利用します」等の利用目的を明示している場合

【具体的に利用目的を特定していない事例】
「事業活動に用いるため」
「マーケティング活動に用いるため」

り具体的に特定したことにはならないと解される。なお、利用目的の特定に当たり『○○事業』のように事業を明示する場合についても、社会通念上、本人からみてその特定に資すると認められる範囲に特定することが望ましい。」と述べていることも参考になります。

また、個人情報保護委員会のガイドラインは、情報主体たる本人が自らの情報がどのように取り扱われることとなるかを予測・想定できる程度に利用目的を特定しなければならない、としています。例えば「プロファイリング」といった情報主体から得た閲覧履歴や購買履歴等の情報から同人の行動・関心を分析し、それを踏まえて広告などを行う場合、本人がそのことを把握していなければそれは同人にとって想定外の利用となる可能性もあります。よってこのような場合は、事業を明示して単に「広告配信のために利用する」と示すだけでは足りず、「取得した閲覧履歴か購買履歴等の情報を分析して、趣味・嗜好に応じた新商品・サービスに関する広告のために利用します」と示す必要があるものとされています。

ところで、「第三者に提供すること」は明示せずともよいのでしょうか。一見、これは利用方法であり、明示が義務的ではないようにも考えられるのですが、上記ガイドラインでは、「第三者に提供すること」があらかじめ当該個人情報に関して想定されている場合は、利用

目的の中でこれを特定し明示すべきとしていますので、注意が必要です。第三者提供の場合における影響の大きさ故に、これ自体を１つの利用目的として捉えた上で、かかる記載を置いたのではないかとも考えられます。なお、この場合における具体的な明示事項については、後述する「個人データ」の第三者提供に関する事前同意の前提として明示される事項とも重なってきますので、詳細は**第5**をご参照ください。

最後に、保管方法や入手元の事業者名などについては、必ずしも明示は義務づけられていないものと考えられます。

「できる限り限定」することの法律上の最低限の義務は上述した通りですが、情報主体たる本人に利用結果をも推測させ、同人に安心感を与えるという観点から、明示義務がないと解される部分についても、積極的に明示することが望ましいのはいうまでもないところです。実際に何を明示すべきかについては、自社の情報戦略との兼ね合いなども考慮しながら適宜検討していくのがよいでしょう。

4　伝達手段の選定（通知・公表・明示の選択）

最後に、整理した利用目的をどのような形で情報主体たる本人に伝達するのかを検討していくことになります。差し当たり個人情報保護法上の分類をまず見ていくこととし、その上で、どのようなアプローチでこれを準備していくべきかを検討していきます。

（1）個人情報保護法における明示方法の分類

個人情報保護法のいう「通知」「公表」の意義ですが、「通知」とは、本人に直接知らしめることをいいます。

「公表」とは、広く一般に自己の意思を知らせること（国民一般その

■図表 2-4(4)　通　知

【「本人に通知」とは？】

「本人に通知」とは、本人に直接知らしめること、内容が本人に認識される合理的かつ適切な方法によることを要する。

※　法 21 条の利用目的に関するもののほか、法 26 条の漏えい等に関するもの、法 27 条の第三者提供のオプトアウト・共同利用に関するもの、法 28 条の外国にある第三者への提供における情報提供に関するもの、法 32 条以下の開示等請求に関するものなどでも関連。

【本人への通知に該当する事例】

①　チラシ等の文書を直接渡すことにより知らせること

②　口頭・自動応答装置等で知らせること

③　電子メール・FAX 等で送信し、又は文書を郵送等で送付することにより知らせること

■図表 2-4(5)　公　表

【「公表」の意義は？】

「公表」とは、広く一般に自己の意思を知らせること（不特定多数の人々が知ることができるように発表すること)。

※　法 21 条の利用目的に関するもののほか、仮名加工情報に関する法 41 条以下、匿名加工情報に関する法 43 条以下などでも関連。

【公表に該当する事例】

①　自社のホームページのトップページから 1 回程度の操作で到達できる場所への掲載

②　自社の店舗や事務所、顧客が訪れることが想定される場所におけるポスター等の掲示

③　（通知販売の場合）通信販売用のパンフレット・カタログ等への掲載

他不特定多数の人々が知ることができるように発表すること）です。相手方が不特定多数であり､限定がなされていないところが特徴です。

方法は様々なものがありますが、個人情報保護委員会のガイドラインをもとに、具体的なところをまとめると、それぞれ**図表 2-4(4)** 及び**図表 2-4(5)** のようになります。

これに関連して個人情報保護法においては「本人が容易に知り得る状態」に置くことという概念がありますので、こちらも簡単にご紹介しておくと、これは本人が時間的にも、その手段としても、簡単に知ることができる状態に置いていることを指します（第三者提供に関する共同利用、オプトアウト等で問題となりますが、その詳細は次項以降で詳述）。手法自体は「公表」とかなりの部分で重なるものと思いますが、一番の大きな違いはホームページ等の然るべき場所に必要な情報を掲載した時点で「公表」が充足されるのに対し、「本人が容易に知り得る状態」は、一定期間継続した上でなければ、要件を充足したことにならないものと考えられるところだと思われます。

(2) どのような伝達方法を採用するか

情報主体たる本人は一般にかなりの数に上ることが多く、個別の「通知」は費用面でも手間の面でも負担が大きいため、まずは「公表」を検討するのが「省力化」の観点からは相当といえます。

ただし、1点だけ注意すべき点があります。それは、法が契約書その他の書面（電子的方式、磁気的方式方法を含む）に記載された個人情報の取得を行う場合など、書面に記載された情報を直接取得する場合には、あらかじめ利用目的を明示しなければならないとしていることです（法 21 条 2 項）。

これに当たる具体的な事例は**図表 2-4(6)** に記載の通りですが、「あらかじめ」という要件を確実にするためには、契約書等、個人情報が記載される書面に利用目的を記載しておかなければなりませんの

■図表 2-4(6)　「直接書面等による取得」の場合(法 21 条２項)

【あらかじめ本人に対しその利用目的を明示しなければならない事例】

【あらかじめ本人に対し利用目的を明示しなければならない場合】

① 本人の個人情報が記載された申込書・契約書等を本人から直接取得する場合

② アンケートに記載された個人情報を本人から直接取得する場合

③ 自社の主催するキャンペーンへの参加希望者が、参加申込みのために自社のホームページの入力画面に入力した個人情報を本人から直接取得する場合

【利用目的明示に該当する事例】

① 利用目的を明記した契約書その他の書面を本人に手交・送付

② ネットワーク上において、利用目的を本人がアクセスした自社のホームページ上に明示し又は本人の端末装置に表示

※ いずれについても本人に「それ」があることを知らしめるべき。

で、上述のウェブサイトによる明示事項の継続的記載等だけでは対応しきれない部分が生じてきます。ちなみに、この点は、第三者提供の事前同意に際しての判断材料の提供という局面においても、同様の問題が生じます。

したがって、これらの場合には、別途、明示事項をどこに盛り込むのかを検討しなければならないことから、各情報の取得実態がこのような場合に該当するものかどうか、という点に留意しながらまとめ、ウェブ上に掲げれば済むものに当たるのかどうかの振り分けを行い、その上で実際に明示行為が必要な場合を選定し、実施していくことになります。

5　具体的な記載事例について

以上を踏まえた上で、「利用目的」の具体的な公表を実施すべく、記載事項を整理すると、資料①「個人情報保護に対する基本方針」(301 頁)のような形となりますので、ご参照いただければと思います。

共通対応事項（2）－適法な第三者提供に向けて（本人同意原則との調整と適正な確認・記録）－

1　はじめに（図表 2-5(1) も参照）

次に、第三者提供がある場合の対応について見ていきたいと思います。個人情報保護法は個人データの第三者提供がある場合に、法は事前に情報主体たる本人の同意をとるよう定めています（法 27 条 1 項）。この点は法の制定当初から定められている基本原則です。

以上を念頭に、第三者提供がある場合にはこれを意識しなければならないのですが、実際のところ本人の同意を取得するのはなかなか大変です。この点については、個人情報保護法では、本人同意原則の例外をいくつか認めています。そこで、実務対応としては、まず、この例外に該当するか否かを探ることが、「省力化」の観点から重要になってきます。

前章でも述べた通り、法の定める例外としては、具体的には「共同利用」「外部委託」「事業承継」など法 27 条 5 項に定めるものと、法令に基づく場合や緊急時の提供の場合など、人の生命等を保護するために必要であるも本人の同意を得られない場合のような法 27 条 1 項に定めるものとがありますが、実務上は「共同利用」「外部委託」が重要です。また、この他に重要なものとしては法 27 条 2 項の「オプトアウト」があります。したがって、以下においては、まず、「例外」に当たるための対応方法を示し、その後、やむを得ず個別の「本人同意」を検討せざるを得ない場合の対応方法につき解説し、その流れの中で「オプトアウト」についてもお話していきたいと思います。そし

■図表 2-5(1)　第三者提供と「本人同意原則」との調整

（1）ここでの作業方針は？
➡まずは例外該当性を確認（そもそもどのように「本人同意」原則を外すか？〔「共同利用」「外部委託」等〕）
➡（例外に当たらなければ）現実的な「本人同意」の取得方法を検討
※その中で「オプトアウト」が相応しい場合かどうかも考えていく
（2）具体的な対応にあたっての考え方
➡例外に該当する場合は、規定の要件を踏み外さないよう、必要な処置を施す（例：外部委託の場合は監督を適切に行うため選定基準・管理基準を定める等）
➡「同意取得」がどうしても必要な場合は、情報取得時が最大の好機なので、このタイミングをいかに生かせるかを分析・検討し、実務を組み立てる

て最後に第三者提供時に提供者側・受領者側それぞれについて求められている確認・記録について述べていくことにします。

2　共同利用に向けた対応（図表 2-5(2) も参照）

まずは「共同利用」です。

「共同利用」とは、特定の者との間で個人データを共同して利用する目的の下、その共同利用者間で個人データを提供する場合のことです。

本人から見て当該個人データを提供する事業者と一体のものとして取り扱われることに合理性がある範囲で、当該個人データを共同して利用させることがその趣旨であるとされ、企業グループ内における利用が典型例ですが、それに限らず、業界団体に所属する企業間の利用の例など多様な利用例が考えられます。

この「共同利用」を行う場合については、以下の事項を「あらかじ

め、本人に通知し、又は本人が容易に知り得る状態」に置かなければなりません（法27条5項3号）。

・共同利用がなされること
・共同利用がなされる個人データの項目
・共同して利用する者の範囲
・共同して利用する者の利用目的
・当該個人データの管理について責任を有する者の氏名又は名称・住所・法人にあっては代表者の氏名・（法人以外の団体は定められている）代表者又は管理人の氏名

■図表 2-5(2)　共同利用

【「共同利用」の場合】

以下の事項をあらかじめ「本人に通知」するか、「本人に容易に知り得る状態」（下記参照）に置く必要あり。

① 共同利用をする旨
② 共同利用して利用される個人データの項目
　例）氏名、住所、電話番号、メールアドレス、年齢、商品購入履歴
③ 共同利用する者の範囲
　➡事業者名の個別列挙は不要だが、本人がどの事業者まで将来利用されるかについては明確にする必要あり
④ 利用する者の利用目的（※）
　➡項目ごと異なる場合は、利用目的を区別して記載
⑤ 個人データの管理について責任を有する者の氏名又は名称・住所・法人にあっては代表者の氏名・（法人以外の団体は定められている）代表者又は管理人の氏名（※）

※ ④を変更する場合も、あらかじめ「本人に通知」するか、「本人に容易に知り得る状態」に置く必要あり（⑤の変更については遅滞なく実施）。

「本人に容易に知り得る状態」とは、事業所窓口等への掲示・HPへの掲載その他の継続的方法で、本人が知ろうとすれば時間的にもその手段においても簡単に知ることができる状態をいう。

なお、利用目的あるいは個人データの管理について責任を有する者の氏名あるいは名称（法人の場合は代表者の氏名・それ以外の団体の場合は代表者又は管理者の氏名）が変更される場合については、あらかじめ変更後の内容を本人に通知し、又は本人が容易に知り得る状態に置くことで明示しなければなりません（法27条6項）。

以上について若干の補足をすると、「共同利用する者の範囲」について、個人情報保護委員会のガイドラインによれば、共同利用の趣旨から「事業者の名称等を個別にすべて列挙する必要はないが、本人がどの事業者まで利用されるか判断できるようにしなければならない」と記されており、将来利用者の範囲につき追加・変更の可能性があるのだとすれば、どの範囲まで利用される可能性があるかについては明確にする必要があります。

また、上記ガイドラインは、利用目的に関し、これが個人データの項目によって異なる場合には、当該個人データの項目ごとに利用目的を区別して記載することが望ましいとしています。

ちなみに、ここで「本人が容易に知り得る状態」という概念が登場しますのでご紹介しておきますと、これは、事業所窓口等への掲示・ホームページへの掲載その他の継続的方法で、本人が知ろうとすれば時間的にもその手段においても簡単に知ることができる状態をいいます。

先にも述べた通り、手法としては「公表」と重なる部分も多いのですが、一番の大きな違いは、「公表」が、ホームページ等の然るべき場所に必要な情報を掲載した時点で要件が充足されるのに対し、「本人が容易に知り得る状態」は、上述のような対応の後、一定期間継続した上でなければ要件を充足したことにならないものと考えられるところではないかと思われます。

また、「本人が容易に知り得る状態」のほうが、対応が問題視された場合において、伝達行為の継続性・定期性、あるいはアクセスの容易性といった点で、より厳しい視線の下に検証がなされるのではないかと考えられますので、そのような見地から、より保守的に対応を検討していく必要があるように思います。

「本人が容易に知り得る状態」の具体的な実践例は、資料①の「個人情報保護に対する基本方針」なども併せてご参照ください。これが問題とされる場合としては、共同利用のほかにオプトアウトの場合などが挙げられます。

3　外部委託に向けた対応（図表 2-5(3) も参照）

(1) 外部委託についての基本的なスタンス

次に、「外部委託」についてです。

大量の情報をデータベース化するために情報処理業者に作業を委託する場合や、アンケート集計のため専門の業者に当該業務を委託する場合など、個人データの取扱いを外部の事業者に委託する例は、非常に多く見受けられるところです。

個人情報保護法は「利用目的の達成に必要な範囲内において個人データの取扱いの全部又は一部を委託する場合」である限りにおいては、情報主体たる本人からの同意を要しないとする一方（法27条5項1号）、そのような委託を行った個人情報取扱事業者は「委託された個人データの安全管理が図られるよう、委託を受けた者に対する必要かつ適切な監督を行わなければならない」とされています（法25条）。

さて、個人情報保護法が「外部委託」に関して、このような整理の仕方をしたのはなぜでしょうか。

委託の有用性はいうまでもなく、その利用実態も多数例が認められますが、これを事前同意がある場合にのみ行い得るものとすると、データ分量の膨大性等の理由により、必ずしも同意取得が容易ではない場合もあり得ます。そのため、一般の業務に著しい支障を来すことも考えられます。

■図表 2-5(3)　外部委託

【「外部委託」の場合】

本人同意原則からは外れるが、個人情報取扱事業者は委託を受けた者（委託先）において安全管理措置が適切に講じられるよう、必要かつ適切な監督を行わなければならない（法25条）。

【個人情報取扱事業者が行うべき措置】

① 適切な委託先の選定
② 委託契約の締結
③ 委託先における個人データ取扱状況の把握

【必要かつ適切な監督を行っていない事例】

① 契約締結時もその後も委託先の安全管理措置の状況を把握しない
② 安全監視措置の内容を委託先に指示していない
③ 再委託の条件に関する指示を行わず、委託先の個人データの取扱状況も確認していない
④ 契約書に盛り込まれているにもかかわらず必要な措置を行わず、再委託先の状況を把握していない

一方、委託先から漏えいが生じた場合に、「他者の行ったことだから」という理由で委託元が免責されるというのも、バランスを失していますし、これが委託元の管理体制を信頼して情報を提供した情報主体たる本人を裏切る結果になることは明らかでしょう。再委託が行われた場合には、さらに委託元からのコントロールが効きにくくなることから、漏えいの危険は大きくなります。

そこで、以上のような「外部委託」の必要性と弊害とを考慮し、法は委託先については、委託元が当該情報を社内で使用する場合と同様に解し、本人同意原則の対象から外す代わりに、委託元が社内の従業者に対し、情報の適切な安全管理が図られるよう必要かつ適切な監督を行うように、委託先に対しても、同様の監督を行う義務を課す、という形で整理を行ったものと考えられます。

つまり、外部委託に際しての委託先の選定基準をあらかじめ定め、これに従って業務委託を行うとともに、契約書においてもこれが遵守されるよう適切な規定を入れた上で、かつこれが実施されているかどうかの確認を定期的に行う、といったことが必要となります。いずれにせよ「監督」を行うにあたっては、「委託元自身が内部で情報を利用している場合と同じように考える」といった視点から検討することが重要です。

以下、「外部委託」を行うにあたっての具体的な注意事項につき、解説していきます。

(2) 外部委託先の選定基準の策定

まずは、外部委託先の選定基準の策定です。

個人情報保護委員会のガイドラインによれば、「委託先の安全管理措置が、少なくとも法23条及び本ガイドラインで委託元に求められるものと同等であることを確認するため、『7 ((別添) 講ずべき安全管理措置の内容)』に定める各項目が、委託する業務内容に沿って、確実に実施されることについて、あらかじめ確認しなければならない。」と記されており、これが選定にあたっての最低限の基準となります。

そのことを規定するだけなのであれば、特に外部委託先選定基準という形で別途規定する必要はなく、個人情報保護方針や基本規程などの中に、この点に関する規定を入れておけばよいように思われますが、機密性を要する業務を中心に委託する業務の内容を踏まえつつ、必要に応じプライバシーマークやJAPHICマークなどの認証取得を基準とすることも考えられます。

(3) 委託先との契約について

委託先が決定した後、次に行うべきことは、契約書によって、委託先に対し個人情報保護に向けた一定の法的義務を課すことです。

委託先に対し、個人情報の保護に向けた一定の行為を行うことや委託元側の監査を認めることなどを法的な義務として課すとともに、漏えい等の不祥事が発覚した場合の対応を明確化することによって、個人情報の保護に関する責任の所在を明らかにすることがここでの目的です。

盛り込むべき事項としては次の各点が考えられます。

ⅰ）委託者及び受託者の責任の明確化
ⅱ）個人データの安全管理に関する事項
・個人データの漏えい防止、盗用禁止に関する事項
・委託業務範囲外の加工、利用の禁止
・委託業務範囲外の複写、複製の禁止
・委託契約期間
・委託契約終了後の個人データの返還・消去・廃棄に関する事項
ⅲ）再委託に関する事項
・再委任の禁止あるいは再委託を行うにあたっての委託者への文書による報告と事前承認
ⅳ）個人データの取扱状況に関する委託者への報告の内容及び頻度
ⅴ）契約内容が遵守されていることの確認手段（例えば、情報セキュリティ監査なども含まれる）
ⅵ）契約内容が遵守されなかった場合の措置
ⅶ）漏えい、盗用や情報セキュリティに絡む事件・事故が発生した場合の報告・連絡に関する事項

したがって、以上のような点などを考慮に入れながら、業務委託に関しての契約書を具体的に作成していくことになります。作成例については資料①の「業務委託契約書」もご参照ください。

(4) 委託後の監査について

最後に委託後の監査について解説します。

個人情報保護委員会のガイドラインは、個人データの安全管理措置の状況を定期的に把握しない場合を、必要かつ適切な監督を行っていない場合とみなしています。したがって、定期的な監査を行うことは不可欠といえます。

では、どの程度の頻度で監査を行う必要があるのでしょうか。「委託を行う場合についても委託元自身が内部で情報を利用している場合と同様に考える」とする基本スタンスに従って考えるとすれば、同様に少なくとも年1回程度は報告を徴求し、必要なポイントについての監査を委託先に対して行うことが必要であろうと考えられるところです。

なお、情報漏えい等の不祥事が発生した場合については、当然のことながら、当該事象の発生した原因を特定のため、これとは別に委託先に出向いて監査を行い、対応を図ることになります。

4 本人同意の取得に向けた対応

先にも述べましたが、情報主体たる本人から「同意」を得るのは、なかなか大変です。「同意取得」がどうしても必要な場合は、情報取得時が最大の好機ですので、このタイミングをいかに生かせるかを分析・検討し、実務を組み立てることになります。

(1) 準備作業

「同意取得」をめぐる実務運用を検討するにあたり、情報の棚卸しの結果を踏まえつつ、準備作業として、以下の点を今一度確認しておいたほうがよいものと思われます。取得にあたっての方法など、実態に合わせて実務を整理する上でも有益と考えられるからです。

・当該情報は第三者提供が現在なされているか
・当該情報を情報主体たる本人からどのような方法・ルートで取得しているか
・（なされている場合に）そのことについて情報主体たる本人からの同意はとれているか
・（とれているとした場合に）どのような形態でその同意はとられているか

(2) 同意取得にあたって明示すべき事項

同意取得にあたっては、その前提として、情報主体たる本人が同意を与えてよいのかどうかを判断するための判断材料を提供しなければなりません。

この判断材料について、個人情報保護委員会のガイドラインでは、「本人が同意に係る判断を行うために必要と考えられる合理的かつ適切な範囲の内容を明確に示さなければならない」と述べており、具体的な内容は事業の規模及び性質、個人データの取扱状況（取り扱う個人データの性質及び量を含む）によって定まってきます。かつての各省庁ガイドラインでは、①個人データの提供先、②第三者に提供される個人データの種類、③第三者への提供の手段、④提供先での個人データの利用目的及び方法を明示しなければならないと定めていた例も認められたところです。

以上を踏まえた場合、最低限、ⅰ）当該個人データを誰に、どう提供するのか、ⅱ）提供を受けた第三者においてどのように利用されるのか、ⅲ）当該データのうちどの部分が第三者に提供されるのか、の３点は、明示して情報主体たる本人に提供する必要があるものと思われます。

■図表 2-5(4)

【「本人の同意」の意義】

「本人の同意」とは、本人の個人情報が、個人情報取扱事業者によって示された方法で取り扱われることを承諾する旨の当該本人の意思表示をいう（当該本人であることを確認できていることが前提）。

※　法 27 条の第三者提供に関するもののほか、外国の第三者への提供に関する法 28 条、要配慮情報取得に関する法 20 条 2 項、利用目的変更に関する法 18 条 2 項などでも関連。

【本人の同意を得ている事例】

①　本人からの同意する旨の口頭による意思表示
②　本人からの同意する旨の書面（電磁的記録を含む）の受領
③　本人からの同意する旨のメールの受信
④　本人による同意する旨の確認欄へのチェック
⑤　本人による同意する旨のホームページ上のボタンのクリック
⑥　本人による同意する旨の音声入力、タッチパネルへのタッチ、ボタンやスイッチ等による入力

同意取得の具体的な方法例としては、申込書情報を第三者提供する可能性がある場合の「確認欄」へのチェックが典型的なものとして挙げられます。その他、本人からの同意する旨の口頭による意思表示やホームページ上のボタンのクリックなど、上記ガイドラインでは**図表 2-5(4)** に記載のようなものが紹介されているところであり、参考になります。

同意取得時の文例に関しては資料①の「同意取得時の文言例」に付しておきましたので、そちらもご参照ください。

なお、外国の第三者に対し提供を行う場合には別途の配慮が必要となりますが、この点は**第 11** で詳しく述べますので、そちらをご参照ください。

5　オプトアウトについて（法27条2項、図表2-5(5)及び図表2-5(6)参照）

以上が個別の「本人同意」を取得する場合の原則的な流れですが、別途の手段として「オプトアウト」というものがあります。以下ではこの「オプトアウト」について述べていくことにします。

(1)「オプトアウト」の意義と各義務の趣旨

まず、「オプトアウト」の意義に関して述べていきます。

「オプトアウト」とは、事前の同意取得をする代わりに、本人の求めに応じて当該本人が識別される個人データの提供を停止することを事前告知することで、個人データを提供する第三者提供の形態のことです（ちなみに、事前に同意を得て個人データを提供する形態のことを「オプトイン」といいます）。

よってこれを使えば個別の「本人同意」の取得は回避できますが、①要配慮個人情報、②不正の手段により取得された個人データ、③オプトアウトにより他から取得した個人データ（その全部又は一部を複製し、又は加工したものを含む）についてはそもそもこの「オプトアウト」が使えないのでまずは注意が必要です。

■図表2-5(5)　オプトアウト

【届出義務と「本人に容易に知り得る状態」に置く義務】

➡法27条2項は同項の1号から8号に定める事項について、事前に通知し又は本人に容易に知り得る状態におくと共に個人情報保護委員会に届け出ることをオプトアウトの要件と定めており、これを個人情報保護委員会が公表する形となっている（法27条4項）。

※　各事項を変更する場合も同様。

■図表 2-5(6)　オプトアウトを実施する場合における各義務への対応とその関係

① 必要事項を情報主体たる本人に通知し又は容易に知り得る状態に置く（規則 11 条 1 項）

⬇

② 個人情報保護委員会への届出（規則 11 条 2 項）

※ ①が実施された後、速やかに実施するのが望ましい（ガイドラインより）

※ この時点で①が「本人が当該提供の停止を求めるのに必要な期間」をおいて実施されていれば、第三者への個人データの提供開始が可能となる

⬇

③ 個人情報保護委員会による公表（規則 13 条）

⬇

④ ③の公表後、事業者において届出事項を公表（規則 14 条）

※ 「通知」を実施した場合はともかく、「本人に容易に知り得る状態」を確保すべく、ホームページ等に必要事項（＝届出事項）を掲載している場合、両者は重なるので、別途「公表」する必要まではないものと考えられる。

さて、これを実施する場合、どのような形で本人に「オプトアウトを実施すること」「停止の求めに応じること」などをアナウンスするかが問題となるわけですが、世の中に何千、何万と事業者がある中で、自身の個人データがオプトアウトに供されているかどうかをすべて確認することは事実上不可能です。

そこで、法は所定の事項につき、個人情報保護委員会に届け出なければならないと定めています。また、これを個人情報保護委員会が公表する形となっています（法 27 条 4 項)。つまり、オプトアウトの場合の公表事項を、個人情報保護委員会で一元管理する形となっている

わけです。

併せて、事業者の側でも同様の事項を情報主体たる本人に通知し、もしくは本人に容易に知り得る状態にすることが求められています。

各義務の関係については**図表2-5(6)**に整理した通りですが、以下で、それぞれについて若干詳しく触れておくことにします。

(2) 届出義務について（図表2-5(7)参照）

まずは届出義務についてです。

届出すべき事項は、オプトアウトにより第三者提供を行う個人情報取扱事業者の氏名・名称・住所・法人にあっては代表者の氏名（法人以外の団体は定められている代表者又は管理人の氏名）、第三者提供を利用目的とすること、提供される個人データの項目、提供される個

■図表2-5(7)　オプトアウト届出義務

【届出義務】
➡法27条に定める届出事項は、オプトアウトにより第三者提供を行う個人情報取扱事業者の氏名・名称・住所・(法人等の場合は定められた代表者又は管理人の氏名)（1号)、第三者提供を利用目的とすること（2号)、提供される個人データの項目（3号)、提供される個人データの取得方法（4号)、提供方法（例：書籍として出版、インターネットに掲載等)（5号)、本人の求めに応じて第三者提供を停止すること（6号)、本人の求めの受付方法（7号)、提供される個人データの更新の方法及び第三者への提供開始予定日（8号)。届出は「事前」に行う。 ➡委員会への届出方法は情報処理システムを用いた形かCD-R等の提出による。 ➡外国に本拠地を置く個人情報取扱事業者は国内代理人を置く必要あり。

人データの取得方法、提供方法（例：書籍として出版、インターネットに掲載等）、本人の求めに応じて第三者提供を停止すること、本人の求めの受付方法、提供される個人データの更新の方法、第三者への提供開始予定日などです（法27条2項1号～8号）。届出は「事前」に行う必要があります。ちなみに1号で定める事項に変更のある場合は遅滞なく、3号から5号若しくは7号・8号に関する事項を変更する場合は、同様に事前の届出をしなければなりません。

個人情報保護委員会への届出方法は情報処理システムを用いた形かCD-R等の提出によるものとされています（規則11条2項）。また、外国に本拠地を置く「個人情報取扱事業者」がこれを行う場合については国内代理人を置く必要があるものとされています（規則12条）。

以上に述べた届出を踏まえ、既述の通り、個人情報保護委員会は事業者からの届出事項を公表することになっています（法27条4項）。

また、この委員会による公表の後、個人情報取扱事業者も、この公表事項を自らインターネットの利用等、適切な方法で公表すべき義務を負っています（規則14条）。この「公表」と(3)の義務との関係について、「通知」を実施した場合は別途の「公表」が必要でしょうが、「本人に容易に知り得る状態」を確保すべく、インターネット等に必要事項（＝届出事項）を掲載している場合、ほぼ対応として両者は重なりますので、別途「公表」する必要まではないものと考えられるところです。

ちなみにオプトアウトによる提供をやめたときは、遅延なくその旨の届出が必要となります。

(3)「通知」もしくは「本人の容易に知り得る状態に置く」義務について（図表2-5(8)参照）

このほか、オプトアウトを行う事業者においては、一定の必要事項を事前に情報主体たる本人に通知し又は容易に知り得る状態に置く義

■図表 2-5(8)　オプトアウト　必要事項を事前に通知し又は容易に知り得る状態に置く義務

【必要事項を事前に通知し又は容易に知り得る状態に置く義務】

➡必要事項の内容は、先に述べた届出事項と同じ。

➡事前通知又は容易に知り得る状態に置くにあたっては、以下の２点に留意しなければならない。
①　情報主体たる本人が提供停止を求めるのに必要な期間を置くこと
②　本人が第三者に提供される個人データの項目等の法定項目を確実に認識できる適切かつ合理的な方法によること

務を負っています。必要事項の内容は、(2) で述べた届出事項と同じです。また、1号で定める事項に変更のある場合は遅滞なく、3号から5号若しくは7号・8号に関する事項を変更する場合も同様に、事前にこれらの対応を行う必要があります。

ちなみに、2の「共同利用」の場面でも紹介しましたが、「本人が容易に知り得る状態」とは、これは事業所窓口等への掲示・ホームページへの掲載その他の継続的方法で、本人が知ろうとすれば時間的にもその手段においても簡単に知ることができる状態をいいます。2でも述べた通り、手法として「公表」と重なる部分も多いのですが、一番の大きな違いは、ホームページ等の然るべき場所に必要な情報を掲載した時点で「公表」の要件は充足されるのに対し、「本人が容易に知り得る状態」は、時間的な観点から、上述のような対応の後、一定期間継続した上でなければ要件を充足したことにならないものと考えられるところではないかと思われます。

また、「本人が容易に知り得る状態」のほうが、対応が問題視された場合において、伝達行為の継続性・定期性、あるいはアクセスの容易性といった点で、より厳しい視線の下に検証がなされるのではないかと考えられるところも、2の共同利用のところで述べた通りです。

特に、オプトアウトの場合に関しては、本人が停止の求めを行う場合もありますので、規則11条1項は、①情報主体たる本人が提供停止を求めるのに必要な期間を置くこと、②本人が第三者に提供される個人データの項目等の法定項目を確実に認識できる適切かつ合理的な方法によること、を求めており、個人情報保護委員会のガイドラインも、「本人に通知し又は本人が容易に知り得る状態に置いた時点から、極めて短期間の後に、第三者提供を行ったような場合は、『本人が当該提供の停止を求めるのに必要な期間』をおいていないと判断され得る」と指摘しています。この期間を具体的にどの程度とるべきかは、業種、ビジネスの態様、通知又は容易に知り得る状態の態様、本人と個人情報取扱事業者との近接性、本人からの停止の求めを受け付ける体制、提供される個人データの性質なども踏まえ、個別具体的に判断されるものとされており、これらの点にも留意しつつ具体的な対応を検討すべきです。

「本人が容易に知り得る状態」の具体的な実践例は、資料①「個人情報保護に対する基本方針」(301頁)なども併せてご参照ください。

なおオプトアウトをやめた場合には先に述べた個人情報保護委員会への届出に加え、上述の方法にて情報主体たる本人に通知等を行う必要があります。

6 確認・記録義務について（法29条、30条）

(1) 確認・記録義務の背景と概要

以上に加え、漏えい発生時の漏えい先のトレースのため、提供を行う場合、法令に基づく場合や委託、共同利用のような法27条1項又は5項に定める例外を除いて、提供者は記録を作成し、保存する義務を負っています（法29条1項及び2項）。また、提供を受ける場合、受領者の側でも、一定事項の確認義務（法30条1項）と記録作成及び保存の義務が課されています（法30条3項及び4項）。このような形で、第三者提供の適正と問題発生時のトレース手段の確保を図っているわけです。さらにこれらの記録は情報主体たる個人からの開示請求の対象にもなっています（法33条5項）。よって本人への取扱いの適正性を示す意味でも記録の整備は重要なのです。

以下、提供者・受領者双方の各義務に関し、さらに詳しく確認していくことにしましょう。

(2) 提供者の記録作成・保管義務

まず、提供者の記録作成・保管義務についてです。

個人データの第三者提供を行う場合、提供者は、一定事項を記載した記録を作成する義務があります（法29条1項）。

提供年月日、提供先の第三者の氏名・名称、提供データで特定される本人の氏名等の本人特定事項、提供データの項目、本人により同意を得ていることが記録事項ですが、オプトアウトの場合と同意を得た上での第三者提供の場合とで記載事項が異なり、その詳細は**図表2-5 (9)** の通りです（規則20条1項）。

記録の作成は提供するごとに行われなければなりませんが、2つの例外があります。

まず、一定期間内に特定事業者との間で継続的又は反復して個人データの授受をする場合あるいはそのような形で授受が行われることが確実と見込まれる場合は、個々の授受に関する記録を作成する代わりに一括して記録を作成できます（規則19条2項）。ここにいう「確実と見込まれる場合」とは、例えばデータの授受に関する基本契約が締結され、その将来の授受が確実と見込まれる場合のことなどを指します。

さらに、物品・役務の提供に関連し個人情報を提供した場合で、これに関連し作成される契約書その他の書面に上記事項が記載される場

■図表 2-5(9)　記録事項(提供者側)

【提供者側】(法 29 条 1 項)

➡記録作成義務あり。

➡記録事項は提供年月日、提供先の第三者の氏名・名称、提供データで特定される本人の氏名等の本人特定事項、提供データの項目、本人の同意を得ていること等（詳細は以下の通り）。

	提供年月日	第三者の氏名等	本人の氏名等	提供個人データの項目	本人の同意
オプトアウトによる場合	○	○ (不特定多数の場合はその旨)	○	○	
本人の同意による場合		○	○	○	○

➡一定期間内に特定事業者との間で継続的又は反復して個人データの授受をする場合あるいはそれが確実と見込まれる場合は、個々の授受に関する記録を作成する代わりに一括して記録を作成できる（規則 19 条 2 項)。(※)

➡物品・役務の提供に関連し個人情報を提供した場合で契約書その他の書面に上記事項が記載される場合は、当該書面で代替できる（規則 19 条 3 項)。(※)

※　オプトアウトの場合、規則 19 条２項及び３項の例外の適用対象外。

合は、当該書面で代替することができます（規則 19 条３項)。ちなみに、作成される書面は１つである必要はなく、作成される書面が複数でも、これらをもって必要事項が確認できるのであれば問題ないものとされており、また、作成当事者は情報主体たる本人・提供者間のもののみならず、提供者・受領者間のものであっても構わないものとされています。例えば、職業紹介事業の場面で、本人から得た情報を紹介事業者が雇用を希望する事業者に連携する場合などは、この例外を用いて対応できるのではないかと考えられ、比較的適用がしやすい例外規定ではないかと考えられます。

■図表 2-5(10)　保存期間とその例外(提供者側)

【提供者側】（法 29 条 1 項及び 2 項）

➡記録作成媒体は文書、電磁的記録又はマイクロフィルム。
➡保存期間は原則３年（ただし、例外あり、詳細は以下の通り）。

記録の作成方法の別	保存期間
契約書その他の書面により代替する場合	最後に当該記録に係る個人データの提供を行った日から起算して１年を経過する日までの間
一括して記録を作成する場合	最後に当該記録に係る個人データの提供を行った日から起算して３年を経過する日までの間
上述以外の場合	３年

なお、オプトアウトの場合は、これら例外を使うことができませんので、注意が必要です。

これら記録の作成方法は、文書、電磁的記録又はマイクロフィルムによることとされています（規則 19 条 1 項）。保存期間は原則 3 年が予定されていますが、上述の例外の場合には、別途の保存期間が設けられています。詳細は**図表 2-5(10)** 記載の通りです（規則 21 条）。

(3) 受領者の確認・記録作成・保管義務

次に、受領者の確認・記録作成・保管義務についてです。

個人データの提供を受ける場合、受領者は、①提供元の氏名・名称と住所、提供元が法人の場合は代表者（法人でない団体で代表者又は管理人の定めのあるものにあっては、その代表者又は管理人）の氏名、②提供に至った個人データを提供元の第三者が取得した経緯を契約書等の提示を受け確認しなければなりません（法 30 条 1 項、規則 22 条、**図表 2-5(11)** 参照）。

■図表 2-5(11)　受領者側の確認・記録作成義務

【受領者側】（法 30 条 1 項）

➡一定事項についての提供者側への確認義務あり。

➡確認事項は①提供元の第三者の氏名・名称と住所、提供元が法人の場合は代表者（法人でない団体で代表者又は管理人の定めのあるものにあっては、その代表者又は管理人）の氏名、②提供に至った個人データを提供元の第三者が取得した経緯等（契約書等の提示を受けて確認）。

※　個人データを第三者に提供しようとする者は、誰でも、法 26 条 1 項に定める上記確認を個人情報取扱事業者が行う際、偽りを述べてはいけないものとされており（法 30 条 2 項）、これに違反すると 10 万円以下の過料に処される（法 185 条 1 号）。これが確認義務を実効あらしめる機能を果たしている。

※　個人情報取扱事業者は、偽りその他不正な手段で個人情報を取得してはいけないことになっており（法 20 条 1 項）、確認義務はこの観点からも履行されなければならない。

個人情報取扱事業者であるか否かにかかわらず、およそ個人データを第三者に提供しようとする者は、法 30 条 1 項に定める上記確認を個人情報取扱事業者が行う際、偽りを述べてはいけないものとされており（法 30 条 2 項）、これに違反すると 10 万円以下の過料に処されるので（法 185 条 1 号）、これが確認義務を実効あらしめるための機能を果たしています。一方、個人情報取扱事業者は偽りその他不正な手段で個人情報を取得してはいけないことになっており（法 20 条 1 項）、確認義務はこの観点からも履行されなければなりません。

次に、提供先が記録を作成するのと同じように、受領者の側でも記録を作成する義務があります。記録事項は提供年月日、提供元の氏名・名称・住所・提供元が法人の場合は代表者（法人でない団体で代表者又は管理人の定めのあるものにあっては、その代表者又は管理人）の氏名、提供データで特定される本人の氏名等の本人特定事項、

■図表 2-5（12）　記載事項（受領者側）

【受領者側】（法 30 条３項）

➡提供を受けた年月日、提供元の氏名・名称・提供元が法人の場合は代表者（法人でない団体で代表者又は管理人の定めのあるものにあってはその代表者又は管理人）の氏名、提供元の取得経緯、提供データで特定される本人の氏名等の本人特定事項、提供データの項目など（規則 24 条、詳細は以下の通り）。

➡一定期間内に特定事業者との間で継続的又は反復して個人データの授受をする場合あるいはそれが確実と見込まれる場合は、個々の授受に関する記録を作成する代わりに一括して記録を作成できる（規則 23 条２項）。（※）

➡物品・役務の提供に関連し個人情報を提供した場合で、契約書その他の書面に上記事項が記載される場合は、当該書面で代替できる（規則 23 条３項）。（※）

※　オプトアウトの場合は規則 23 条２項及び３項の例外の適用対象外。

	提供を受けた日	提供元の氏名等	提供元の取得経緯	本人の氏名等	個人データの項目	個情委による公表	本人の同意
オプトアウト	○	○	○	○	○	○	
本人同意		○	○	○	○		○
私人からの提供		○	○	○	○		

提供データの項目、（オプトアウトの場合）個人情報保護委員会による届出事項の公表があること、（本人同意のある場合）該当個人データの提供についての本人同意があることが記録事項です。ちなみに「本人同意があること」の意義は、法 27 条の国内の第三者に対する個人データ提供の場合における「同意」のみならず、「外国」にある「第三者」に対する提供の場合の「同意」も同様に記録の対象となっています。

そして、オプトアウトの場合、同意を得た上での第三者提供の場合、（個人情報取扱事業者若しくは法 16 条２項各号に定めるもの以外の）私人から第三者提供を受けた場合とで記載事項が異なり、その詳細は**図表 2-5(12)** の通りです（規則 24 条 1 項)。

記録の作成は提供を受けるごとに行われなければなりませんが、提供者の場合と対応する形で２つの例外があります。まず、一定期間内に特定事業者との間で継続的又は反復して個人データの授受をする場合は、個々の授受に関する記録を作成する代わりに一括して記録を作成できます（規則 23 条 2 項)。さらに、物品・役務の提供に関連し個人情報を提供した場合で、契約書その他の書面に上記事項が記載される場合は、当該書面で代替することができます（規則 23 条 3 項)。考え方は提供者の場合と同様です。

なお、オプトアウトの場合は、提供者の場合と同様、これら例外を使うことができませんので、注意が必要です。

これら記録の作成方法は文書、電磁的記録又はマイクロフィルムによることとされています（規則 23 条 1 項)。

保存期間は原則３年が予定されていますが、上述の例外の場合には、これに対応する形で別途の保存期間が設けられています。詳細は

■図表 2-5(13)　保存期間とその例外（受領者側）

【受領者側】（法 30 条 3 項及び 4 項）

➡記録作成媒体は文書、電磁的記録又はマイクロフィルム。
➡保存期間は原則３年。

記録の作成方法の別	保存期間
規約書その他の書面により代替する場合	最後に当該記録に係る個人データの提供を行った日から起算して1年を経過する日までの間
一括して記録を作成する場合	最後に当該記録に係る個人データの提供を行った日から起算して3年を経過する日までの間
上述以外の場合	3年

図表 2-5(13) 記載の通りです（規則25条）。

(4) 実務対応を行うにあたっての留意点

この確認・記録作成・保管義務が導入されるにあたっては、正常な事業活動を行っている個人情報取扱事業者に対する過度な負担を懸念する声が多く挙がったことから、本制度が導入された際には各事業者の実務実態を踏まえて、現実的な規制を構築する必要がある旨の衆参両院の内閣委員会による附帯決議がなされたという経緯があります。

これを踏まえ、個人情報保護委員会のガイドラインでも、「確認・記録作成義務の適用対象外となる場合」あるいは「記録作成を簡略化できる場合」を多数紹介しています。「確認・記録作成義務の適用対象外となる場合」に関しては、「提供者及び受領者に確認・記録義務が適用されない場合」と「受領者に確認記録義務が適用されない場合」に分けて整理がなされており、詳細は**図表 2-5(14)** 及び**図表 2**

■図表 2-5(14)　記録作成義務の例外①

【提供者・受領者双方において確認・記録義務の対象外となる場合】

① 法27条1項各号に掲げる場合

② 法27条5項各号に掲げる場合（外国にある第三者に提供する場合で規則に定める例外に該当する場合を含む）

③ 「本人による提供」（例：SNSへの投稿）、「本人に代わって提供」の場合（例：振込依頼を受けた被仕向銀行に対する情報提供、販売商品の修理依頼時に氏名・住所を修理業者に連携する場合、取引先・契約者から弁護士等の紹介を求められ、弁護士等のリストから紹介を行う場合など）

④ 「本人と一体と評価できる関係にある者への提供」の場合（例：窓口に本人と一緒に来て、話を聞いている家族への情報提供）、「最終的に本人に提供する意図で受領者を介して第三者提供を行う」場合

■図表 2-5(15)　記録作成義務の例外②

【受領者において確認・記録義務の対象外となる場合】
①　受領者にとって「個人データ」に当たらない場合（法 30 条に関する「個人データ」か否かの判断主体は「受領者」、判断時は「受領時」である、例えば、提供側がデータベース管理をしている名刺情報の 1 つのみを得る場合ガイドラインには、法の潜脱と認められなければ「個人データ」には当たらないとある） ②　受領者にとって「個人情報」に当たらない場合 ③　「提供を受ける」行為がない場合（例：誤送信のように一方的に FAX やメールなどで受領者の意思とは関係なく、個人データを送付された場合） ※ただし個人関連情報の規制が別途あるのでこの点は注意（7参照）

-5(15) に記載の通りです。

したがって、まずは事業者において想定される個人データの提供事象の中で、この例外的事象に該当する場合に当たるものを探し出し、これを切り分けておくことが最初の作業となります。

次に、一定期間内に特定事業者との間で継続的又は反復して個人データの授受をする場合や、物品・役務の提供に関連し個人情報を提供した場合で、契約書その他の書面に上記事項が記載される場合のように、提供ごとの記録作成を免除され、記録作成が簡略化されている場合に当たるものを探し出し、これを切り分けます。

そして、残った事象に関し、個々の提供ごとの確認・記録作成に対応できるよう準備を進めることになります。

以上の手順は個人情報保護法のガイドラインでも紹介されているところであり、フローチャートも示されています。詳細は**図表 2-5(16)** の通りですので、作業にあたってはガイドラインの記載と併せて、こちらも参照されるとよいでしょう。

■図表 2-5（16）　確認・記録義務の全体図（ガイドラインより）

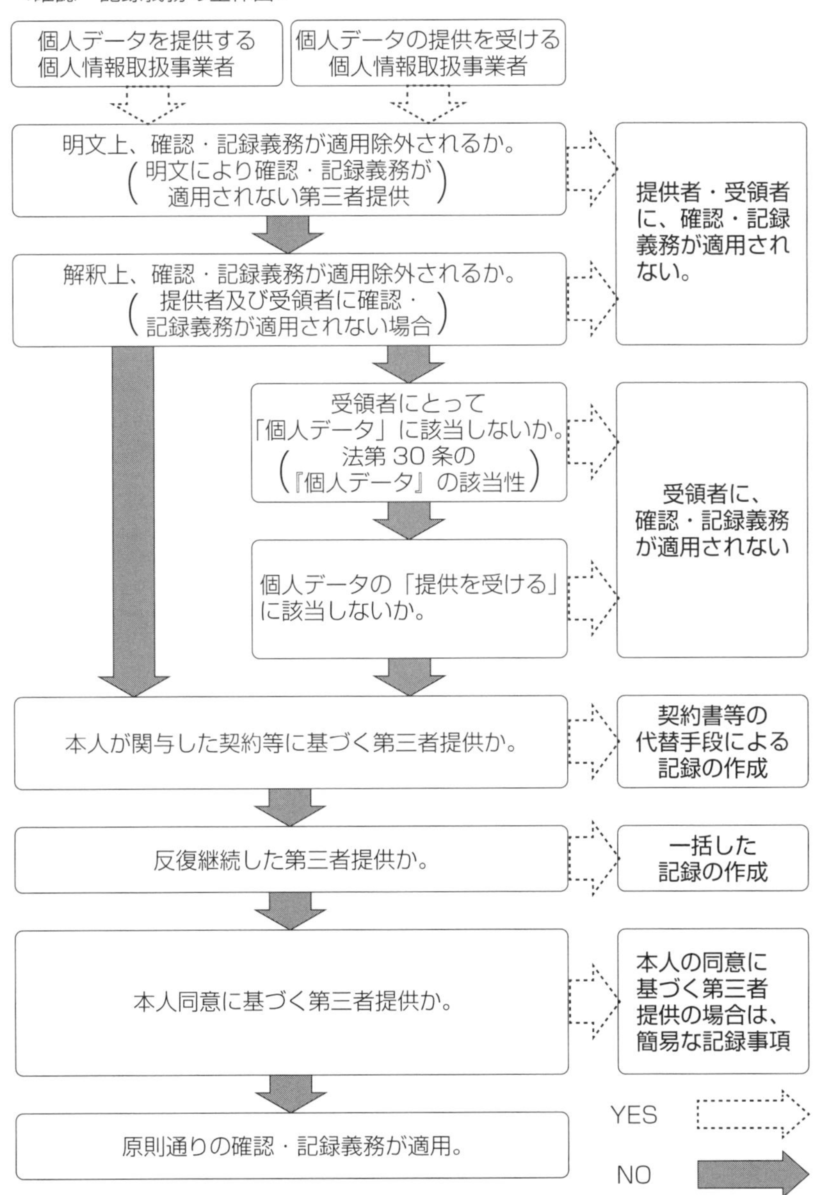

最後に、個人情報保護委員会のガイドラインによれば、提供者・受領者いずれも記録の作成方法・保存期間が同一であることに鑑みて、提供者（又は受領者）は受領者（又は提供者）の記録義務の全部又は一部を代替して行うことができるものとされていますので、これをうまく用いることにより、省力化を図ることも考えられます（ただし、両当事者の記録事項の相違については留意する必要があります）。

なお、記録の作成例は、資料①「第三者提供時の記録例」(382 頁）なども併せてご参照ください。

7　個人関連情報の規制について

ちなみにここまで述べてきた第三者提供に関する規制は、提供元で容易照合性がある個人データの提供の場合の話ですが、提供元で容易照合性がなくても提供先で元々保有する情報との照合などした結果、これを得るに至り個人データとなることが想定される場合はその情報が提供先で個人データとなる点の同意を要するとされています（法31条）。

このような場合に課される規制を個人関連情報に関する規制といいます。提供先で個人データとして利用することの同意があること、外国の第三者への提供の場合は当該外国の制度と個人情報保護に向け当該第三者が採るべき措置など情報主体たる本人が判断するにあたり参考となる情報が提供されていることを提供元はそれぞれ提供先から事前に確認しなければならず、また個人データの提供に準じ提供元・提供先双方で記録保管しなければなりません。ちなみに記録事項は**図表2-5(17)**及び**図表2-5(18)**の通りです。

この個人関連情報の規制について共同利用・外部委託・オプトアウトなどの適用はないので、この点は留意する必要があります。

■図表 2-5(17)　記録事項（提供者側）

【提供者側】

個人関連情報を提供先が「個人データとして取得する」場合（提供先の第三者において、個人データに個人関連情報を付加する等、個人データとして利用しようとする場合）の記録事項（提供者側）

	提供年月日	提供先の第三者の氏名等	本人の氏名等	個人データ（個人関連情報）の項目	本人の同意（外国への提供の場合はその旨の同意も記録）
個人関連情報の第三者提供	○	○		○	○

※記録の省略や保存期間などについては個人データの場合に準ずる。

■図表 2-5(18)　記録事項（受領者側）

【受領者側】

個人関連情報を提供先が「個人データとして取得する」場合（提供先の第三者において、個人データに個人関連情報を付加する等、個人データとして利用しようとする場合）の記録事項（受領者側）

	提供を受けた日	提供した第三者の氏名等	取得経緯	本人の氏名等	個人データ（個人関連情報）の項目	個情委による公表	本人の同意（外国への提供の場合はその旨の同意も記録）
個人関連情報の第三者提供		○		○	○		○

※記録の省略や保存期間などについては個人データの場合に準ずる。

第6 共通対応事項（3）－個人情報の適正な取得・利用・保管等－

1 はじめに

本項では、個人情報の適正・安全な取得・利用・保管等について述べていくことにします。

2 適正な取得・利用・保管等について

まず、個人情報・個人データ等の適正・利用等に関する規制への対応について確認していきたいと思います。

適正な取得・利用等の観点から、個人情報保護法は**図表2-6(1)**に整理したような形で規定を置いています。

以下では、「取得」「登録と廃棄」「利用」「保管」について、留意すべき点を簡潔に述べていきたいと思います（なお、安全管理措置については次項でまとめて述べますので、ここではその他の部分について述べます）。

■図表 2-6(1)　適正・安全な取得・利用等の観点からの個人情報保護法の規定

【法2条1項】

①　「取得時の留意事項」
➡適正な取得（法 20 条、個人情報）

②　「登録時の留意事項」と「廃棄時の留意事項」
➡消去義務（法 22 条、個人データ）

※　「会社によっていかなる情報が必要なのか、何を収集し、データベースに登録すべきなのか、そしてそれはいつ廃棄するのか」という観点からの整理と登録・廃棄方法のルール化（不要情報を残さない）

③　「利用時の留意事項」
➡不適正な利用の禁止（法 19 条、個人情報）

④　「保管中の留意事項」
➡データ内容の正確性・最新性の確保（法 22 条、個人データ）
➡安全管理措置（法 23 条、個人データ）、従業者の監督（法 24 条、個人データ）、委託先の監督（法 25 条、個人データ）
➡漏えい等の報告及び本人への通知（法 26 条、個人データ）

(1)「取得」時の留意事項

取得時の規制として、個人情報保護法は「個人情報取扱事業者は、偽りその他不正の手段により個人情報を取得してはならない。」と定めています（法 20 条 1 項）。

「不正の手段」の例については個人情報保護委員会のガイドラインでも例示があり、その詳細は**図表 2-6(2)** に示した通りです。欺罔行為や脅迫行為を伴う取得がこれに当たるのは当然ですが、不正に取得されたものと認識しながら、個人情報を取得する行為もこれに当たります。そして、法 30 条 1 項に基づく第三者提供時の受領者の確認はこの文脈からも実施されるべきものと整理されることになります。

■図表 2-6(2)　①「取得時の留意事項」

【適正な取得（法 20 条、個人情報）】
【不正の手段により個人情報を取得している事例】 ①　十分な判断能力を有していない子供や障害者から取得状況から見て関係のない家族の個人情報（収入情報等）を取得する場合 ②　提供元に法 27 条 1 項違反を強要し、個人情報を取得する場合 ③　個人情報を取得する主体や利用目的を意図的に偽る場合 ④　他の事業者に指示して不正の手段で個人情報を取得させ、その者から個人情報を取得する場合 ⑤　法 27 条 1 項違反がされようとしていることを知り、また容易に知り得るにもかかわらず、個人情報を取得する場合 ⑥　不正の手段で個人情報が取得されたことを知り、又は容易に知り得るにもかかわらず、個人情報を取得する場合

(2)「登録」及び「廃棄」に関する留意事項（図表 2-6(3) 参照）

これに関しては、個人データにつき「利用する必要がなくなったときは、当該個人データを遅滞なく消去するよう努めなければならない」との定めが置かれています（消去義務、法 22 条）。

この義務は、努力義務とされてはいますが、ここへの対応を行うことは、法令遵守の観点から重要であるのはもちろん、作業の「省力化」という観点からも重要です。「会社によっていかなる情報が必要なのか、何を収集し、データベースに登録すべきなのか、そして、それはいつ廃棄するのか」という観点から整理を行い、登録・廃棄方法をルール化することは、不要情報を残さず、無駄な対応を回避することにもつながるからです。情報の棚卸しをまじめに実施しておくと、この部分でも功を奏することになります。

ちなみに、消去すべきか否かは「利用目的」との関係で決せられるべき問題ですが、法令上の保存期間がある場合は、そちらが優先されます。

■図表 2-6(3)　②「登録時の留意事項」と「廃棄時の留意事項」

【消去義務（22 条、個人データ）】

「会社によっていかなる情報が必要なのか、何を収集し、データベースに登録すべきなのか、そしてそれはいつ廃棄するのか」という観点からの整理と登録・廃棄方法のルール化（不要情報を残さない）が必要。

【個人データについて利用する必要がなくなったときに該当する事例】

例）キャンペーンの懸賞品送付のため、当該キャンペーンの応募者の個人データを保有していたが、懸賞品発送が終わり、不着対応等の合理的期間が経過した場合

※　以上は利用目的との関係で決せられる。また法令上の保存期間がある場合はそちらが優先。

(3)「利用」及び「保管」に関する留意事項（図表 2-6(4)～(8) 参照）

利用に関しては、法は「違法又は不当な行為を助長し、又は誘発するおそれがある方法」での個人情報の利用を禁止しています（法 19 条）。例えば、破産者の氏名・住所等の情報を集約してインターネット上に掲載するような差別を助長するような利用や、振り込め詐欺等の特殊詐欺を行う者に名簿を販売しそれを助長・誘発させる場合、反社会勢力の不当要求対策のためのリストをみだりに開示しその実を失わしめる場合などがこれに当たります。詳細は**図表 2-6(4)** もご参照ください。また、法は「利用目的の達成に必要な範囲内において、個人データを正確かつ最新の内容に保つ」ことを求めています（データ内容の正確性・最新性の確保、法 22 条、**図表 2-6(5)** 参照）。

したがって、個人情報取扱事業者は「利用目的の達成に必要な範囲内」において、個人情報データベース等への個人情報の入力時の照合・確認の手続の整備、誤り等を発見した場合の訂正等の手続の整備等を行うことにより、個人データを正確かつ最新の内容に保つよう努めなければなりません。

■図表 2-6(4)　③「利用の留意事項」

【不適正な利用の禁止（法 19 条、個人情報）】

違法又は不当な行為を助長し、又は誘発するおそれがある方法により個人情報を利用している例

1）違法な行為を営むことが疑われる事業者（例：貸金業登録を行っていない貸金業者等）からの突然の接触による本人の平穏な生活を送る権利の侵害等、当該事業者の違法な行為を助長するおそれが想定されるにもかかわらず、当該事業者に当該本人の個人情報を提供する場合

2）裁判所による公告等により散在的に公開されている個人情報（例：官報に掲載される破産者情報）を、当該個人情報に係る本人に対する違法な差別が、不特定多数の者によって誘発されるおそれがあることが予見できるにもかかわらず、それを集約してデータベース化し、インターネット上で公開する場合

3）暴力団員により行われる暴力的要求行為等の不当な行為や総会屋による不当な要求を助長し、又は誘発するおそれが予見できるにもかかわらず、事業者間で共有している暴力団員等に該当する人物を本人とする個人情報や、不当要求による被害を防止するために必要な業務を行う各事業者の責任者の名簿等を、みだりに開示し、又は暴力団等に対しその存在を明らかにする場合

4）個人情報を提供した場合、提供先において法 27 条 1 項に違反する第三者提供がなされることを予見できるにもかかわらず、当該提供先に対して、個人情報を提供する場合

5）採用選考を通じて個人情報を取得した事業者が、性別、国籍等の特定の属性のみにより、正当な理由なく本人に対する違法な差別的取扱いを行うために、個人情報を利用する場合

6）広告配信を行っている事業者が、第三者から広告配信依頼を受けた商品が違法薬物等の違法な商品であることが予見できるにもかかわらず、当該商品の広告配信のために、自社で取得した個人情報を利用する場合

■図表 2-6(5)　④「利用時の留意事項」・⑤「保管中の留意事項」

【データ内容の正確性・最新性の確保（法 22 条、個人データ）】

個人情報取扱事業者は「利用目的の達成に必要な範囲内」において、個人情報データベース等への個人情報の入力時の照合・確認の手続の整備、誤り等を発見した場合の訂正等の手続の整備等を行うことにより、個人データを正確かつ最新の内容に保つよう努めなければならない。

※　ただし常時・一律に最新化する必要はなし（あくまでそれぞれの情報の「利用目的」に応じ、その必要な範囲内で正確性・最新性を確保すれば足りる）。

もっとも、こちらも「利用目的」との関係で必要な範囲でということですので、常時・一律に最新化する必要はなく、あくまでそれぞれの情報の「利用目的」に応じ、その必要な範囲内で正確性・最新性を確保すれば足りるものといえます。

最後に保管に関しては、個人データの関連で次項の安全管理措置や従業者・委託先の監督を行うべきであるほか(法 23 条ないし 25 条)、個人データの漏えい・滅失・毀損等のうち一定の場合には、個人情報保護委員会への報告と情報主体たる本人への通知を法は義務づけています（法 26 条)。具体的に述べると、「漏えい」とは個人データが外部に流出すること（ただし第三者の閲覧前にすべて回収した場合を除く)、「滅失」とは個人データの内容が失われること、「毀損」とは個人データの内容が意図しない形で変更されることや、内容を保ちつつも利用不能な状態になることをいいます。なお「滅失」「毀損」について同じ内容のデータが他に保管されているときにはこれに当たらないとされています。そしてこれらが発生した際に個人の権利・利益を害するおそれが大きいものとして規則に定めのあるものについては個人情報保護委員会に報告をしなければならず、また情報主体たる本人にその旨通知をしなければなりません。詳細については**図表 2-6(6)**ないし **(13)** もご参照ください。

■図表 2-6(6)　「漏えい等」について①

「漏えい」～個人データが外部に流出すること
1）個人データが記載された書類を第三者に誤送付した場合 2）個人データを含むメールを第三者に誤送信した場合 3）システムの設定ミス等によりインターネット上で個人データの閲覧が可能な状態となっていた場合 4）個人データが記載又は記録された書類・媒体等が盗難された場合 5）不正アクセス等により第三者に個人データを含む情報が窃取された場合 ◎なお、個人データを第三者に閲覧されないうちにすべてを回収した場合は漏えいに該当しない。

■図表 2-6(7)　「漏えい等」について②

「滅失」～個人データの内容が失われること
1）個人情報データベース等から出力された氏名等が記載された帳票等を誤って廃棄した場合（※ 1） 2）個人データが記載又は記録された書類・媒体等を社内で紛失した場合（※ 2） ◎なお、上記の場合であっても、その内容と同じデータが他に保管されている場合は、滅失に該当しない。また、個人情報取扱事業者が合理的な理由により個人データを削除する場合は、滅失に該当しない。 ※ 1　当該帳票等が適切に廃棄されていない場合には、個人データの漏えいに該当する場合がある。 ※ 2　社外に流出した場合には、個人データの漏えいに該当する。

■図表 2-6(8)　「漏えい等」について③

「毀損」～個人データの内容が意図しない形で変更されることや、内容を保ちつつも利用不能な状態となること

1）個人データの内容が改ざんされた場合
2）暗号化処理された個人データの復元キーを喪失したことにより復元できなくなった場合
3）ランサムウェア等により個人データが暗号化され、復元できなくなった場合

◎なお、上記の2）及び3）の場合であっても、その内容と同じデータが他に保管されている場合は毀損に該当しない。
◎同時に個人データが窃取された場合には、個人データの漏えいにも該当する。

■図表 2-6(9)　「漏えい等」が発覚した場合に講ずべき措置

1）事業者内部における報告及び被害の拡大防止
　責任ある立場の者に直ちに報告するとともに、漏えい等事案による被害が発覚時よりも拡大しないよう必要な措置を講ずる。
2）事実関係の調査及び原因の究明
　漏えい等事案の事実関係の調査及び原因の究明に必要な措置を講ずる。
3）影響範囲の特定
　上記2）で把握した事実関係による影響範囲の特定のために必要な措置を講ずる。
4）再発防止策の検討及び実施
5）個人情報保護委員会への報告及び本人への通知

　なお、漏えい等事案の内容等に応じて、二次被害の防止、類似事案の発生防止等の観点から、事実関係及び再発防止策等について、速やかに公表することが望ましい。

■図表 2-6（10）「漏えい等」と個人情報保護委員会への報告①

【報告を要する場合（規則7条）】

1）要配慮個人情報が含まれる個人データの漏えい等が発生し、又は発生したおそれがある事態（例：患者の診療情報や調剤情報を含む個人データを記録したUSBメモリーの紛失、従業員の健康診断等の結果を含む個人データの漏えいなど）

2）不正に利用されることにより財産的被害が生じるおそれがある個人データの漏えい等が発生し、又は発生したおそれがある事態（例：ECサイトからのクレジットカード番号を含む個人データの漏えい、送金や決済機能のあるウェブサービスのログインIDとパスワードの組み合わせを含む個人データの漏えいなど）

3）不正の目的をもって行われたおそれがある個人データの漏えい等が発生し、又は発生したおそれがある事態（例：不正アクセスによる個人データの漏えい、ランサムウェア等により個人データが暗号化され復元できなくなった場合、個人データが記載又は記録された書類・媒体等が盗難された場合など）

4）個人データに係る本人の数が1,000人を超える漏えい等が発生し、又は発生したおそれがある事態～なお、「個人データに係る本人の数」については、事態が発覚した当初1,000人以下であっても、その後1,000人を超えた場合には、1,000人を超えた時点でこれに該当。また、本人の数が確定できない漏えい等において、漏えい等が発生したおそれがある個人データに係る本人の数が最大1,000人を超える場合には、これに該当。

■図表 2-6(11) 「漏えい等」と個人情報保護委員会への報告②

【報告の方法と内容（規則８条）】

「速報」と「確報」がある。

「速報」～いずれかの部署が報告対象となる事態を知った時点を基準に概ね３～５日以内に実施。報告すべき内容は、①概要（発生日、発覚日、発生事案、発見者、前記図表２-６(10）のいずれの場合に該当するか、委託元及び委託先の有無、事実経過等)、②漏えい等が発生し、又は発生したおそれがある個人データの項目、③漏えい等が発生し、又は発生したおそれがある個人データに係る本人の数、④原因、⑤二次被害又はそのおそれの有無及びその内容、⑥本人への対応の実施状況、⑦公表の実施状況、⑧再発防止のための措置（実施済みの措置と今後実施予定の措置に分ける)、⑨その他参考となる事項である。速報時点での報告内容については、報告をしようとする時点において把握している内容を報告すれば足りる。

「確報」～報告対象事態を知ったときから30日以内（前記図表２-６(10）の３）に記載の事態が生じた場合は60日以内。これに加え、１)、２)、４）の各事態にも該当する場合も60日以内）に行う。なお、30日以内又は60日以内は報告期限であり、可能である場合には、より早期に報告することが望ましい。

◎速報で足りなかったものにつき実施。速報の時点で全ての事項を報告できる場合には、1回の報告で速報と確報を兼ねることができる。

◎上述の日数計算には土・日・祝日を含む。ただし30日目・60日目が土・日・祝日・年末年始閉庁日の場合はその翌日が報告期限となる。

■図表 2-6(12)　「漏えい等」と本人への通知①

1）前記図表2-6(10) 記載の事態が生じた場合、個人情報取扱事業者は情報主体たる本人に通知をしなければならない。
2）通知の時間的制限～「当該事態の状況に応じて速やかに」実施。
◎「当該事態の状況に応じて速やかに」とは、速やかに通知を行うことを求めるものであるが、具体的に通知を行う時点は、個別の事案において、その時点で把握している事態の内容、通知を行うことで本人の権利利益が保護される蓋然性、本人への通知を行うことで生じる弊害等を勘案して判断する。例えば、①インターネット上の掲示板等に漏えいした複数の個人データがアップロードされており、個人情報取扱事業者において当該掲示板等の管理者に削除を求める等、必要な初期対応が完了しておらず、本人に通知することで、かえって被害が拡大するおそれがある場合や、②漏えい等のおそれが生じたものの、事案がほとんど判明しておらず、その時点で本人に通知したとしても、本人がその権利利益を保護するための措置を講じられる見込みがなく、かえって混乱が生じるおそれがある場合には直ちに通知を行うことができないため、それぞれ被害拡大防止や混乱回避の目途が立った時点で速やかに通知を行うことになる。

■図表 2-6(13)　「漏えい等」と本人への通知②

3）通知の内容～①概要（発生日、発覚日、発生事案、発見者、前記図表2-6(10) のいずれの場合に該当するか、委託元及び委託先の有無、事実経過等）、②漏えい等が発生し、又は発生したおそれがある個人データの項目、③原因、④二次被害又はそのおそれの有無及びその内容、⑤その他参考となる事項である。
4）通知の方法～通知すべき内容が本人に認識される合理的かつ適切な方法による（例：郵送による方法、電子メール等）
5）通知の例外～本人への通知が困難である場合は、本人の権利利益を保護するために必要な代替措置（例：事態発生の公表、問合わせ窓口を設置して確認に応ずる旨公表）を講ずることによる対応が認められる。

共通対応事項（4）
−安全管理措置の実施−

1　はじめに

本項では個人情報取扱事業者が行うべき安全管理措置について述べていきたいと思います。

2　安全管理措置の内容について（図表 2-7(1)～(17) 参照）

個人情報保護法は、「個人情報取扱事業者は、その取り扱う個人データの漏えい、滅失又は毀損の防止その他の個人データの安全管理のために必要かつ適切な措置を講じなければならない。」とし、個人データの取扱いに関する安全管理措置を定めています（法 23 条）。

個人情報保護委員会のガイドラインに関しては、個人データの取扱いに関する規律を整備した上で、**図表 2-7(1)** の 4 つの切り口からの措置を行うべきとしています。

以下、規律整備の点と併せ図表の 1)～4）に関する取組を行うにあたり、留意点すべき点について整理していきます。

ちなみに、中小規模事業者については、取り扱う個人データの数量及び個人データを取り扱う従業員数が一定程度にとどまること等を踏まえ、円滑に義務履行し得る手法の例がガイドラインにおいて示されています。詳細は後述の3以下をご参照ください。

■図表 2-7(1)　安全管理措置の切り口

【安全管理措置（法 23 条、個人データ）】
規律を整備した上で、以下の４つの切り口からの措置を行う。 1）　組織的安全管理措置 2）　人的安全管理措置 3）　物理的安全管理措置 4）　技術的安全管理措置 ※　中小規模事業者については、取り扱う個人データの数量及び個人データを取り扱う従業員数が一定程度にとどまること等を踏まえ、円滑にその義務を履行し得るような手法の例がガイドラインにおいて示されている（詳細は図表 2-7(12)～(17) 参照）。

(1) 規律の整備（図表 2-7(2) 参照）

まずは規律の整備についてです。

これが安全管理措置を事業者が実施していく上での基本・根幹となるわけですが、この規律の整備に関し、個人情報保護委員会のガイドラインは、「取得、利用、保存、提供、削除・廃棄等の段階ごとに、取扱方法、責任者・担当者及びその任務等について定める個人データの取扱規程を策定することが考えられる。なお、具体的に定める事項については、以降に記述する組織的安全管理措置、人的安全管理措置及び物理的安全管理措置の内容並びに情報システム（パソコン等の機器を含む。）を使用して個人データを取り扱う場合（インターネット等を通じて外部と送受信等する場合を含む。）は技術的安全管理措置の内容を織り込むことが重要である。」と指摘しています。

まずは「個人情報取扱基本規程」のような基本規程を定めることになり、最低限その中で組織体制・責任者及び担当者とその権限、個人情報の取扱方法に関する基本事項を定めることになると思いますが、取得・利用・保存・提供・削除・廃棄等の具体的な措置、とりわけ物

■図表 2-7(2)　個人データの取扱いに関する規律の整備

講じなければならない措置	手法の例示
個人データの取扱いに係る規律の整備	取得、利用、保存、提供、削除・廃棄等の段階ごとに、取扱方法、責任者・担当者及びその任務等について定める個人データの取扱規程を策定することが考えられる。なお、具体的に定める事項については、以降に記述する組織的安全管理措置、人的安全管理措置及び物理的安全管理措置の内容並びに情報システム（パソコン等の機器を含む）を使用して個人データを取り扱う場合（インターネット等を通じて外部と送受信等する場合を含む）は技術的安全管理措置の内容を織り込むことが重要である。

理的安全管理措置や技術的安全管理措置にかかわるような具体的事項に関する規律の細目、開示等請求があった場合の手順、苦情窓口での処理の方針などについて、基本規程の中で定めるべきか、あるいは別途詳細規程や細則、マニュアル等の形で詳細を定めることになるかは、事業所の規模や取り扱う情報の種類（要配慮個人情報があるか否か、外国の第三者へのデータ提供はあるか、匿名加工情報や仮名加工情報は作成・利用するか）、これに伴う対応すべき事項の多寡などを踏まえ、各々の事業者で決めていくことになるものと思われます。

規程の作成例に関しては、資料①の各種規程案（個人情報保護基本規程（311 頁）・個人情報の取扱いに関する詳細規程（321 頁）・電子メール及びPC 等使用に関する指針（331 頁）・データ管理規程（336 頁）等）を適宜ご参照ください。

(2) 組織的安全管理措置（図表 2-7(3) 参照）

次に、組織的安全管理措置についてです。これは、事業所内で適切かつ安全な個人データの取扱いを実施するための組織体制整備に向けた措置で、個人情報保護委員会のガイドラインにおいては、①組織体制の整備、②個人データの取扱に係る規律に従った運用、③個人データの取扱状況を確認する手段の整備、④漏えい等の事案に対応する体制の整備、⑤取扱状況の把握及び安全管理措置の見直しの各視点から必要な体制の整備を行うべきものとされています。

ガイドラインの指示する事項の詳細は**図表 2-7(4)** に記載の通りです。

「理想的な組織体制のモデルをどのように考えるべきか」という点は、なかなか難しい問題もありますが、この問題が事業者に与える影響の重大性、各種規程等の規律事項の伝達・実行や開示等請求の場合の実務上の必要等の観点から考えると、①統括責任者（社長ないし担当役員）、②実務面の管理責任者（苦情処理や開示等請求の処理もここが窓口として中心的に行う）、③各部署で実際の対応を切り回す現場担当者の三者は最低限確保する形で組織体制を組んだほうがよいでしょう。

■図表 2-7(3)　組織的安全管理措置

対応すべき事項
- ☑ 組織体制の整備
- ☑ 個人データの取扱いに係る規律に従った運用
- ☑ 個人データの取扱状況を確認する手段の整備
- ☑ 漏えい等事案に対応する体制の整備
- ☑ 取扱状況の把握及び安全管理措置の見直し

■図表 2-7(4)　組織的安全管理措置

講じなければならない措置	手法の例示
(1) 組織体制の整備	(組織体制として整備する項目の例) ・個人データの取扱いに関する責任者の設置及び責任の明確化 ・個人データを取り扱う従業者及びその役割の明確化 ・上記の従業者が取り扱う個人データの範囲の明確化 ・法や個人情報取扱事業者において整備されている個人データの取扱いに係る規律に違反している事実又は兆候を把握した場合の責任者への報告連絡体制 ・個人データの漏えい等事案の発生又は兆候を把握した場合の責任者への報告連絡体制 ・個人データを複数の部署で取り扱う場合の各部署の役割分担及び責任の明確化
(2) 個人データの取扱いに係る規律に従った運用	個人データの取扱いに係る規律に従った運用を確保するため、例えば次のような項目に関して、システムログその他の個人データの取扱いに係る記録の整備や業務日誌の作成等を通じて、個人データの取扱いの検証を可能とすることが考えられる。 ・個人情報データベース等の利用・出力状況 ・個人データが記載又は記録された書類・媒体等の持ち運び等の状況 ・個人情報データベース等の削除・廃棄の状況(委託した場合の消去・廃棄を証明する記録を含む) ・個人情報データベース等を情報システムで取り扱う場合、担当者の情報システムの利用状況(ログイン実績、アクセスログ等)
(3) 個人データの取扱状況を確認する手段の整備	例えば、次のような項目をあらかじめ明確化しておくことにより、個人データの取扱状況を把握可能とすることが考えられる。 ・個人情報データベース等の種類、名称 ・個人データの項目 ・責任者・取扱部署 ・利用目的 ・アクセス権を有する者　等

(4) 漏えい等事案に対応する体制の整備	漏えい等事案の発生時に、例えば次のような対応を行うための体制を整備することが考えられる。 ・事実関係の調査及び原因の究明 ・影響を受ける可能性のある本人への連絡 ・個人情報保護委員会等への報告 ・再発防止策の検討及び決定 ・事実関係及び再発防止策等の公表　等
(5) 取扱状況の把握及び安全管理措置の見直し	・個人データの取扱状況について、定期的に自ら行う点検又は他部署等による監査を実施する。 ・外部の主体による監査活動と合わせて、監査を実施する。

■図表 2-7(5)　組織的安全管理措置

【組織体制整備】

➡組織体制のモデルは？

※　①統括責任者（社長ないし担当役員）、②実務面の管理責任者（苦情処理や開示等請求の処理もここが窓口として中心的に行う）、③各部署で情報収集を切り廻す現場担当者の３つは確保する形での組織体制を組んだほうがよい。

※　各担当をPTメンバーに対応させるようにすれば、迅速な体制確保と円滑な運用が可能に。

ちなみに、①〜③の各担当をPTメンバーに対応させる方向で処置できると、迅速な体制確保と円滑な運用に資するものと思われますので、この点も念頭に組織体制を考えるとよいでしょう。

(3) 人的安全管理措置（図表 2-7(6) 及び図表 2-7(7) 参照）

次に、人的安全管理措置ですが、これは基本的に「従業者をどのように管理するか」という問題です。

従業者の範囲と上記ガイドラインにおいて指摘されている事項の詳細は**図表 2-7(6)** 及び**図表 2-7(7)** に示した通りですが、内容的には、①個人データの取扱いに関し、従業者に定期的な研修等を行い、従業者に適正・安全な個人データの取扱いに関する実務運用を浸透させること、②個人データについての秘密保持に関する事項を就業規則に盛り込むなどし、この問題に関する対応の重要性を認識させること、に主眼があるものと思われます。

ちなみに①の教育の在り方に関しては、**第 15** でも述べていますの

■図表 2-7(6)　人的安全管理措置

【従業者の監督】

➡法 24 条の「従業者の監督」とオーバーラップする。

➡「従業者」とは、個人情報取扱事業者の組織内にあって、直接間接に事業者の指揮監督を受けて事業者の業務に従事している者等をいい、雇用関係にある従業員（正社員・契約社員・嘱託社員・パート社員・アルバイト社員等）のみならず、取締役、執行役、理事、監査役、監事、派遣社員等も含まれる。

【従業者に対して必要かつ適切な監督を行っていない場合】

① 従業者が個人データの安全管理措置を定める規程等に従って業務を行っていることを確認しなかった結果、個人データが漏えいした場合

② 内部規程等に違反して個人データが入ったノート型パソコン又は外部記録媒体が繰り返し持ち出されていたにもかかわらず、その行為を放置した結果、当該パソコン等を紛失し、個人データが漏えいした場合

■図表 2-7(7)　人的安全管理措置

講じなければならない措置	手法の例示
従業者の教育	・個人データの取扱いに関する留意事項について、従業者に定期的な研修等を行う。 ・個人データについての秘密保持に関する事項を就業規則等に盛り込む。

で、そちらもご参照ください。また、②に関しては、改めて誓約書を取り付けるなどの対応を行う例も認められます。

規程や誓約書などの具体的な作成例は、資料①の「個人情報保護に向けた遵守事項と漏えい事故等発生時の懲戒等の基準に関する規程」（334頁）、「誓約書」（386頁）なども適宜ご参照ください。

(4) 物理的安全管理措置（図表 2-7(8) 参照）

次に物理的安全管理措置についてです。これは、事業者の事業所やパソコン・記録媒体等の物理的な取扱いを問題としています。

上記ガイドラインにおいては、①個人データを取り扱う区域の管理、②機器・電子媒体等の盗難等の防止、③電子媒体等を持ち運ぶ場合の漏えい等の防止、④個人データの削除及び機器・電子媒体等の廃棄の各点について対応を行うべきものとされており、その詳細は**図表 2-7(9)** に記載の通りです。

■図表 2-7(8)　物理的安全管理措置

対応すべき事項
- ☑ 個人データを取り扱う区域の管理
- ☑ 機器・電子媒体等の盗難等の防止
- ☑ 電子媒体等を持ち運ぶ場合の漏えい等の防止
- ☑ 個人データの削除及び機器・電子媒体等の廃棄

■図表 2-7(9)　物理的安全管理措置

講じなければならない措置	手法の例示
(1) 個人データを取り扱う区域の管理	（管理区域の管理手法の例） ・入退室管理及び持ち込む機器等の制限等 なお、入退室管理の方法としては、IC カード、ナンバーキー等による入退室管理システムの設置等が考えられる。 （取扱区域の管理手法の例） ・間仕切り等の設置、座席配置の工夫、のぞき込みを防止する措置の実施等による、権限を有しない者による個人データの閲覧等の防止
(2) 機器及び電子媒体等の盗難等の防止	・個人データを取り扱う機器、個人データが記録された電子媒体又は個人データが記載された書類等を、施錠できるキャビネット・書庫等に保管する。 ・個人データを取り扱う情報システムが機器のみで運用されている場合は、当該機器をセキュリティワイヤー等により固定する。
(3) 電子媒体等を持ち運ぶ場合の漏えい等の防止	・持ち運ぶ個人データの暗号化、パスワードによる保護等を行った上で電子媒体に保存する。 ・封緘、目隠しシールの貼付けを行う。 ・施錠できる搬送容器を利用する。
(4) 個人データの削除及び機器、電子媒体等の廃棄	（個人データが記載された書類等を廃棄する方法の例） ・焼却、溶解、適切なシュレッダー処理等の復元不可能な手段を採用する。 （個人データを削除し、又は、個人データが記録された機器、電子媒体等を廃棄する方法の例） ・情報システム（パソコン等の機器を含む）において、個人データを削除する場合、容易に復元できない手段を採用する。 ・個人データが記録された機器、電子媒体等を廃棄する場合、専用のデータ削除ソフトウェアの利用又は物理的な破壊等の手段を採用する。

(5) 技術的安全管理措置（図表 2-7(10) 及び図表 2-7 (11) 参照）

最後に、物理的安全管理措置についてです。これは、個人データにアクセスできる従業者のID管理・認証の問題や、不正アクセスや情報漏えい防止の問題など、主として情報通信技術面での対応の在り方を問題としています。

上記ガイドラインにおいては、①アクセス制御、②アクセス者の識別と認証、③外部からの不正アクセス等の防止、④情報システムの使用に伴う漏えい等の防止の各点について対応を行うべきものとされており、その詳細は**図表 2-7(11)** に記載の通りです。

■図表 2-7(10)　技術的安全管理措置

対応すべき事項

- ☑ アクセス制御
- ☑ アクセス者の識別と認証
- ☑ 外部からの不正アクセス等の防止
- ☑ 情報システムの使用に伴う漏えい等の防止

(6) その他（委託先の監督）

その他、安全管理の観点では、従業者の監督と並んで、委託先の監督も重要ではないかと思われます。この点は**第5**の3で詳述した通りですので重複は避けますが、外部の委託業者がある場合に関しては、こちらも参考にしていただければと思います。

■図表 2-7(11)　技術的安全管理措置

講じなければならない措置	手法の例示
(1) アクセス制御	・個人情報データベース等を取り扱うことのできる情報システムを限定する。 ・情報システムによってアクセスすることのできる個人情報データベース等を限定する。 ・ユーザーID に付与するアクセス権により、個人情報データベース等を取り扱う情報システムを使用できる従業者を限定する。
(2) アクセス者の識別と認証	(情報システムを使用する従業者の識別・認証手法の例) ・ユーザーID、パスワード、磁気・IC カード等
(3) 外部からの不正アクセス等の防止	・情報システムと外部ネットワークとの接続箇所にファイアウォール等を設置し、不正アクセスを遮断する。 ・情報システム及び機器にセキュリティ対策ソフトウェア等（ウイルス対策ソフトウェア等）を導入する。 ・機器やソフトウェア等に標準装備されている自動更新機能等の活用により、ソフトウェア等を最新状態とする。 ・ログ等の定期的な分析により、不正アクセス等を検知する。
(4) 情報システムの使用に伴う漏えい等の防止	・情報システムの設計時に安全性を確保し、継続的に見直す（情報システムのぜい弱性を突いた攻撃への対策を講じることも含む)。 ・個人データを含む通信の経路又は内容を暗号化する。 ・移送する個人データについて、パスワード等による保護を行う。

3　中小規模事業者に関する安全管理措置（図表2-7(12) 参照）について

平成27年の個人情報保護法の改正では、それまで小規模事業者(データベース内の個人情報で識別される個人の数が過去6か月間のいずれの日でも5,000を超えない事業者）として同法の適用を免れていた事業者にも、法の適用を行う旨方針を転換しました。インターネット通販を行っている会社などが典型例ですが、小規模の事業者が、氏名・住所などとともに、クレジットカード情報のような重要情報を保有している例も見られ、情報の数で適用の有無を峻別することが適当ではないと考えられたからです。また、グローバル化との関係で、各国法制を見た場合に、いわゆる情報の取扱件数をもって法の適用の有無を峻別する例がなかったこともその理由です。

それゆえ、従前小規模事業者として適用を免れていた者も、この改正によって、ついに法の適用を前提に対応を考えなければならないこ

■図表 2-7(12)　中小規模事業者に関する安全管理措置

【中小規模事業者の安全管理措置】
中小規模事業者については、取り扱う個人データの数量及び個人データを取り扱う従業員数が一定程度にとどまること等を踏まえ、円滑にその義務を履行し得るような手法の例がガイドラインにおいて示されている。 ※　ガイドライン上、中小規模事業者とは、従業員数が100人以下の個人情報取扱事業者をいう。ただし次に掲げるものを除く。 ①　その事業の用に供する個人情報データベース等を構成する個人情報によって識別される特定の個人の数の合計が、過去6月以内のいずれの日においても5,000を超える者 ②　委託を受けて個人データを取り扱う者

ととなったわけです。

一方、適用対象となったとはいえ、上述の小規模事業者を含め、中小規模企業者については、取り扱う個人データの数量及び個人データを取り扱う従業員数が一定程度にとどまること等から、通常の事業者同様の措置をすべてとる必要が必ずしもない場合も考えられるため、円滑な義務履行のためにとりうる手法の例が個人情報保護委員会のガイドラインで示されています。

ところで、ここでいう中小規模事業者とは、従業員数が100人以下の個人情報取扱事業者をいいますが、次に掲げるものを除くものとされています。

① その事業の用に供する個人情報データベース等を構成する個人情報によって識別される特定の個人の数の合計が過去6月以内のいずれの日においても5,000を超える者
② 委託を受けて個人データを取り扱う者

このうち①が除外されているのは、従前の5,000件要件による適用排除がある時代から「個人情報取扱事業者」の義務を負担しなければならなかった者であり、特段対応レベルの軽減を図る必要がないものと判断されたからであると推測されます。一方、②は他人から個人データを預かる者であり、高い対応レベルが要求されるべきと考えられること、また委託元が中小規模事業者とは限らないことなどから除外されたものと考えられます。

以下、通常の事業者の場合との対比を見ていくことにします。

4　通常の事業者に関する場合との対比（異同について）

上記ガイドラインにおいては、通常の事業者に関する部分との対比を一覧形式にまとめており、具体的な内容は**図表 2-7（13）～（17）**の通りです。

以下では、規律の整備のほか、①組織的安全管理措置、②人的安全管理措置、③物理的安全管理措置、④技術的安全管理措置の各アプローチから、通常の事業者の場合における措置との対比（異同）につき、若干の言及を行いたいと思います。必要に応じ**第7**の2に示した通常の場合の「安全管理措置」に関する記載も参照しつつ、内容をご確認ください。

（1）規律の整備（図表 2-7（13）参照）

まずは規律の整備についてです。

中小規模事業者のとるべき最低限の対応としては、「個人データの取得、利用、保存等を行う場合の基本的な取扱方法を整備する」と記載されており、「提供、削除・廃棄」の言及がないように思われますので、規律事項の範囲が狭められているように思われます。また、「取扱規程を策定すること」は求められていないため、その部分の対応の手間が異なるようにも思われます。

もっとも、中小規模事業者だからといって、第三者提供がある場合において、その点につき何の規律も定めなくてよいのかは疑問があり、「削除・廃棄」は自身の「無駄な対応」を避ける意味で規律化するメリットもあります。したがって、特に「提供」がある場合に、実際のところ、対応にあまり大きな差はないのかもしれません。

また、規律の定め方に関しては、最低限、公表用の「個人情報保護に対する基本方針」を定めるほか、取扱方法に関する基本マニュアル

■図表 2-7(13)　個人データの取扱いに関する規律の整備

円滑な義務履行のためにとりうる手法の例（ガイドラインより）

講じなければならない措置	手法の例示	中小規模事業者における手法の例示
個人データの取扱いに係る規律の整備	取得、利用、保存、提供、削除・廃棄等の段階ごとに、取扱方法、責任者・担当者及びその任務等について定める個人データの取扱規程を策定することが考えられる。なお、具体的に定める事項については、以降に記述する組織的安全管理措置、人的安全管理措置及び物理的安全管理措置の内容並びに情報システム（パソコン等の機器を含む）を使用して個人データを取り扱う場合（インターネット等を通じて外部と送受信等する場合を含む）は技術的安全管理措置の内容を織り込むことが重要である。	・個人データの取得、利用、保存等を行う場合の基本的な取扱方法を整備する。

程度は作成せよということになるのでしょうが、後述する各種措置の遵守、とりわけ（2）の「組織的安全管理措置」の遵守を検討していく結果として、詳細の程度はともかくとして、規程を整備したほうが実は漏れがなく手っ取り早い、ということになるかもしれません。

（2）組織的安全管理措置（図表 2-7(14) 参照）

次に、組織的安全管理措置についてです。

視点としては、①組織体制の整備、②個人データの取扱いに係る規律に従った運用、③個人データの取扱状況を確認する手段の整備、④漏えい等の事案に対応する体制の整備、⑤取扱状況の把握及び安全管理措置の見直しの各視点があるわけですが、①については、個人データの取扱いを行う者が複数ある場合には責任者を決めること、②及び③については（1）の規律に関する部分で述べた「基本的な取扱方法」

■図表 2-7(14)　組織的安全管理措置

円滑な義務履行のためにとりうる手法の例（ガイドラインより）

講じなければならない措置	手法の例示	中小規模事業者における手法の例示
(1) 組織体制の整備	(組織体制として整備する項目の例) ・個人データの取扱いに関する責任者の設置及び責任の明確化 ・個人データを取り扱う従業者及びその役割の明確化 ・上記の従業者が取り扱う個人データの範囲の明確化 ・法や個人情報取扱事業者において整備されている個人データの取扱いに係る規律に違反している事実又は兆候を把握した場合の責任者への報告連絡体制 ・個人データの漏えい等の事案の発生又は兆候を把握した場合の責任者への報告連絡体制 ・個人データを複数の部署で取り扱う場合の各部署の役割分担及び責任の明確化	・個人データを取り扱う従業者が複数いる場合、責任ある立場の者とその他の者を区分する。
(2) 個人データの取扱いに係る規律に従った運用	個人データの取扱いに係る規律に従った運用を確保するため、例えば次のような項目に関して、システムログその他の個人データの取扱いに係る記録の整備や業務日誌の作成等を通じて、個人データの取扱いの検証を可能とすることが考えられる。 ・個人情報データベース等の利用・出力状況 ・個人データが記載又は記録された書類・媒体等の持ち運び等の状況 ・個人情報データベース等の削除・廃棄の状況（委託した場合の消去・廃棄を証明する記録を含む） ・個人情報データベース等を情報システムで取り扱う場合、担当者の情報システムの利用状況（ログイン実績、アクセスログ等）	・あらかじめ整備された基本的な取扱方法に従って個人データが取り扱われていることを、責任ある立場の者が確認する。

(3) 個人データの取扱状況を確認する手段の整備	例えば、次のような項目をあらかじめ明確化しておくことにより、個人データの取扱状況を把握可能とすることが考えられる。 ・個人情報データベース等の種類、名称 ・個人データの項目 ・責任者・取扱部署 ・利用目的 ・アクセス権を有する者　等	・あらかじめ整備された基本的な取扱方法に従って個人データが取り扱われていることを、責任ある立場の者が確認する。
(4) 漏えい等の事案に対応する体制の整備	漏えい等の事案の発生時に、例えば、次のような対応を行うための体制を整備することが考えられる。 ・事実関係の調査及び原因の究明 ・影響を受ける可能性のある本人への連絡 ・個人情報保護委員会等への報告 ・再発防止策の検討及び決定 ・事実関係及び再発防止策等の公表　等	・漏えい等の事案の発生時に備え、従業者から責任ある立場の者に対する報告連絡体制等をあらかじめ確保する。
(5) 取扱状況の把握及び安全管理措置の見直し	・個人データの取扱状況について、定期的に自ら行う点検又は他部署等による監査を実施する。 ・外部の主体による監査活動と合わせて、監査を実施する。	・責任ある立場の者が、個人データの取扱状況について、定期的に点検を行う。

に従い、個人データが取り扱われていることを確認すること、④は漏えい等の発生時の責任者への報告連絡体制をあらかじめ確保すること、⑤は定期的な点検を行うことがそれぞれ行うべき措置として定められています。

規律事項が狭められていますので、その分責任者の確認・点検する対象も狭いのではないか、とも考えられますし、ログイン実績やアクセスログの確保といったシステム利用状況の管理が求められていないこと等、特に②の点については軽減が図られているともいえます。もっとも「提供、削除・廃棄」の各事項に関する実際の対応の要否は先ほど **(1)** で述べた通りですし、④に関する部分などは、実際の漏えい発生時に、いくら中小規模事業者であるからとて、現実には原因究明と再発防止策の策定程度は当然行わざるを得ないものと思われるため、これらについては実質的には通常の事業者の場合とさほど変わらないでしょう。

（3）人的安全管理措置（図表 2-7（15）参照）

次に、人的安全管理措置ですが、この点に関しては通常の事業者の場合と特に違いはありません。

■図表 2-7（15）　人的安全管理措置

円滑な義務履行のためにとりうる手法の例（ガイドラインより）

講じなければならない措置	手法の例示	中小規模事業者における手法の例示
従業者の教育	・個人データの取扱いに関する留意事項について、従業者に定期的な研修等を行う。 ・個人データについての秘密保持に関する事項を就業規則等に盛り込む。	（同左）

（4）物理的安全管理措置（図表 2-7（16）参照）

次に、物理的安全管理措置についてです。

これに関しては、①個人データを取り扱う区域の管理、②機器・電子媒体等の盗難等の防止、③電子媒体等を持ち運ぶ場合の漏えい等の防止、④個人データの削除及び機器・電子媒体等の廃棄の各内容のうち、②以外のものに関しては、事業者の規模の程度を踏まえ、個人データの取扱区域の管理・分別やデータ通信の暗号化までは求めず、書類、パソコン、記録媒体を廃棄する場合において必要とされる対応が違うなど、対応すべきレベルが軽減されているように思われます。

その詳細は**図表 2-7（16）**の通りです。

■図表 2-7(16)　物理的安全管理措置

円滑な義務履行のためにとりうる手法の例（ガイドラインより）

講じなければならない措置	手法の例示	中小規模事業者における手法の例示
(1) 個人データを取り扱う区域の管理	(管理区域の管理手法の例) ・入退室管理及び持ち込む機器等の制限等 なお、入退室管理の方法としては、ICカード、ナンバーキー等による入退室管理システムの設置等が考えられる。 (取扱区域の管理手法の例) ・壁又は間仕切り等の設置、座席配置の工夫、のぞき込みを防止する措置の実施等による、権限を有しない者による個人データの閲覧等の防止	・個人データを取り扱うことのできる従業者及び本人以外が容易に個人データを閲覧等できないような措置を講ずる。
(2) 機器及び電子媒体等の盗難等の防止	・個人データを取り扱う機器、個人データが記録された電子媒体又は個人データが記載された書類等を、施錠できるキャビネット・書庫等に保管する。 ・個人データを取り扱う情報システムが機器のみで運用されている場合は、当該機器をセキュリティワイヤー等により固定する。	(同左)
(3) 電子媒体等を持ち運ぶ場合の漏えい等の防止	・持ち運ぶ個人データの暗号化、パスワードによる保護等を行った上で電子媒体に保存する。 ・封緘、目隠しシールの貼付けを行う。 ・施錠できる搬送容器を利用する。	・個人データが記録された電子媒体又は個人データが記載された書類等を持ち運ぶ場合、パスワードの設定、封筒に封入し鞄に入れて搬送する等、紛失・盗難等を防ぐための安全な方策を講ずる。

(4) 個人データの削除及び機器、電子媒体等の廃棄	（個人データが記載された書類等を廃棄する方法の例） 焼却、溶解、適切なシュレッダー処理等の復元不可能な手段を採用する。 （個人データを削除し、又は、個人データが記録された機器、電子媒体等を廃棄する方法の例） ・情報システム（パソコン等の機器を含む）において、個人データを削除する場合、容易に復元できない手段を採用する。 ・個人データが記録された機器、電子媒体等を廃棄する場合、専用のデータ削除ソフトウェアの利用又は物理的な破壊等の手段を採用する。	・個人データを削除し、又は、個人データが記録された機器、電子媒体等を廃棄したことを、責任ある立場の者が確認する。

(5) 技術的安全管理措置（図表 2-7(17) 参照）

最後に、技術的安全管理措置についてです。

これに関しては、①アクセス制御、②アクセス者の識別と認証、③外部からの不正アクセス等の防止、④情報システムの使用に伴う漏えい等の防止の各内容が検討の視点として挙げられているわけですが、こちらも事業者の規模を踏まえ、ファイアウォールの設置や暗号化導入の要否などの点で対応すべきレベルが軽減されているように思われます。

その詳細は**図表 2-7(17)** の通りです。

■図表 2-7(17)　技術的安全管理措置

円滑な義務履行のためにとりうる手法の例（ガイドラインより）

講じなければならない措置	手法の例示	中小規模事業者における手法の例示
(1) アクセス制御	・個人情報データベース等を取り扱うことのできる情報システムを限定する。 ・情報システムによってアクセスすることのできる個人情報データベース等を限定する。 ・ユーザーIDに付与するアクセス権により、個人情報データベース等を取り扱う情報システムを使用できる従業者を限定する。	・個人データを取り扱うことのできる機器及び当該機器を取り扱う従業者を明確化し、個人データへの不要なアクセスを防止する。
(2) アクセス者の識別と認証	（情報システムを使用する従業者の識別・認証手法の例） ・ユーザーID、パスワード、磁気・ICカード等	・機器に標準装備されているユーザー制御機能（ユーザーアカウント制御）により、個人情報データベース等を取り扱う情報システムを使用する従業者を識別・認証する。
(3) 外部からの不正アクセス等の防止	・情報システムと外部ネットワークとの接続箇所にファイアウォール等を設置し、不正アクセスを遮断する。 ・情報システム及び機器にセキュリティ対策ソフトウェア等（ウイルス対策ソフトウェア等）を導入する。 ・機器やソフトウェア等に標準装備されている自動更新機能等の活用により、ソフトウェア等を最新状態とする。 ・ログ等の定期的な分析により、不正アクセス等を検知する。	・個人データを取り扱う機器等のオペレーティングシステムを最新の状態に保持する。 ・個人データを取り扱う機器等にセキュリティ対策ソフトウェア等を導入し、自動更新機能等の活用により、これを最新状態とする。

(4) 情報システムの使用に伴う漏えい等の防止	・情報システムの設計時に安全性を確保し、継続的に見直す（情報システムのぜい弱性を突いた攻撃への対策を講じることも含む）。 ・個人データを含む通信の経路又は内容を暗号化する。 ・移送する個人データについて、パスワード等による保護を行う。	・メール等により個人データの含まれるファイルを送信する場合に、当該ファイルへのパスワードを設定する。

5　具体的な記載事例

以上を踏まえた具体的な規程例に関しては、資料①各種規程案（「個人情報保護基本規程」（311 頁）、「個人情報の取扱いに関する詳細規程」（321 頁）、「電子メール及び PC 等使用に関する指針」（331 頁）、「データ管理規程」（336 頁）等）も適宜ご参照ください。

第8 共通対応事項（5）－公表事項の整理－

1 はじめに

続いて本項では情報主体たる本人への各種公表事項等について述べていきたいと思います。

2 各種公表事項等（図表 2-8(1) 参照）

個人情報取扱事業者は、保有個人データに関する一般的事項として、①当該事業者の氏名・名称・住所・法人の場合は代表者（法人以外の団体は定められている代表者又は管理者）の氏名、②保有個人データの利用目的、③開示・訂正等・利用停止等・第三者提供の停止の請求に応じる手続（手数料額を含む）、④第三者提供記録の開示請求に応じる手続（手数料額を含む）、⑤保有個人データの取扱いに関する苦情の申出先（認定個人情報保護団体の対象事業者である場合は当該団体の苦情窓口も）、⑥法 23 条により保有個人データの安全管理のために講じた措置（本人の知り得る状態に置くことにより安全管理に支障を及ぼすおそれがあるものを除く）を公表すると共に、本人から利用目的の通知を求められたときはこれを通知しなければならないものと定められています（法 32 条）。

別項の各種公表事項と重なる部分も多いため（特に利用目的）、このために別途新たな対応を考慮すべき場合は少ないものと思われます

■図表 2-8(1)

【保有個人データに関する所定事項の公表等（法 32 条）】

個人情報取扱事業者は、①当該事業者の氏名・名称・住所（法人等の場合は定められている）代表者又は管理人の氏名、②保有個人データの利用目的、③開示・訂正等・利用停止等・第三者提供の停止の請求に応じる手続（手数料額を含む）、④第三者提供記録の開示請求に応じる手続（手数料額を含む）、⑤保有個人データの取扱に関する苦情の申出先（認定個人情報保護団体の対象事業者である場合は当該団体の苦情窓口も）、⑥法 23 条により保有個人データの安全管理のために講じた措置（本人の知り得る状態に置くことにより安全管理に支障を及ぼすおそれがあるものを除く）を公表すると共に、本人から利用目的の通知を求められたときはこれを通知しなければならない。

【苦情窓口の設置等（法 40 条）】

個人情報取扱事業者は、個人情報の取扱いに関する苦情の適切・迅速な処理に努めなければならず、そのために必要な体制の整備に努めなければならない。

※　苦情窓口に関連しては、法 32 条でも保有個人データの取扱いに関して改めて規定があるほか、匿名加工情報の取扱いに関しても別途規定が置かれている（法 43 条）。また、仮名加工情報の取扱いに関しても対応は必要（法 42 条 3 項）。

が、公表事項を取りまとめた個人情報保護方針を考える場合には、この点も考慮に入れて、項目を整理するのがよいでしょう。

また、個人情報取扱事業者は、個人情報の取扱いに関する苦情の適切・迅速な処理に努めなければならず、そのために必要な体制の整備に努めなければならないものとされていますが（法 40 条）、こちらの苦情窓口に関しても、法 32 条で保有個人データの取扱いに関して改めて規定があるほか、匿名加工情報や仮名加工情報の取扱いに関する関係でも対応は必要ですので、このために独自に考えるというよりも、これらを踏まえた苦情窓口一般の問題として、どのような形で対応するかを考えればよいものと思われます。

以上に関する具体的な文例は、資料①の「個人情報保護に対する基本方針」(301頁) もご参照ください。

共通対応事項（6）
－開示等請求に関して－

1　はじめに

本項では情報主体たる本人からの各種請求について述べたいと思います。第1章でも述べてきたとおり、情報主体たる本人は、「保有個人データ」に関し、利用目的の通知、開示・訂正・追加・削除・利用停止・第三者提供停止を「個人情報取扱事業者」に対し請求をすることができます。また、個人データを第三者に提供する際（法29条1項）や個人データを第三者から受領する際（法30条3項）に所定の事項を記録することが義務づけられていますが、これらの記録（「第三者提供記録」といいます、法33条5項）を開示するよう、「個人情報取扱事業者」に請求することができます。

各請求の要件は**図表2-9(1)**に整理したとおりです。そして「個人情報取扱事業者」はこの請求に適切に対応できるよう、体制を整備しなければなりません。

以下ではこの点についてさらに詳しくお話していくことといたします。

■図表 2-9(1)　開示等請求ができる場合の要件

1)「利用目的通知」(法 32 条 2 項)
➡誰でも可
2)「開示」(法 33 条)
➡誰でも可
3)「訂正等（追加・削除を含む)」(法 34 条)
➡内容が事実でない場合
4)「利用停止等（消去を含む)」(法 35 条 1 項)
➡以下のいずれかに該当する場合
① 法 18 条に反して利用された
② 法 19 条に反して利用された
③ 法 20 条に反して取得された
5)「第三者提供の停止」(法 35 条 3 項)
➡改正法 27 条・28 条に反して第三者提供された
6) 4)・5) の双方が可能（法 35 条 5 項)
➡以下のいずれかに該当する場合
① 利用する必要がなくなった
② 法 26 条 1 項本文に定める事態（個人データの漏えい等）が生じた場合
③ 本人の権利又は正当な利益が害されるおそれがある場合
※ したがって、まずはこれに対応できる体制を作る必要あり。

2　開示等請求に対する体制整備（図表 2-9(2) 参照)

先に、第8の2でも述べた通り、まず「保有個人データ」に関しては、以下の事項を情報主体たる本人に開示しなければならないものとされています（法 32 条)。

・当該個人情報取扱事業者の氏名・名称・住所・法人の場合は代表者（法人でない団体で代表者又は管理人の定めのあるものにあっては、その代表者又は管理人）の氏名
・すべての保有個人データの利用目的（法 21 条４項１号から４号までに該当する場合を除く）
・利用目的の通知請求、保有個人データの開示・訂正・追加・削除・利用停止・第三者提供停止、第三者提供記録の開示等に応じる手続及び手数料がある場合にはその手数料
・当該個人情報取扱事業者において苦情申出を受け付ける窓口、当該個人情報保護取扱事業者が認定個人情報保護団体である場合の認定個人情報保護団体の名称及び苦情解決の申出先
・法 23 条により保有個人データの安全管理のために講じた措置（本人の知り得る状態に置くことにより安全管理に支障を及ぼすおそれがあるものを除く）

■図表 2-9(2)　開示等請求に対する体制整備

【各種請求に対する体制整備について】

➡まずは「窓口」設定（「誰が第一義的に受け付けるか」を確定）、併せて「誰が」要件合致を判断するための情報収集をし、最終判断するのかを確定（窓口と一緒にするのか、それとも窓口がコントロールしつつ少なくとも情報収集は現場に任せるか）。

➡請求等の申出先、提出すべき書面の様式・受付方法、請求者本人又は代理人であることの確認方法、手数料を併せて決定。
※　なお、開示の方法は情報主体たる本人が選択できるのでその点の準備も必要。

➡「どこに」「何が」あるかを把握できる体制の確保
※　このためにも、「個人情報の棚卸し」で作成した個人情報リストはきちんと「アップデート」される体制でなければならないことになる。

➡「いつまでに」回答するのかの明確化が必要。
※　これについては**図表 2-9(3)** 参照

このうち、利用目的に関する部分は**第4**で述べた通りですが、この他に基本的に法32条が求めているのは、簡単にまとめていえば「情報主体たる本人が当該保有個人データに関し、開示等の各請求や利用等に関する苦情申出を行う場合の窓口・手続・手数料を明らかにすること」ということになります。

これらの事項を明らかにすることにより、情報主体たる本人の開示等の請求権を実体あらしめるようにするわけです。

それでは、これら事項を明らかにするために、どのような体制を整えなければならないかですが、①まずはこれを受け付ける「窓口」(誰が第一義的に受け付けるか) を確定しなければなりません。併せて、「誰が」要件合致を判断するための情報収集をし、最終判断するのかを確定する必要があります。考え方としては、窓口を対応者と同一にしてすべて窓口が対応する方法と、窓口がコントロールしつつ少なくとも情報収集は現場に任せる方法が考えられますが、それぞれの事業者の実情に応じ決定していくことになります。

また、②請求等の申出先、提出すべき書面の様式・受付方法、請求者本人又は代理人であることの確認方法、手数料を併せて決定することになります。ちなみに手数料に関し、個人情報保護委員会のガイドラインは、実費を勘案して合理的であると認められる範囲内で定めなければならないとしています。ちなみに開示方法を書面にするかデータ等の電磁的記録の形式にするかは情報主体たる本人が選択でき「個人情報取扱事業者」はこれに従わなければなりませんので、その点の準備も必要です。

これと併せて、③「どこに」「何 (どのような情報) が」あるかを把握できる体制を確保しなければなりません。このためにも、情報の棚卸しで作成した個人情報リストは、適切に「アップデート」される体制が確保されなければならないことになります。

そして最後に④「いつまでに」回答するのかを明確化する必要があります。この点は後述の3 4でさらに詳しくお話していきます。

3　「裁判上の請求権」であることの明確化

さて、上記各請求を「保有個人データ」の主体たる本人が、自身の「権利」として実現できるのか、すなわち、仮に「個人情報取扱事業者」がこれに応じなかったときに、裁判を通じてこれを実現できるのかについては、従前見解が分かれていました。

裁判例上は、「法（筆者注：平成15年法）25条1項が本人に保有個人データの開示請求権を付与した規定であると解することは困難であって、本人は、同項の規定に基づき、個人情報取扱事業者に対し、保有個人データの開示を裁判手続により請求することはできない」と判示し、これが否定されていましたが（東京地判平成19年6月27日判時1978号27頁）、これを認めるべきとの見解も有力でした。

その後平成27年の改正において、上述の意味での「権利」性を認めるべきか否かが改めて議論され、最終的に、後述する濫訴への懸念を乗り越え、これを認める方向で整理されることになりました。

4　開示等請求手続の在り方（図表2-9(3)参照）

ところで、開示等請求の「権利」性の議論に際しては、濫訴の懸念が指摘されており、それを受けて法39条1項は、「本人は、第33条第1項（開示）、第34条第1項（訂正等）又は第35条第1項、第3項若しくは第5項（利用停止等若しくは第三者提供停止）の規定による請求に係る訴えを提起しようとするときは、その訴えの被告となるべき者に対し、あらかじめ、当該請求を行い、かつ、その到達した日から2週間を経過した後でなければ、その訴えを提起することができない。」（いずれもかっこ内は筆者追記）と定めています。ちなみに、この点は第三者提供記録の開示についても同じです。

■図表 2-9(3)　開示等請求手続の在り方（対応期間との関係で）

【体制整備と法の定める「権利性明示」との関係】

➡「濫訴」防止対策として、個人情報取扱事業者に対し、各事項につき事前請求を行い、請求到達後、「2 週間を経過した後」でなければ裁判請求はできない（法 39 条 1 項）。

※　裏返せば「請求到達後、２週間経過」すれば裁判上の請求が可能ということ。

➡したがって、まずは請求到達後 2 週間以内に「回答」できる体制整備を検討し、続いてそれができない場合の対応方針（例：「件数の多い場合や事例が複雑な場合に回答期間を請求受付から 30 日以内とする」など）を策定。

※　目安を設定し、それを明らかにしておくことが訴訟の回避にもつながる。

以上を踏まえると、「個人情報取扱事業者」においては、開示等請求があった場合に２週間以内に請求内容を検討の上で適切に回答しないと、裁判による実現を「保有個人データ」の主体たる本人から求められる恐れが生じることとなります。

以上より、「個人情報取扱事業者」において、まずは、上述のような時間的な制限を踏まえ、請求到達後２週間以内の「回答」ができるような体制を整備するための組織体制を検討し、開示等請求があった場合の手順をマニュアル化するなど、必要な措置を講じておく必要があります。続いて、それができない場合の対応方針を策定しておくことも重要です。多数の開示請求が一度に来た場合や、判断が難しい請求が来た場合など２週間で対応できない場合もあるでしょうが、その場合についての目安（例えば、件数の多い場合や事例が複雑な場合には、回答期間を請求受付から 30 日以内とするなど）を設定し、それを明らかにしておけば、その内容が合理的である限り、多くの請求者は事業者側の回答まで訴訟提起を差し控えるでしょうから、請求者側からむやみに訴訟を提起される懸念をある程度払拭できるものと考えられます。

ところで、既に一度体制を整えた事業者においても、「2週間」という短期間で対応することを考えて体制を整備していない場合も考えられるため、改めて2週間という制限に適切に対応しきれるかという観点から、検証を行う必要があります。

ちなみに、「2週間を経過した」とは、例えば、4月1日に保有個人データの開示等の請求が「個人情報取扱事業者」に対して到達した場合、4月16日が当該到達日から「2週間を経過した」日となります。初日を算入せず、翌日から数えて丸14日を確保する必要があるということです。

5　具体的な対応事例について

以上を踏まえた具体的な対応事例や書式例については、資料①「開示等請求及び苦情窓口設置に関する規程」(351頁)、「開示等請求に対する請求書（案）」「開示等請求に対する通知書（案）」(366頁～381頁）なども併せてご参照ください。ちなみに「利用停止等」に関しては、具体的対応として「(事業者内での）利用停止」「消去」「第三者への提供停止」が考えられるため、これに対応する形で書式も整理しています。

追加対応事項（1）
－要配慮個人情報－

1 「要配慮個人情報」の意義

本項より第13項までは、共通対応事項に加え、利用状況に応じ追加的に対応すべき事項として、「要配慮個人情報」関連事項（本項）、「外国関連対応」（**第11**）、「匿名加工情報の利用」（**第12**）、「仮名加工情報の利用」（**第13**）をそれぞれご紹介していきます。

まずは、「要配慮個人情報」への対応についてです。「要配慮個人情報」とは、本人に対する不当な偏見、差別等の不利益が生じないよう、取扱いに特に配慮を要する個人情報のことであり、従前「機微情報」と呼ばれていたものを踏まえつつ配慮を要する情報の内容を明確化したものといえます。

「人種、信条、社会的身分、病歴、犯罪の経歴、犯罪により害を被った事実」がこれに当たることは確定していますが、それ以外に何がこれに当たるかについては、別途政令で定められています（法２条３項、**図表 2-10(1)** 参照)。

政令は、病歴に準ずるものとして、健康診断等の結果の情報や健康診断等に基づく心身状態改善のための指導・診療・調剤に関する情報、障害に関する情報をこれに含めています。その他、ゲノム情報も該当します。また、犯歴に準ずるものとして、被疑者又は被告人として逮捕、捜索、差押え、勾留等の刑事手続を受けた事実、あるいは少年保護事件の手続を受けた事実が含まれます（詳細は**図表 2-10(2)** 参照)。

■図表 2-10(1)　要配慮個人情報①

【要配慮個人情報に含まれるもの】
①　人　種 ②　信　条 ③　社会的身分 ④　病　歴 ⑤　犯罪の経歴 ⑥　犯罪により害を被った事実 ⑦　その他本人に対する不当な差別、偏見その他の不利益が生じないようにその取扱いに特に配慮を要するものとして政令で定める記述等が含まれる個人情報（法２条３項）。

■図表 2-10(2)　要配慮個人情報②

【政令で定める事項（政令２条、規則５条）】
①　心身機能障害に関する情報（身体障害者福祉法の「身体上の障害」、知的障害者福祉法の「知的障害」、精神保健および精神障害福祉に関する法律の「精神障害」、治療法の確立していない疾病等による障害の程度が厚生労働大臣が定める程度であるもの） ②　健康診断等の結果に関する情報 ③　健康診断等に基づく心身状態改善のための指導、診療・調剤に関する情報 ④　逮捕・捜索・差押・勾留・公訴提起等の刑事手続関連情報 ⑤　少年の保護事件に関する情報

2 「要配慮個人情報」向け別トラックへの対応

「要配慮個人情報」については、原則として同意なしに収集することができず（法20条2項）、オプトアウト形式での第三者提供が禁止されるなど（法27条2項）、取扱いに関して別トラックが設定されています（**図表2-10(3)** 参照）。

以下で、さらに詳しく述べたいと思います。

(1) 収集制限への対応

上述の通り要配慮個人情報は原則として同意なしに収集することができません。

したがって、既に保有している部分に関してはさておき、今後収集する部分についての同意取得をどのようにすべきかについて、対応を検討しなければなりません。

とりわけ、健康診断情報を告知事項として取得しなければならない保険会社など、常時、業務上これを取得しなければならない事業者においては、専用の記載を行い、同意のチェック欄を設けるなどの対応を考える必要があります。

同意取得時の文例に関しては、資料①の348頁に付しておきましたので、そちらもご参照ください。

■図表2-10(3)　要配慮個人情報③

要配慮個人情報については別トラックが設定されている。
➡原則として同意なしに取得することができない（法20条2項、ただし、**図表2-10(4)** の例外あり）
➡オプトアウト形式での第三者提供が禁止される（法27条2項）

ところで、この収集制限に関しても例外があります。法令に基づく場合（例えば、一般の事業者が労働安全衛生法に基づき健康診断を実施し、これにより従業員の身体状況、病状、治療等の情報を健康診断実施機関から得る場合はこれに当たる）、本人の生命、身体、財産の保護のために必要で本人同意を得ることが困難な場合などが認められますが、**図表2-10(4)** でも整理した通り、特に、以下の①～③の場合は重要であるため、ご紹介しておきます。

具体的事例としては、①は国立・私立大学、公益法人等の研究所等の学術研究を主たる目的として活動する機関や学会などの学術研究機関やそれらに属する者（学術研究機関等）が学術研究目的で直接取得

■図表2-10(4)　収集制限の例外の一例（要配慮個人情報と法20条2項）

① 国立・私立大学、公益法人等の研究所等の学術研究を主たる目的として活動する機関や学会などの学術研究機関やそれらに属する者（学術研究機関等）が学術研究目的で直接取得又は他の学術研究機関等から取得する場合

② 本人、国、地方公共団体、学術研究機関等、報道機関、著述を業として行う者、宗教団体、政治団体（いずれも外国の者を含む）により、要配慮個人情報が公開され、その公開情報を取得する場合
➡例）報道機関が報道したある者についての犯罪情報を報道内容より入手する場合

③ 本人を目視し、または撮影することによりその外形上明らかな要配慮個人情報を取得する場合
➡例）身体の不自由な人が来店した場合に、その旨の記録をお客様対応記録として作成したり、またその姿が防犯カメラに映り込むなどしたりした場合

④ 法27条5項各号に掲げる場合に、要配慮個人情報の提供を受ける場合
➡したがって、委託、事業承継、共同利用などで取得する場合はあらかじめこの関連での本人の同意を得る必要はない。

又は他の学術研究機関等から取得する場合、②は報道機関が報道したある者についての犯罪情報を入手する場合、③は身体の不自由な人が来店した場合において、その旨をお客様対応記録に記載したり、またその姿が防犯カメラに映り込むなどしたりした場合、④は個人データの処理に関する業務委託の場合において、委託先が委託元より健康診断情報等を預かる場合がそれぞれ挙げられます。

これらの場合に関しては、同意取得を検討しなくともよいため、「省力化」の観点からも、対応に際しては念頭において整理をするのがよいでしょう。

なお、不要な要配慮個人情報を取得すると管理が大変です。したがって不要ならばマスキング等で「取得しない」方法がないかを探ることも併せて考えるべきところです。

(2) オプトアウトによる第三者提供禁止

上述の通り、要配慮個人情報に関してはオプトアウトによる第三者提供ができません。

一方で、オプトアウトはもともと個人データの提供を通常に比してより容易に実施できるようにするために行われるものであり、これを採用している場合、通常に比してより頻繁に、また量としてもより多くの個人データが行き交う可能性がある状態にあるといえます。とすると、頻繁かつ多量の第三者提供がなされる状況の中で、誤って要配慮個人情報が提供される恐れもあります。

したがって、オプトアウトを採用している事業者においては、①分別管理を行う、②提供時に注意喚起のためのフラグが立つようなプログラム上の対応を行う等、要配慮個人情報の誤提供を防止するための対応を検討しなければなりません。

追加対応事項（2）－「外国」にある「第三者」に対する個人データ提供への対応－

1 「外国」にある「第三者」に対する個人データ提供の場合の規制（図表 2-11（1）参照）

制定時にはそこまで意識されていませんでしたが、平成 27 年に法が改正されるにあたり、「外国」にある「第三者」に対する個人データの提供につき、国内の場合と同様に取り扱ってよいかが議論となりました。

日本国内の人々が第三者提供について個人情報取扱事業者に同意を与えたとしても、自分の情報が外国、とりわけ、我が国よりも個人情報保護の水準が低い国に自身の情報が出て行くことまで承知しているといえるのか、との視点からの議論です。

そのような議論を踏まえて法は、以下のような義務規定を置いています。

まず、個人情報取扱事業者が「外国」にある「第三者」に対して個人データを提供する場合、単に「第三者に提供すること」のみならず、当該外国における個人情報保護に関する制度、当該第三者が講ずる個人情報の保護のための措置その他本人に参考となるべき情報を示しつつ、「その者が外国にある第三者であること」を示してあらかじめ同意を得なければなりません。

この場合、法 27 条の適用が排除されます。その結果、オプトアウト手続も委託や共同利用に関する例外規定も「外国」にある「第三者」への提供である限り、適用されません。したがって、事前の同意取得原則がそのまま適用されます。ただし、法27条1項だけは適用がありますので、法令に基づく場合、人の生命・身体・財産の保護のために必要があり本人同意を得るのが困難な場合、学術研究機関等による利用をめぐる例外の場合等については「外国」にある「第三者」に提供する場合でも事前の同意取得規制が排除されます。

ちなみに、「外国」にある「第三者」への個人データ提供の場合においても、日本国内の第三者に対する個人データ提供の場合と同様、法29条に基づき、提供年月日、提供先の第三者の氏名・名称、提供した本人特定事項等について記録を作成し、保存しなければなりません（法29条1項及び2項）。

ところで、「外国にある第三者」につき本人と「第三者」はどう区別するのでしょうか。

個人情報保護委員会のガイドラインによると、それは法人格ごとに

■図表 2-11(1)　「外国」にある「第三者」に対する個人データ提供の場合の規制

【個人データの「外国」にある「第三者」への提供（法28条）】

➡「外国にある第三者へ提供すること」を示してあらかじめ同意が必要。
➡法27条の適用が排除され、オプトアウト手続も委任や共同利用に関する例外も利用できない。

※　外国法人であっても日本国内に事務所を設置している場合や日本国内で事業活動を行っている場合など、日本国内で「個人情報データベース等」を事業の用に供している場合、当該外国法人は「個人情報取扱事業者」に該当するため、「外国にある第三者」には該当しない（例：日系企業の東京支店が、外資系企業の東京支店に情報提供する場合、当該外資系企業は「外国にある第三者」には該当しない）。

※　「個人情報取扱事業者」が外国に設置している事業所、支店など同一法人格内で個人のデータを移動する場合は、「外国にある第三者」への提供には当たらない。一方、海外の子会社は該当。

判断され、例えば、日本法人である「個人情報取扱事業者」が外国子会社へ個人データを提供する場合は、「外国」にある「第三者」への提供に該当します。外資系企業の日本法人が、外国にある親会社に個人データを提供する場合も同様です。一方、「個人情報取扱事業者」が外国に設置している事業所、支店など同一法人格内で個人のデータを移動する場合は、「外国にある第三者」への提供には当たらないものとされています。

それでは国内と「外国」はどう区別するのでしょう。例えば、外国法人であっても日本国内に事務所を設置している場合や日本国内で事業活動を行っている場合など、日本国内で「個人情報データベース等」を事業の用に供している場合、その外国法人は「個人情報取扱事業者」に該当するため、「外国の第三者」には該当しません。したがって、日系企業の東京支店が、外資系企業の東京支店に情報提供する場合、当該外資系企業は「外国」にある「第三者」には該当しません。

2　「外国」及び「第三者」の各意義（図表2-11(2)参照）

ところで、法28条の適用があるのは、個人データを「外国」にある「第三者」に提供する場合です。

ここで「外国」とは「本邦の域外にある国又は地域」とされていますが、個人情報の保護に関し「我が国と同等の水準にあると認められる個人情報の保護に関する制度を有している外国」はここから除外されます。ちなみに、いかなる国・地域が定められるかは規則事項となっており、現在、EU及び英国がこれに当たるものとされています。

一方、「第三者」についても、規則で除外されるべき例外が定められています。具体的には、個人データの取扱いに関し「個人情報保護委員会規則で定める基準に適合する体制を整備している者」なのですが、規則16条の規定を踏まえれば、①個人情報取扱事業者と提供を受ける者との間で、適切かつ合理的な方法により個人データの取扱いにつき法第4章第2節の趣旨に沿った措置の実施が確保できていること、あるいは②個人情報の取扱いに関する国際的な枠組みに基づき認定を受けていること、のいずれかに該当する場合がこれに当たるものとされるようです。

これらの点に関する個人情報保護委員会のガイドラインをさらに見ていくと、①については、同一グループ企業間であれば共通して適用される内規、個人情報保護指針等で「措置の実施」を確保する形となるでしょうし、外部の事業者の場合は提供元・提供先間の契約書や確

■図表2-11(2) 「外国」にある「第三者」とは？

「外国」及び「第三者」には例外規定がある。これに該当すると、法24条ではなく通常の第三者提供同様に法27条により規律されることになるので要注意。

➡「外国」とは「本邦の域外にある国又は地域」だが、「我が国と同等の水準にあると認められる個人情報の保護に関する制度を有している外国」は除外（現在、EU・英国がこれに当たる）

➡「第三者」につき①個人情報取扱事業者と提供を受ける者との間で、データの取扱いにつき法第４章第２節の趣旨に沿った措置の実施を確保する措置が行われていること、②あるいは個人情報の取扱いに関する国際的な枠組みに基づき認定を受けていること、のいずれかに該当する場合はここから除外（規則16条)。

※　①は、具体的には確認書、覚書や同一グループの外国の親会社若しくは子会社の場合は内規、プライバシーポリシー等で「措置の実施」を確保（OECDのプライバシーポリシーやAPECのプライバシーフレームワークなどの枠組の基準をもとに「趣旨に沿った措置」といえるかを判断)。

※　②の認定の例は、APECの越境プライバシールールシステムの認証等。

認書、覚書などでこれを確保する形となるでしょう。ちなみに「趣旨に沿った措置」といえるかどうかは、OECDのプライバシーガイドラインやAPECのプライバシーフレームワークといった国際的な枠組みの基準に準拠しているかどうかを踏まえて整理していくことになります。

②に関しては、APECの越境プライバシールール（CBPR）システムの認証を得ている場合などがこれに該当するものとされています。

これら例外に該当する場合は「外国」にある「第三者」に提供する場合には当たらないものとして法28条の事前の同意取得規制が排除され、法27条により規律されます。

したがって、この場合は、オプトアウト手続も委託や共同利用の場合の例外も適用されることになります。もっとも「第三者」に該当しないものとして外国への提供を行う場合は、当該第三者による相当措置の実施や相当措置の実施に影響を及ぼす外国の制度の定期的な確認、相当措置の実施に支障が生じた場合の是正やそれができない場合の当該第三者へデータ提供の停止、これらに関する情報提供に向けた情報主体からの請求に対する対応等、国外への情報移転であるがゆえに特有の事後対応規制があるのでこの点は留意する必要があります（図表2-11(3)参照）。

■図表 2-11(3)　「第三者」に当たらない場合の外国への提供に関する独自の事後対応規制

「第三者」から除外される場合でも、当該第三者が外国の者の場合は、国内の場合と異なり以下のような事後的対応を行う必要あり。
① 当該外国にいる者が、個人データの取扱いについて法第４章第２節の規定により個人情報取扱事業者が講ずべきこととされている措置に相当する措置（以下「相当措置」という）を継続的に実施することを確保するために、１）これが実施されていること、２）相当措置の実施に影響を及ぼす外国の制度の有無や内容を適切かつ合理的な方法により定期的に確認すること。
② 相当措置の実施に支障が生じたときには必要かつ適切な措置を採ること（監督・是正等)。
③ 相当措置の継続的な実施の確保が困難となったときは、個人データの当該者への個人データの提供を停止すること。
④ 情報主体たる本人の求めに応じ、上述の①・②に関する情報を提供すること。

3 「外国」にある「第三者」への提供の場合の実務対応（図表 2-11(4) 参照）

以上を踏まえ、「外国」にある「第三者」への提供の場合の実務対応につき検討していくと、やはりここでも「省力化」の観点から、まずは、①そもそも「外国」及び「第三者」の各点での例外適用に該当しないかを検討することになります。

特に、グループ企業間での提供や、従来より取引を長く続けている取引先との関係であれば、「第三者」の部分に関する例外の部分でこのハードルをクリアできる可能性もありますので、まずはその線を探るべきです。また、いかなる国が「外国」の例外として指摘されるかも注目しておくべきでしょう。

■図表 2-11(4)「外国」にある「第三者」への提供の場合の対応

【「外国」にある「第三者」に提供する場合の対応・検討事項】

① そもそも「外国」「第三者」の点での例外適用とならないかを検討

② （例外適用できない場合に）委任や共同利用に関する例外が適用できないことの深刻度の検討（その深刻度が大きい場合はその提供そのものを止めなければならないかもしれない）

③ 続いて、（同意取得しても提供せざるを得ないとなれば）同意取得にあたり当該外国における個人情報保護に関する制度、当該第三者が講ずる個人情報の保護のための措置その他本人に参考となるべき情報を示しつつ、「提供先が外国にある第三者であること」をどのように示すかにつき検討

④ その他、記録義務への対応などの実務面を整理（通常の場合における提供先の第三者の氏名・名称、提供した本人特定事項等のほか、③の同意を得ていることを追加）

次に、②上述の例外適用ができない場合については、委任や共同利用に関する例外が適用できないことの深刻度を検討すべきです。検討の結果、その深刻度が大きく、同意取得が実務上困難であると判断される場合は、当該個人データの提供そのものを止めることも含め検討せざるを得ないでしょう

続いて、③同意取得しても提供せざるを得ないとなれば、同意取得にあたり「提供先が外国にある第三者であること」をどのように示すか、また、実務上「どのタイミングで情報主体から同意取得を行うか」につき検討を行うことになります。

その他、④記録義務への対応などの実務面の整理も並行して行います（通常の国内の第三者に対する提供の場合における提供先の第三者の氏名・名称、提供した本人特定事項等のほかに、上記③の同意を得ていることを記録事項として追加することになります）。

最後に、「同意取得時の文言例」（348頁）や「第三者提供時の記録

例」(382 頁) などは、資料①に付しておきましたので、そちらもご参照ください。

4 個人関連情報の外国への提供について

個人関連情報(提供先では容易照合性がないが提供先でこれを得るに至り個人データとなることが想定される情報)の提供については第5 6でも紹介したとおり、個人データの提供に類する規制がありますが、これを外国の第三者に提供する場合は本項 1 2 の事前・事後の規制が個人データの場合に準じて課されるのでこの点は留意してください。

追加対応事項（3）－匿名加工情報の利用－

1　匿名加工情報の意義

「匿名加工情報」とは、①個人情報を加工し、②特定個人を識別できず、③加工前の個人情報を復元できない、④「個人に関する情報」のことを指します。

これに該当する情報については、以下に述べる方法に従い取り扱う義務を負担することになります。一方で、個人情報保護法の定義上の「個人情報」には当たらないこととなり（したがって「個人データ」「保有個人データ」にも当たらないことになる）、個人情報について定められている「個人情報取扱事業者」の義務は当該情報の取扱いには課されないことになります。

なぜ、このような概念が導入されたのでしょうか。

平成25年7月に次のようなことがありました。鉄道会社がICカードの情報のうち、氏名・電話番号等を削除し、匿名化した情報を本人同意を得ないまま第三者に提供しようとしたのです。鉄道会社としては、「匿名化をしているので個人情報には当たらない」と考えたわけですが、特に鉄道会社においては、匿名化をする前と後のデータを照合するだけで本人特定が可能ですので、改正前法の考え方に従えば、容易照合性のある「個人情報」として扱われてしまうことになります。実際、このような理解の下、ICカード利用者からの強い非難もあり、最終的には提供中止となりました。

一方、提供しようとしていたのは乗降情報等、ビジネス上は大きな価値を持った情報だったため、個人情報保護法上の「個人情報」の定義が、ビッグデータビジネスを展開するにあたり、障壁となり得ることがこの件で明らかとなりました。

以上のような背景もあり、「匿名化」にあたってのルールを定めることでその障壁を取り払い、パーソナルデータの利活用を促進するために今般創設されたのが「匿名加工情報」の概念と、その取扱いに関する各種の規制です。

以下、その基本構造と対応にあたっての注意点を見ていきます。

2　匿名加工情報に関する規制～その基本構造

匿名加工情報に関する規制の基本構造をごく簡単に整理すると、**図表 2-12(1)** のような格好となります。

■図表 2-12(1) 「匿名加工情報」とこれに関する規制の基本構造

匿名加工情報とは？

①個人情報を加工し、②特定個人を識別できず、③加工前の個人情報を復元できない、④「個人に関する情報」

「匿名加工情報」に関する規制の基本構造

① 「個人情報」から「匿名加工情報」を加工するにあたっては一定の加工基準に則って行われなければならない。

② 実際の「匿名加工情報」を加工するにあたって使用された加工方法や基となった個人情報が何であるかの情報など、一定の情報（「加工方法等情報」）を適切に管理しなければならない。

③ 「匿名加工情報」を加工方法等情報を利用・取得するなどの手段のほか、他の情報と照合し、本人識別してはならない（識別行為の禁止）。

④ 「匿名加工情報」としてどのような情報を作成し、第三者に提供しているかは本人らにわかるよう公表しなければならない。

⑤ 「匿名加工情報」を提供する場合は、受領者にそれが「匿名加工情報」であることがわかるよう明示しなければならない。

以上の各規制を通じ、法制上も実態としても、「作成された情報が個人識別できず」また「再識別行為ができない」状態を確保しようとしているのです。

以下、各々について述べていきたいと思います。

3 「匿名加工情報」の作成と加工基準

まず、加工基準に関して述べておきます。

匿名加工情報を作成するためには、当然ですが、個人情報から特定個人を特定できる部分を取り除かなければなりません。そのための基準が加工基準です。

加工基準に関しては規則34条に定めがあり、その中では、①特定個人を識別できる記述等の全部又は一部の削除、②個人識別符号の全部削除、③連結符号（個人情報と他の情報を連結する符号）の削除、④特異な記述等の削除（置換を含む）の4つが規定されています。具体的事例については**図表2-12(2)**の通りです。

■図表2-12(2)　「匿名加工情報」の加工基準

「匿名加工情報」であることの要件充足のためには以下の事項を削除しなければならない（規則34条）。

① 特定個人を識別できる記述等の全部または一部の削除
➡例：氏名削除、住所の置換（市町村まで）、会員ID削除　等

② 個人識別符号の全部削除

③ 連結符号（個人情報と他の情報を連結する符号）の削除
➡例：管理用IDの削除、仮IDの利用（元の情報に乱数等その他の記述を加えた上でハッシュ関数等を用いる）　等

④ 特異な記述等の削除（置換を含む）
➡例：症例の極めて少ない病歴の削除、年齢が「116歳」との情報を「90歳以上」に置き換える　等

ちなみに④の「特異な記述」の意味するところは、例えば「特殊な難病にり患している人」の場合の「特殊な難病」や「奈良県に住む116歳の男性」の「116歳」のように、そのことだけで特定個人を識別できるような記述のことです。

ちなみに、個人情報保護委員会のガイドラインでは、加工基準充足のための加工の手法を**図表2-12(3)** の通り紹介しており、参考になります。

■図表2-12(3)　加工手法の例

加工手法	例
①　項目削除／レコード削除／セル削除	年齢データをすべての個人情報から削除（項目削除）、特定の個人の情報をすべて削除（レコード削除）、特定の個人の年齢データを削除（セル削除）
②　一般化	加工対象情報に含まれる記述等を上位概念に置換（例：「きゅうり」→「やさい」）
③　トップ（ボトム）コーディング	80歳以上の年齢データをすべて「80歳以上」とする、20歳未満の年齢データをすべて「20歳未満」とまとめる　等
④　ミクロアグリゲーション	加工対象の個人情報をグループ化、グループの代表的な記述に置換
⑤　データ交換（スワップ）	加工対象の個人情報相互に含まれる記述等を（確率的に）入れ替えること
⑥　ノイズ（誤差）の付加	一定の分布に従った乱数的な数値を付加し、他の任意の数値へと置換
⑦　疑似データ生成	人工的な合成データを作成し、加工対象たる個人情報データベース等に付加

4　安全管理措置と識別行為の禁止（図表 2-12(4) 参照）

さて、加工基準に従って特定個人を識別できる情報を削除したからといって、再度元になった情報と照合したり、あるいは加工方法に関する情報を入手してこれを復号させたりするのであれば、先の鉄道会社の例で示した懸念は払拭できず、意味がありません。

そこで、個人情報を用いて匿名加工情報を作成した者も、これを取得し利用している者も、匿名加工情報から特定個人を識別する行為は禁止されています（法43条5項、45条）。

なお、複数の匿名加工情報を組み合わせての統計情報（個人情報保

■図表 2-12(4)　安全管理措置と識別行為の禁止

【安全管理措置の基準】

以下の内容を充足する必要あり（規則35条）

① 削除した記述・個人識別符号、加工方法に関する情報（以上をまとめて「加工方法等情報」という）を取り扱う者の権限・責任の明確化

② 規程類の整備とその実施、取扱状況の評価・改善

③ 権限外の者による加工方法等情報の取扱いの防止

【識別行為の禁止（法43条5項、法45条)】

➡作成者においては本人識別のために匿名加工情報を他の情報と照合してはならない。

➡提供を受けた者においては、加工方法等情報を取得し、又は本人識別のために匿名加工情報を他の情報と照合してはならない。

※　複数の匿名加工情報を組み合わせての統計情報の作成や、匿名加工情報を個人と関係のない情報（例：気象情報、交通情報等）とともに傾向を統計的に分析することは、これらには当たらない。

第2章　個人情報保護のため事業者がとるべき対応

護委員会のガイドライン「仮名加工情報・匿名加工情報編」では「複数人の情報から共通要素に係る項目を抽出して同じ分類ごとに集計して得られるデータであり、集団の傾向又は性質などを数量的に把握するもの」と定義）の作成や、匿名加工情報を個人と関係のない情報（例：気象情報、交通情報等）と共に傾向を統計的に分析することは、これには当たりませんので、自由に行うことが可能です。

次に、この識別行為の禁止を実効あらしめるため、加工方法等情報を取り扱う者の権限・責任を明確化し、規程類を整備してこれを実施するとともに、都度見直しを行い、もって権限外の者による加工方法等情報の取扱いを防止しなければなりません。また、苦情処理のための措置等、匿名加工情報の適正な取扱いを確保するために必要な措置を自ら講じ、これを公表する必要もあります。

5 公表及び明示について（図表 2-12(5) 参照）

そして、匿名加工情報の作成時には、匿名加工情報に含まれる個人に関する情報の項目をインターネット等を利用して公表しなければならず（法 43 条 3 項）、また、匿名加工情報の第三者提供時には、匿名加工情報に含まれる個人に関する情報の項目・提供方法を、インターネット等を利用して公表しなければなりません。

また、匿名加工情報の提供時において、提供者は受領者に対し、その情報が「匿名加工情報」である旨の明示をしなければなりません。この明示行為に関しては、電子メール・書面の交付等を通じて実施されることになります。

■図表 2-12(5)　公表と明示

【「公表」と「明示」】

①　匿名加工情報の作成時には法 43 条 3 項に基づき以下の対応を実施
➡公表（公表対象は匿名加工情報に含まれる個人に関する情報の項目、方法としてはインターネット等を利用）

②　匿名加工情報の第三者提供時には法 43 条 4 項に基づき以下の対応を実施
➡公表（公表対象は匿名加工情報に含まれる個人に関する情報の項目・提供方法、方法としてはインターネット等を利用）
➡当該第三者に対する「匿名加工情報」である旨の明示（電子メール・書面の交付等を通じて実施）

6　対応にあたっての方向性

規程類の整備や加工方法等情報を取り扱う者の権限・責任の明確化については、特別に匿名加工情報の利用のためだけに別途の対応をするというよりは、個人情報に関する安全管理措置としての規程整備を行う中で併せて検討していくのがよいと思います。

各種公表事項に関しても同様で、個人情報に関する利用目的・第三者提供関連・開示等請求関連の各種公表事項と併せ、その公表の在り方について検討していくことになるものと思われます。

なお、公表の場合の具体的な文例や具体的な規程例については資料①の「個人情報保護に対する基本方針」（301 頁）や各種規程例（「個人情報保護基本規程」（311 頁）、「個人情報の取扱いに関する詳細規程」（321 頁）等）なども併せてご参照ください。

追加対応事項（4）
－仮名加工情報の利用－

1 仮名加工情報について（その意義と「匿名加工情報」との違い）（図表 2-13(1) 参照）

パーソナルデータの利活用の観点から「匿名加工情報」と並び導入されている概念として「仮名加工情報」があります。

これは、①個人情報に含まれる記述等の一部を削除し、もしくは個人識別符号の全部を削除する等の措置を施すなどをし、②他の情報と照合しない限り特定個人を識別できない状態に加工した、③「個人に関する情報」のことを指します。

ところで、事業者が自分の持つデータベース内の個人情報を上述の要件に従って加工し、データベースに保管するとした場合、このデータベースを「仮名加工情報データベース等」といいますが、その中に入っている「仮名加工情報」は「他の情報と照合」すれば個人を特定できるので、後述する削除情報等を当該事業者において実際に削除しない限りは個人情報でもある、ということになります。

以下に述べるのは、基本的にこの「仮名加工情報データベース等」に入っている個人情報である「仮名加工情報」に関する規律で（ちなみに個人情報ではない「仮名加工情報」に関しては6でまとめて解説する）、事業者はこの規制に従い当該情報を取り扱う義務を負担することになります。一方でこの「仮名加工情報」に関しては、この規制を除けば利用目的変更の規制をはじめ後述のいくつかの個人情報に関する規制は適用されないことになります。

さて、「匿名加工情報」との違いですが、これは、どの程度「特定個人を識別できない」状態を確保するか、それを「復元することができない」状態にしているかどうか、の違いです。

「特定個人を識別できない情報」の状態にあることを厳格に求められるのが「匿名加工情報」である一方、「他の情報と照合しない限り」それができないのが「仮名加工情報」であり、加工による抽象度は前者に比べ、後者の方が緩やかです。また、「復元することができない」状態が求められるのが「匿名加工情報」ですが、「仮名加工情報」はそこまでは求められていません。

「仮名加工情報」は、(1)「匿名加工情報」はその要件の厳格性ゆえに加工にあたっては相当程度の技術や判断が必要であり、それが活用にあたっての大きな壁となっていること、(2) 一方で、個人情報取扱事業者が漏えい等の場合における本人の権利利益侵害の低減等の目的で、氏名その他の記述を削除し、それ単体では特定個人を識別できない状態にする「仮名化」と呼ばれる手法で加工している例がよくみられ、これは「匿名化」に比して技術上も加工は容易であること、(3)そして、この「仮名化」した情報は、例えば一般消費者の消費動向分析やそれを踏まえた製品開発を検討する場合など人々の一定の属性や行動などある程度具体的な情報は必要だが、必ずしも個人特定までする必要はない、といった局面で加工の抽象性が低いがゆえに有用性が高くその利用のニーズも高いことなどを背景に、パーソナルデータ利活用促進の観点から、個人情報に関する規制の一部、具体的には利用目的規制や開示等請求に関する規制を緩和する形でその利用を図るべく、令和２年の法改正で導入されました。

平成27年の法改正の際に行われた「匿名加工情報」の導入は、厳格な加工基準充足を条件に内部利用のほか、第三者への提供も容易にするのが目的でした。一方、「仮名加工情報」の導入は事業者内部におけるデータの分析等の促進を目的としています。そこで、事業者内部での利用にとどまる限り、通常の個人情報よりも一部規制を緩和し、あるいは管理・利用方法について異なる義務を課す一方、この緩

■図表 2-13(1)　仮名加工情報と匿名加工情報

「仮名加工情報」とは？

① 個人情報に含まれる記述等の一部を削除し、もしくは個人識別符号の全部を削除する等の措置を施すなどの措置をし、②他の情報と照合しない限り特定個人を識別できない状態に加工した、③「個人に関する情報」

「仮名加工情報」の基本構造

「仮名加工情報」は以下の2種類がある。

① 個人情報である「仮名加工情報」

同じ事業者が自分の持つデータベース内の個人情報を上述の要件に従って加工し、データベースに保管するとした場合、このデータベースを「仮名加工情報データベース等」というが、その中に入っている「仮名加工情報」は「他の情報と照合」すれば個人を特定できるので、後述する削除情報等を事業者において実際に削除しない限りは個人情報でもある、ということになる。

② 個人情報ではない「仮名加工情報」

他者からこれを取得したり、自ら削除情報等を削除するなどして、削除情報等を保有していなければ当該事業者にとってその「仮名加工情報」は個人情報ではないことになる。

和された規制が情報主体たる本人の権利・利益を害することがないよう、第三者への提供を個人情報の場合に比し、厳格な規制の下に課しています。

2 仮名加工情報に関する規制～その基本構造（図表 2-13(2) 参照）

仮名加工情報に関する規制の基本構造をごく簡単に整理すると、以下のような格好となります。

① 「個人情報」から「仮名加工情報」を加工するにあたっては一定

■図表 2-13(2)　個人情報である「仮名加工情報」に関する規制の基本構造

① 「個人情報」から「仮名加工情報」を加工するにあたっては一定の加工基準に則って行われなければならない（法41条1項）。
② 実際の「仮名加工情報」を加工するにあたり、削除した記述・個人識別符号や加工方法に関する情報（これは「削除情報等」と呼ばれる）を適切に管理しなければならない（安全管理措置、法41条2項）。
③ 「仮名加工情報」はその利用目的を公表し、法令に基づく場合を除き、その公表された利用目的の範囲で使用しなければならない（法41条3項・4項）。
④ 「仮名加工情報」である個人データ及び削除情報等を利用する必要がなくなったときは、これらを遅滞なく消去するよう努めなければならない（法41条5項）。
⑤ 「仮名加工情報」である個人データは、法令に基づく場合を除き、第三者に提供してはならない（法41条6項）。
⑥ 「仮名加工情報」を取り扱うにあたり、作成に用いた個人情報を本人識別するために当該仮名加工情報を他の情報と照合してはならない（識別行為の禁止、法41条7項）。
⑦ 「仮名加工情報」を取り扱うにあたり、電話、郵便もしくは信書便送付、電報送付、電子メール等の送信または住居訪問のために「仮名加工情報」に含まれる連絡先その他の情報を利用してはならない（法41条8項）。
⑧ 「仮名加工情報」の取扱いにあたってはそのことに関する苦情処理の体制を整備しなければならない（法42条3項）。

の加工基準に則って行われなければならない（法41条1項）。

② 実際の「仮名加工情報」を加工するにあたり、削除した記述・個人識別符号や加工方法に関する情報（これは「削除情報等」と呼ばれます）を適切に管理しなければならない（安全管理措置、法41条2項）。

③ 「仮名加工情報」はその利用目的を公表し、法令に基づく場合を除き、その公表された利用目的の範囲で使用しなければならない

（法41条3項・4項）。

④ 「仮名加工情報」である個人データ及び削除情報等を利用する必要がなくなったときは、これらを遅滞なく消去するよう努めなければならない（法41条5項）。

⑤ 「仮名加工情報」である個人データは、法令に基づく場合を除き、第三者に提供してはならない（法41条6項）。

⑥ 「仮名加工情報」を取り扱うにあたり、作成に用いた個人情報を本人識別するために当該仮名加工情報を他の情報と照合してはならない（識別行為の禁止、法41条7項）。

⑦ 「仮名加工情報」を取り扱うにあたり、電話、郵便もしくは信書便送付、電報送付、電子メール等の送信または住居訪問のために「仮名加工情報」に含まれる連絡先その他の情報を利用してはならない（法41条8項）。

⑧ 「仮名加工情報」の取扱いにあたってはそのことに関する苦情処理の体制を整備しなければならない（法42条3項）。

以下、各々の主だったところについてさらに述べていきたいと思います。

3 「仮名加工情報」作成にあたっての加工基準（図表2-13(3)及び図表2-13(4)参照）

はじめに加工基準の話から始めます。

仮名加工情報を作成するためには、当然ですが個人情報から特定個人を特定できる部分を取り除かなければなりません。そのための基準が加工基準です。

この加工基準に関しては法41条1項や規則にも定めがあり、その中では①特定個人を識別できる記述等の全部または一部の削除（置き換え含む）、②個人識別符号の全部削除（置き換え含む）、③個人情報

■図表 2-13(3)　「仮名加工情報」の加工基準

①　特定個人を識別できる記述等の全部または一部の削除（ex：氏名・住所・生年月日の削除）（置き換え含む）
②　個人識別符号の全部削除（置き換え含む）
③　個人情報に含まれる利用されることにより財産的被害の生ずる恐れがある記載等の削除（ex：クレジットカード情報の削除、送金や決済機能のあるウェブサービスのログインID・パスワードの削除）（置き換え含む）

■図表 2-13(4)　「仮名加工情報」の加工基準（匿名加工情報との対比）

3．①仮名加工情報を作成するための加工基準

（参考）仮名加工情報と匿名加工情報の加工基準の差異

	仮名加工情報	匿名加工情報
定　義	他の情報と照合しない限り特定の個人を識別することができないように加工された個人に関する情報（法2条5項）	特定の個人を識別することができず、加工元の個人情報を復元することができないように加工された個人に関する情報（法2条6項）
加工基準	特定の個人を識別することができる記述等の全部又は一部の削除又は置換（規則31条1号）	特定の個人を識別することができる記述等の全部又は一部の削除又は置換（規則34条1号）
	個人識別符号の全部の削除又は置換（規則31条2号）	個人識別符号の全部の削除又は置換（規則34条2号）
	−	個人情報と当該個人情報に措置を講じて得られる情報を連結する符号の削除又は置換（規則34条3号）
	−	特異な記述等の削除又は置換（規則34条4号）
	−	その他の個人情報データベース等の性質を勘案した適切な措置（規則34条5号）
	不正利用されることにより、財産的被害が生じるおそれのある記述等の削除又は置換（規則31条3号）	− ※クレジットカード番号は、通常、1号又は5号の基準に基づき除されると考えられる。

出典：「個人情報の保護に関する法律についてのガイドライン（仮名加工情報・匿名加工情報編）」より

に含まれる利用されることにより財産的被害の生ずる恐れがある記載等の削除（置き換え含む）などが考えられます。具体的事例については**図表 2-13(4)** のとおりです。

4 削除情報等の安全管理措置と識別行為の禁止（図表 2-13(5) 参照）

さて、加工基準に従って加工方法を選択し特定個人を識別できる情報を削除して仮名加工情報が作成された後（既述のとおり削除した記述・個人識別符号や加工方法に関する情報は「削除情報等」と呼ばれる）、この削除情報等に関しては、個人情報を用いて仮名加工情報を作成した者も、これを取得し利用している者も、漏えい等を防止すべく安全管理のため必要な措置を講じなければなりません（法 41 条 2 項）。

具体的には、①削除情報等を取り扱う者の権限及び責任を明確に定

■図表 2-13(5) 削除情報等に関する安全管理措置

➡加工基準に従って特定個人を識別できる情報（削除情報等）を削除して仮名加工情報が作成された場合、この削除情報等に関しては、個人情報を用いて仮名加工情報を作成した者も、これを取得し利用している者も、漏えい等を防止すべく安全管理のため必要な措置を講じなければならない（法 41 条 2 項）。具体的には以下のとおり。

① 削除情報等を取り扱う者の権限及び責任を明確に定めること

② 削除情報等の取扱いに関する規程類を整備し、当該規程類に従って削除情報等を適切に取り扱うとともに、その取扱いの状況について評価を行い、その結果に基づき改善を図るために必要な措置を講ずること

③ 削除情報等を取り扱う正当な権限を有しない者による削除情報等の取扱いを防止するために必要かつ適切な措置を講ずること

めること、②削除情報等の取扱いに関する規程類を整備し、当該規程類に従って削除情報等を適切に取り扱うとともに、その取扱いの状況について評価を行い、その結果に基づき改善を図るために必要な措置を講ずること、③削除情報等を取り扱う正当な権限を有しない者による削除情報等の取扱いを防止するために必要かつ適切な措置を講ずることなどがこれに当たります。

ちなみに、上述したとおり、仮名加工情報の作成に用いた個人情報を本人識別するために照合する行為は禁止されています（法41条7項）。

5　利用（目的の公表）・第三者提供・削除等（図表2-13(6) 参照）

そして、前述のとおり「仮名加工情報」はその利用目的を公表し、法令に基づく場合を除き、その公表された利用目的の範囲で使用しなければなりません（法41条3項・4項）。

個人情報の場合、利用目的は「公表または通知」することになっていますが、「仮名加工情報」の場合の告知方法は「公表」のみとなっています。

そして、利用目的の変更は個人情報の場合は「変更前の目的と関連性が有すると合理的に認められる」範囲に限られますが、「仮名加工情報」の場合はこのような規制はありません。

以上を踏まえ、「仮名加工情報」を利用する場合はその利用目的を事前に公表します。また、事業者は公表された利用目的の範囲でしか「仮名加工情報」を利用できませんが、以上を踏まえ、従前の目的を超えて利用を図りたい場合は、利用の前に当該目的を付け加えてこれを変更し、事前に公表することによって対応することになります。

「仮名加工情報」である個人データは、法令に基づく場合を除き、第三者に提供してはならないことになっています（法41条6項）。ただし、委任や共同利用など、法27条5項各号に定める第三者提供規制の例外は適用されるので、これが利用できる場合はこれに従って対応することになります。個人データの場合に要求される第三者提供の記録義務に関しても例外が適用される結果、個人データの場合同様に適用されません。

また、「仮名加工情報」である個人データ及び削除情報等を利用する必要がなくなったときは、これらを遅滞なく消去するよう努めなければなりません（法41条5項）。

■図表2-13(6)　利用（目的の公表）・第三者提供・削除等（図表2-13(5)参照）

①　利用（目的の公表）:「仮名加工情報」はその利用目的を公表し、法令に基づく場合を除き、その公表された利用目的の範囲で使用しなければならない（法41条3項・4項）。

➡手段は「公表」のみ

➡利用目的の変更に制限はない

◎よって、従前の目的を超えて利用を図りたい場合は、利用の前に当該目的を付け加え、事前に公表することによって対応

②　第三者提供：原則禁止（法41条6項）。

➡ただし、委任や共同利用など、法27条5項各号に定める第三者提供規制の例外は適用される。第三者提供の記録義務に関しても同様。

③　削除等：利用する必要がなくなったときは、これらを遅滞なく消去するよう努めなければならない（法41条5項）。

※　個人情報である「仮名加工情報」に対し、上述の利用目的変更規制（法17条2項）のほか、漏えい等報告義務（法26条）、保有個人データに関する公表等や開示等に関する規律（法32条ないし39条）は適用がない（法41条9項）。

ちなみに、個人情報である「仮名加工情報」に対し、上述の利用目的変更規制（法17条2項）のほか、漏えい等報告義務（法26条）、保有個人データに関する公表等や開示等に関する規律（法32条ないし39条）は適用がありません（法41条9項）。

6　個人情報ではない「仮名加工情報」について（図表2-13(7)参照）

以上が個人情報である「仮名加工情報」に関する規律ですが、他者からこれを取得したり、自ら削除情報等を削除するなどして、削除情報等を保有していなければ当該事業者にとってその「仮名加工情報」は個人情報ではないことになります。

このような場合、この「仮名加工情報」に関しては以下のような規律が適用されることになります。

① 法令に基づく場合を除く第三者提供の禁止（法42条1項、ただし法27条5項の例外は準用〔法27条5項〕）

■図表2-13(7)　個人情報ではない「仮名加工情報」に関する規制の基本構造

① 法令に基づく場合を除く第三者提供の禁止（法42条1項、ただし法27条5項の例外は準用〔法27条5項〕）
② 漏えい防止のための安全管理措置の実施、従業者・委託先の監督（法42条3項）
③ 本人識別のための削除情報等の取得禁止及び識別行為禁止（法42条3項）
④ 電話、郵便もしくは信書便送付、電報送付、電子メール等の送信または住居訪問のために「仮名加工情報」に含まれる連絡先その他の情報を利用することの禁止（法41条8項）。

② 漏えい防止のための安全管理措置の実施、従業者・委託先の監督（法42条3項）

③ 本人識別のための削除情報等の取得禁止及び識別行為禁止（法42条3項）

④ 電話、郵便もしくは信書便送付、電報送付、電子メール等の送信または住居訪問のために「仮名加工情報」に含まれる連絡先その他の情報を利用することの禁止（法41条8項）。

したがって、これらについては上述の3ないし5に準じて対応を進めていくことになります。

7 対応にあたっての方向性

「匿名加工情報」の場合と同様、規程類の整備や削除情報等を取り扱う者の権限・責任の明確化については、特別にこれだけのために別途の対応をするというよりは、個人情報に関する安全管理措置としての規程整備を行う中で併せて検討していくことになります。

各種公表事項に関しても同様で、個人情報に関する利用目的・第三者提供関連・開示等請求関連の各種公表事項と併せ、その公表のあり方について検討していくことになるものと思われます。

なお、公表の場合の具体的な文例や具体的な規程例については巻末添付資料の「個人情報保護方針」や各種規程例（個人情報保護基本規程・個人情報の取扱いに関する詳細規程など）なども併せてご参照ください。

第14 文書化に向けて

1 文書化の必要な事項リスト

これまでお話してきた内容を踏まえ、文書化の検討が必要な事項を条文ごとにまとめると、**図表 2-14(1)** のようになります。

2 個人情報保護対応を巡る２つの視点と文書化対応の関係

本章の冒頭「第１」でも述べましたが、個人情報保護法の対応を考えるにあたっては、２つの視点があります

１つは、i)「情報主体たる本人に向け何を提供するのか」いう視点、もう１つは、ii)「情報のセキュリティの観点から安全管理体制を確立するために何をするのか」という視点です。その視点から**図表 2-14(1)** の対応事項を整理し直すと、**図表 2-14(2)** のようになります。

i）の視点からの対応は、主に「契約書、パンフレット、ホームページに何を記載するのか」というところが問題となります。

ii）の視点からの対応は、主に「法 23 条の安全管理措置で求められている規程類の整備、そして特に物理的安全管理措置・技術的安全管理措置の観点から求められる規律の細目を上記規程の細則やマニュアルなどの形でどのように定めるか」といったところが問題となります。

■図表 2-14(1)　文書化の検討が必要な事項(条文対応)

§21	利用目的の通知・公表・明示	契約書・パンフ・HP
§22	情報の正確性・消去義務	保管・廃棄関連の規程（§20も参照）
§23	安全管理措置	・個人データ取扱いに関する基本規程と個別規程（取得・利用・保存・提供・削除・廃棄等の取扱ルール、組織体制、責任者・担当者とその権限） ・物理的管理措置・技術的管理措置に関連する規律の細目
§24	従業者の監督	就業規則の変更等（秘密保持）・誓約者
§25	委託先の監督	委託契約、委託先選定基準
§27	第三者提供	契約書・パンフ（同意取得）、オプトアウト関連（所定事項を「容易に知り得る状態」に〔HP〕、個人情報保護委員会への届出）、共同利用関連（所定事項を「容易に知り得る状態」に〔HP〕）
§28	外国の第三者への提供	契約書・パンフ（同意取得）
§29	提供者側の記録作成等	個人データ提供時の記録
§30	受領者側の記録作成等	個人データ受領時の記録
§32	保有個人データに関する事項の公表等	HP
§33～39	開示等請求	開示等請求手続に関する規程・マニュアル
§40	苦情の処理	HP（苦情窓口の公表） ※　苦情窓口の守備範囲を改正法の他の規定との関係も踏まえ決定。
§41～42	仮名加工情報	加工側は安全管理措置として規定を整備し加工基準をルール化、併せて削除情報等の取扱責任者と権限等並びにその取扱方法の規程化、利用目的の公表（HP）
§43～46	匿名加工情報	加工側は安全管理措置として規定を整備し加工方法をルール化、併せて加工方法等情報の責任者と権限を明確化、作成時の「公表」(HP)、第三者提供時の「公表」（HP）と明示（電子メール・書面交付等が方法として例示されている）

■図表 2-14(2)　文書化の検討が必要な事項(対応目的別)　①

【i) 情報主体たる本人に何を提供するか】

§21	利用目的の通知・公表・明示	契約書・パンフ・HP
§27	第三者提供	契約書・パンフ（同意取得)、オプトアウト関連（所定事項を「容易に知り得る状態」に〔HP〕)、共同利用関連（所定事項を「容易に知り得る状態」に〔HP〕)
§28	外国の第三者への提供	契約書・パンフ（同意取得)
§32	保有個人データに関する事項の公表等	HP
§33～39	開示等請求	開示等請求手続に関する規程・マニュアル
§40	苦情の処理	HP（苦情窓口の公表) ※　苦情窓口の守備範囲を法の他の規定との関係も踏まえ決定。

【ii) 安全管理体制の確立のために】

§22	情報の正確性・消去義務	保管・廃棄関連の規程（§20 も参照)
§23	安全管理措置	・個人データ取扱に関する基本規程と個別規程（取得・利用・保存・提供・削除・廃棄等の取扱ルール、組織体制、責任者・担当者とその権限) ・物理的管理措置・技術的管理措置に関連する規律の細目
§24	従業者の監督	就業規則の変更等（秘密保持)・誓約者
§25	委託先の監督	委託契約、委託先選定基準

図表 2-14(3) では、これらのほかに、特有の対応として必要な事項をまとめました。iii）第三者提供の場合の記録義務への対応、iv）オプトアウトの場合の個人情報保護委員会への届出、v）仮名加工情報・匿名加工情報を利用するために必要な措置といったところがその内容です。

図表 2-14(2) に記載の各事項は、概ね個人情報取扱事業者であれば必須の対応ということになるでしょう。一方、**図表 2-14(3)** のほうは、「個人データの第三者提供や第三者からの授受」「オプトアウト」「仮名加工情報の利用」「匿名加工情報の利用」がある事業者において、各々適宜対応を考えることになります。

3 各事項に関する注意事項

以下では、**図表 2-14(2)** 及び**図表 2-14(3)** の各分類に従い、各々について留意すべき事項を、これまでに述べてきた事柄も振り返りつつ、簡単に述べておきたいと思います。

i）の「情報主体たる本人に向け何を提供するのか」いう視点からの対応については、これまでも述べてきた通り、ともかく記載にあたっての「最大公約数」をどこに見出すかがポイントになります。

契約書やパンフレットに記載する文字の大きさに関しても、情報主体たる本人に見やすいサイズには自ずと限界があるわけで、手持ちの情報についての利用目的などを羅列的に記載すればよいというものでもありません。手持ちの情報の中で本人特定できる項目を整理し、また、それが事業上どのような目的で使用されているのか、第三者提供の可能性があるか等を整理して記載する必要があるでしょう。

次に、ii）の「情報のセキュリティの観点から安全管理体制を確立するために何をするのか」という視点からの対応については、先にも述べた通り中小規模事業者とその他の事業者とで、特に組織的安全管

■図表 2-14(3)　文書化の検討が必要な事項(対応目的別)　②

【iii) 第三者提供に際しての記録義務への対応】

§29	提供者側の記録作成等	個人データ提供時の記録
§30	受領者側の記録作成等	個人データ受領時の記録

【iv) 個人情報保護委員会への届出】

§27	オプトアウト関連、個人情報保護委員会への届出	届出書

【v) 仮名加工情報・匿名加工情報を利用するために必要な措置】

§41～42	仮名加工情報	加工側は安全管理措置として規定を整備し加工基準をルール化、併せて削除情報等の取扱責任者と権限等並びにその取扱方法の規程化、利用目的の公表（HP）
§43～46	匿名加工情報	加工側は安全管理措置として規定を整備し加工方法をルール化、併せて加工方法等情報の責任者と権限を明確化、作成時の「公表」(HP)、第三者提供時の「公表」(HP）と明示（電子メール・書面交付等が方法として例示されている)

理措置の一部の事項や物理的安全管理措置・技術的安全管理措置の細則に関し、対応しなければならないレベルに程度の差がありますので、その辺りを意識しつつ規程やマニュアルなどを整備していくことになります。

iii）「第三者提供に際しての記録義務への対応」に関しては、**第5**でも述べた通り、記録をしなくてもよい場合や記載を簡略化できる場合のような例外的事由がガイドラインでも明らかにされていますので、そこに当たらないかをまずは分析し、必要最低限の手間でこれを対処できる範囲がどの程度なのかを見出した上で作業を行うことになります。

ⅳ）「個人情報保護委員会への届出」については、書式が個人情報保護委員会規則に定められていますので、これに従って作業すればよく、特に迷うべき事柄はないと思いますが、一度届出をした後に、提供するデータの項目や提供方法、情報主体たる本人からの利用停止の求めを受け付ける方法といった届出事項に変更があった場合も、同様の届出が必要であることを忘れないようにしていただければと思います。

最後に、ⅴ）「仮名加工情報・匿名加工情報を利用するために必要な措置」に関しては、ⅰ）・ⅱ）とは一応別の措置ではあるのですが、ⅰ）との関係でいえば、「最大公約数」を見出す際にこれに関連する事項も考慮する必要がありますし、ⅱ）との関係でも規程を別途作るというよりも、全体的な規程や物理的安全管理措置・技術的安全管理措置を定めた細目に何を付加するか、といった視点で作業をしたほうが、作業効率の観点からは妥当ではないかと考えられます。

4　各種文書化の具体的事例

各種文書化の具体的事例については、本書の資料①に添付しておきましたので、そちらもご参照ください。

従業員教育

1　従業員教育の重要性

これまで述べてきたところに従えば、各個人情報の利用目的は、契約書用紙等に記載されるとともにホームページ上にもアップされ、第三者提供がなされる情報については、同意確認の押印欄を設けるなどの対応がなされることでしょう。また、情報の利用や管理方法の詳細について定めた各種規程も、それぞれの局面に応じたものが策定されるでしょうし、外部委託先については、作成された選定基準に基づき、改定された契約書による契約更改の作業が進められることと思います。そして、個人情報対応窓口の開設と担当者の配置がなされたことが、自社のホームページ上でも紹介されることでしょう。そうすると、一見、外観的には個人情報保護法の要求基準を満たしているようにも思われます。

しかしながら、実際に従業員が各規程を忠実に実践してくれなければ、個人情報保護法の要求するレベルを満たしたことにはなりません。そして、個人情報の取扱方針について、既に世の中に意思表明をしてしまったのですから、不心得な従業員による情報漏えいや目的外利用といった事態が発覚した際には、これまでにも増した厳しい追及の目が当該事業者に対し向けられることになります。このようなことから、従業員への教育を行い、その趣旨をきちんと伝達できるかどうかが、個人情報保護へ向けた対応を実効あらしめるための肝となってきます。

そこで、ここでは従業員教育について注意すべき点を解説したいと思います。

2　従業員教育で何を伝えるか（図表 2-15(1)参照）

さて、従業員教育を行うに際しては、何を伝えるべきかですが、目的との関係から**図表 2-15(1)**のような事項を伝えるべきと考えます。

ここでいう「整備したプログラム」とは、会社が自ら保有する個人情報を保護するための方針、組織、計画、実施、監査及び見直しを含む、個人情報保護のための管理システム全体のことです。そして、これに各従業員が適合する状態というのは、個人情報保護に対する基本指針や個人情報の利用や管理方法の詳細につき定めた規程、個人情報保護法や政令等の外部文書等を総合した個人情報の取扱いに関して遵守されるべき細則が、忠実に実践されている状態を指します。

■図表 2-15(1)　従業員教育において伝えるべき事項

ⅰ）整備したプログラムに適合することの重要性及び利点
➡個人情報保護へ向けた対応の必要性（頻繁に発生する情報漏えい事件、個人情報を取り巻く世界の状況と我が国における個人情報保護法施行の影響等）
➡個人情報保護に向けた対応を達成することの利点（適切な対応がもたらす社会への安心感、信頼性）
ⅱ）同プログラムに適合するための役割及び責任
➡遵守すべき事項としてどのような法令・規則や社内規程があるのか（守るべきルールとして何があるのか？）
➡従業員個人として、あるいは管理職の立場にある者がどのようなことをしなければならないのか（ルールに基づき日常業務の中で何をしなければならないのか？）
ⅲ）同プログラムに違反した際に予想される結果
➡会社に与える影響（損害賠償請求の発生、信用の失墜等）
➡従業員個人に与える影響（懲戒処分による失職等）

したがって、ⅰ）では、個人情報保護へ向けた対応がなぜ必要なのか、という点を伝えた上で、これに適合した結果、事業者に対する信頼の面でそれがどのように貢献するものなのか、という話をすることになります。

次にⅱ）では、そもそもプログラムへの適合に際して、遵守すべき事項としてどのような法令・規則あるいは社内規程があるのか、遵守するにあたって従業員個人として、あるいは管理職の立場にある者がどのようなことをしなければならないのか、を伝えることになります。

最後にⅲ）では、これは会社・従業員個人の両面から語られる必要があります。会社については、情報漏えい事件が発生した場合の社会的影響について、昨今発生する具体的な事件の話題なども織り交ぜながら伝えることになります。一方、従業員個人の話としては、これに違反した場合に事業者内での懲戒処分がどうなるのか、といった内容について触れることになります。

3　従業員教育を行うタイミング（図表2-15(2)参照）

従業員教育を行うタイミングとしては、ⅰ）取組を始める段階、ⅱ）具体的な事業者内の規程がそれぞれ定まった段階の２回にわたって行うのが望ましいでしょう。その上で、ⅲ）年１回程度の講習を行うという形が理想的です。

ⅰ）の取組を始める段階の講習では、主として、プログラムに適合することの重要性とその利点、これに違反した場合に想定される結果についての話が中心となります。この中で、従業員に個人情報保護対策の重要性とこれがきちんと行われない場合の甚大な悪影響について、概略でもよいですので、理解してもらうことになります。加えて、今後の作業スケジュールを伝え、個人情報の棚卸しに関する項で

■図表 2-15(2)　従業員教育を行うタイミング

【3つの段階が考えられる（時期によって内容を変える必要がある）】

i）取組を始める段階

➡規程などができる前なので具体的な話はできない

➡内容は主として、プログラムに適合することの重要性とその利点、これに違反した場合に想定される結果についての話が中心

ii）具体的な社内の規定がそれぞれ定まった段階

➡なすべきことがはっきりした段階

➡プログラムに適合するための役割及び責任といった内容が中心

➡実務的な内容を具体的に講習で伝える（情報主体たる本人から個人情報の開示請求がきた場合はどうするべきなのか、サーバー室の入退室管理はどのようになされる予定なのか、ロッカーからのファイルの出し入れに際してはどのような書式が使われるのか等）

iii）年1回程度の定期講習

➡個人情報保護への取組の重要性を再度認識させるために行う

➡内容は不十分な分野の徹底を図るなど必要に応じて工夫する

述べたような全職員からの申告徴求や各人のパソコン確認等が行われることを事前に告知しておきます。

ii）の具体的な事業者内の規程がそれぞれ定まった段階については、プログラムに適合するための役割及び責任といった内容が中心となります。この時点では、既に規程が定められ、やるべきことがはっきりしていますので、「情報主体たる本人から個人情報の開示請求がきた場合はどうするべきなのか」「サーバー室の入退室管理はどのようになされる予定なのか」「ロッカーからのファイルの出し入れに際してはどのような書式が使われるのか」といった具体的な場面を想定した上での実践的な講習が行われるべきでしょうし、自社のプログラムが具体的にどのようなものであるのか、ということを従業員に理解してもらうことになります。

最後にⅲ）の定期講習ですが、これは繁忙な日常業務の中で緊張感が緩みがちな時期を狙って、個人情報保護への取組の重要性を再度認識させるために行うものです。少なくとも、年に１回は行われるべきでしょう。取組が不十分な分野に絞ってテーマ設定し、その徹底を図るという方針で行うのでもよいですし、講師についても同じ人の講義ばかりでは新鮮味を欠きますので、外部講師を呼ぶなどの工夫を行うのもよいでしょう。

なお、これらの講習については、事業者内の教育スケジュールとの調整を図りながら行っていくことになります。独立のものとして実施しても当然よいのですが、特に、ⅲ）の講習などに関しては、新人研修や昇格時の管理職研修のカリキュラムに含ませるという形で行うことも考えられます。

4　誰が従業員教育を行うか

従業員教育を行うにあたっては、これに関する具体的な計画を立て、実践に移す教育担当者を決める必要があります。そして、この教育担当者が、後述する手順に従って従業員教育を主宰していくことになります。

誰を担当者に指名すべきかに関しては、特に取組開始時の講習と規程が完成したときの具体的な実践方法に関する講習については、個人情報保護対応のプロジェクトチームのメンバー、あるいはこれを所掌すべき部門と指定された部署のメンバーで、これまで利用目的の分析や規程作成の作業にあたってきた人が適当でしょう。

一方、１年ごとの定期講習については、これらの人が指名されるのでも当然問題はありませんが、毎年恒例のものとして定着してきたら、事業者内の各種教育を担当する人事部門と共同で立案・実施するということでもよいでしょう。

5　従業員教育を行うにあたっての手順

次に、従業員教育を行うにあたっての手順について解説していきます。

①　教育計画の策定

はじめに、教育担当者は、いかなる形で従業員教育を行うのかについて計画を作成したほうがよいでしょう（詳細は**図表 2-15(3)**を参照）。

計画において検討すべき事項としては、「いつ開催するか」「誰を受講対象者とするか」「場所はどこで行うか」「どのような内容にするか」「講師は誰にするのか」「教材としてどのようなものを使用し、そのうち自ら作成しなければならないものがあるのかどうか」などが挙げられます。これらは3で述べたⅰ）ないしⅲ）に共通の事項です。

なお、前述しましたが、ⅲ）の定期講習については、人事部門などと連携を行った上で、他の事業者内講習とのスケジュール調整を行い、効率的にこれを実施できるよう工夫する必要があります。

また、研修内容の作成に関しては、監査を実施した部門や情報主体たる本人からの開示・訂正等の請求を扱う問い合わせ窓口の実務担当者などとも情報交流を行い、また、最近発生した個人情報の取扱いをめぐる不祥事（他社事例を含む）を検討しながら、事業者内において徹底すべき事項を絞り込み、その年の教育・研修テーマとして掲げるのが、メリハリの利いた研修を行うという意味からも適当でしょう。

②　講習の実施

講習は、①で述べた計画書に従って実施されることになります。

講習の形式としては、講習対象者を１か所に集めて行う集合形式で行う方法が一般的ですが、これが必須というわけではありません。全

■図表 2-15(3)　教育計画の策定（モデル）

1　講習実施日	令和○年２月 XX 日～３月○日
2　受講対象者	全社員
3　講習会場	本社大会議室（支社に関しては各支社会議室）
4　講習目的	コンプライアンス・プログラムに適合することの重要性及び利点を全社員に認識させる→個人情報保護へ向けた対応の必要性 コンプライアンス・プログラムに違反した際に予想される結果を全社員に認識させる→会社・従業員個人双方について
5　講　師	個人情報 PT メンバー
6　講習用テキスト	「個人情報の保護とは？」（別途作成）
7　講習スケジュール	２月 XX 日　　本社（営業部・人事部） ２月○○日　　本社（経理部・総務部） ３月Ｘ日　　大阪支社 ３月○日　　名古屋支社

国区で展開している大企業において、講習対象者を一堂に会させるのが非効率であるという場合に、通信教材やビデオによる講習、あるいは Web 形式による講義によりこれを行うことも、特段問題はありません。

ただ、いずれの形式で行うにせよ、講習対象者が講習内容を十分に理解したことを確認する必要はありますので、講習受講者から受講報告書を提出してもらい、理解できなかった部分の指摘や今後の講習への要望を吸い上げておくのがよいでしょう。また、講習を欠席した者に対するフォローをどうするのかも考えておく必要があるでしょう。

その他、集合形式で講習を行う場合の工夫として、講師による一方通行の講義形式のみで講義を行うのではなく、特に、3のⅱ）で述べた各種規程制定後の具体的事例を前提とした実践講習などにおいては、少人数のグループに分けて具体的事例に関する討論を行わせ、結果を発表させるという形式で行うのも理解を深める上で効果的です。

③　教育実施報告書の作成・保管

教育担当者は、講習が終わった後に、教育実施報告書を作成します。当該講習においてどのようなことを実施したのかを文書化し、理解度テストの結果や講習受講者からの受講報告書と併せて記録として残しておきます。

これらは次回の計画を立てる際の参考資料として使用します。

体制整備後のメンテナンス

1　継続的なメンテナンスの重要性

さて、これまで述べてきたところを踏まえて対応を進めれば、皆さんの組織の現在保有する個人情報の保護へ向けた取組は、ほぼ万全に仕上がる形となるでしょう。

しかしながら、組織を取り巻く情勢は常に変化します。一旦体制が整備できたとしても、その後の状況に応じてメンテナンスをしていかなければ、実態との齟齬が生じます。

例えば、新規事業の立ち上げなどに伴い、個人情報リストに記載されていない新たな個人情報取得がなされ、ファイルが作成される可能性もあります。また、作成した各種規程についても、実際に運用する中で「必要な規定が存在していなかった」ということが判明するかもしれませんし、逆に、無意味に過度の負担を課しているなど不都合が認められる場合があるかもしれません。

したがって、新たに収集される情報については、定期的にリストに追加していく作業が必要でしょうし、規程の追加・修正等も適宜行っていく必要があるでしょう。また、従業員の意識を持続させるという意味では、先ほどの従業員教育のところでも述べた通り、継続的な講習会の実施が重要です。さらに、適切な運用を確保するという意味でも、定期的な監査が不可欠となります。

本項では、体制整備後のメンテナンスの問題について解説をしていきます。

2　個人情報リストのメンテナンス

まずは、個人情報リストのメンテナンスについてです。

情報の棚卸しを行った際に作成した個人情報リストは、後の利用目的の公表等に際して行われる各情報の整理の目安となり、また、情報主体たる本人からの開示等請求の際に、同人のデータを探すための重要なインデックスとなります。

しかしながら、新たな個人情報を収集し、データベースが作成されている状態が生じるということは、それは現時点での個人情報リストが捕捉していない個人情報が入って来て、データベースが作成されたことを意味します。そしてそのことは、ホームページ等における利用目的の公表がなされていない個人情報や、本人からの開示等請求に対応できない保有個人データが存在する可能性があることを意味するわけですが、個人情報保護法の遵守という観点から見た場合に、これは重大な問題です。したがって、新たな個人情報を収集し、またデータベースが作成される場合に、その情報が個人情報保護の取組を所掌する部署に速やかに伝達され、個人情報リストに掲載される体制を確立しておかなければなりません。

ところで、これについては、後述する監査の際に併せて確認を行えばよいではないか、という考え方もあるでしょう。当然、監査の際に判明したものがあれば追加の対応をすることになりますが、それを待つのではなく、基本的に新たな情報収集の発生する都度、対応できるような体制にしていかざるを得ません。なぜなら、新規事業の立ち上げやそれに伴う個人情報の収集が、半年に１度や１年に１度といった定期的な頻度ではない形で発生しうる可能性もありますし、前述の個人情報リストの果たす役割からして、対応として遅きに失したものとなる恐れがあるからです。

具体的な対応のモデルとしては、以下のようなものが考えられます。

まず、**第7**の「安全管理措置」のうち、組織的安全管理措置の部分でも述べた通り、組織体制を考えるにあたっては、①統括責任者（社長ないし担当役員）、②実務面の管理責任者（苦情処理や開示等請求の処理もここが窓口として中心的に行う）、③各部署で情報収集を切り回す現場担当者の３つを最低限確保する形での組織体制を組みます。その上で、かかる体制の下、③の立場にある者から管轄部署において新たな個人情報の収集やデータベースの作成が発生する場合には、その情報を吸い上げ、②の立場にある者に連携される態勢を整えれば、実務的にも機能しうる形になるでしょう。

3　規程のメンテナンスと目安箱の設置

次に、規程のメンテナンスについてです。

上述の通り、どんなに想定される事象の分析を精緻に行ったとしても、規程というものは実際に運用してみないと、それが必要十分なものといえるのかどうか、また、現実に運用可能なものかどうかが具体的に見極められない部分があります。したがって、規程の追加・修正が必要となる場合もあります。

この追加・修正の作業は、後述の監査の中でも現業部門の職員にヒアリングを行うことで確認することもできます。しかしながら、過度の負担を課していることが判明した場合などは特にそうですが、改善に向けた対応をするにあたって、早急に対応するに越したことはありませんので、運用開始当初などは、特に目安箱のような連絡窓口を個人情報保護の取組を所掌する部署に設置し、広く情報を募る体制を整えておくほうが、実務体制としては便利です。そして、そこから得られた情報をもとに、業務実態と個人情報保護のための必要性とを勘案して、必要に応じ規程の追加・修正等を経営サイドに訴えていくことになります。

4 監査について

最後に監査についてです。

策定された各種規程の適切な運用を図り、個人情報保護の取扱いを適正な状態に保つという意味において、定期的に監査を行うことは極めて重要です。そして、監査を考えるにあたって留意すべきポイントを挙げると、以下のようになります。

(1) 監査体制の確立

はじめに、監査にあたっての体制を社内で確立する必要があります。

つまり、「誰が実施するのか」「何を監査するのか」「いつ実施するのか」といった問題を明らかにすることで、具体的には監査目的、監査者、監査の年間実施回数、監査方法、監査結果の反映方法などが挙げられます（詳細は**図表 2-16(1)** を参照）。

これらについては、あらかじめ規程という形で取り決めておくことも考えられます。

■図表 2-16(1)　監査に関し取り決めておくべき事項

※　少なくとも監査者と年間実施回数（監査時期）程度は定めるべき

・監査者（誰が監査するか）

➡都度任命するか、一定の部署（内部監査部門等）が実施するか

➡被監査部門からの独立性

・年間実施回数

➡年間の最低回数と実施月

※　その他、監査目的、監査方法、監査結果などがルール化されているほうが、充実した監査を実施するという観点からは望ましい

・監査目的

➡最終的には実施されている対応の適否を判定すること
（視点としては、①定められた各規程そのものの適切性と、②規程に従った運用が実施されているかどうかという点の 2 つの視点がある）

・監査方法

➡監査計画の立案権者と承認権者、監査者の被監査者に対する調査にあたっての権限、被監査部門への通知方法と時期、実施中の留意事項等

・監査結果の反映方法

➡監査終了後の報告書の記載事項、不適合の指摘と確認方法、監査報告書の提出先、是正処置の要求とその効果等

(2) 監査者の性質

ところで、監査者の性質について、以下の点に留意しておくべきでしょう。

まず、監査者は、ネットワークセキュリティの適切性も確認しなくてはなりませんので、少なくともIT技術に関する知見のある者を、どのように確保するかに留意しておかなければなりません。

また、被監査部門からの独立性についても留意する必要があります。ここにいう被監査部門からの独立ということに関しては、監査者が被監査部門の責任者の部下ではないこと、といった監査者の職制上の問題と、監査対象たる現業部門の中に監査部門を作らないことや、被監査部門と監査部門の担当役員が別であること、といった会社組織上の問題の双方をクリアする必要があります。

例えば、「IT部門」自身を監査する場合に当該部門から監査者を選任することは、独立性に抵触するというジレンマが生じますので、場合によっては外部の技術者に依頼せざるを得ない場合も考えられます。

(3) 監査計画について

次に、監査計画についてです。

充実した監査を行うためには、被監査部門の特定、監査日時、監査方針、具体的な監査手順とそのスケジュールなどを定めた上で、実施するのがよいでしょう（詳細は**図表2-16(2)**参照）。

このうち被監査部門の選定については、すべての部門が対象となることが望ましいことはいうまでもないところですが、これが不可能である場合については、特に、リスク度の高い情報を保有している部署や以前の監査で不適合箇所が多数確認された部署、監査がなされていない期間が長い部署といった観点から絞り込みを行っていくことになります。

■図表2-16(2)　監査計画の策定(モデル)

1　監査日時	令和〇年11月XX日〜12月〇〇日
2　被監査部門	営業部（総務課、1課、2課） 人事部
3　監査方針	（全体方針） 各監査対象部門における個人情報の取扱いの適切性の確認を行う。 （重点事項） 特に営業部に関しては、他社における顧客情報漏えい事件が問題となったこともあり、アンケート情報データベースや顧客リスト等、当該情報に関する適切な情報の管理がなされているか否かの確認を重点的に行う。 人事部に関しては、採用時に取得した各種情報（履歴書情報等）に関する情報の取扱い（廃棄等）を重点的に確認する。
4　監査スケジュール	11月XX日〜11月〇〇日　監査対象部門に対するアンケートによる予備調査 12月〇日〜12月〇X日　担当課の責任者ヒアリング（営業部）、実地調査 12月X〇日〜12月〇〇日　担当課の責任者ヒアリング（営業部）、実地調査 ※　実地調査においては関係文書の閲覧・照合等を実施する。

次に、監査方針については、監査を行う上で、特に重視したい重点項目を掲げる必要があります。例えば、過去にコンピュータに不正アクセスが確認された、あるいは内部告発で個人情報の不正な持ち出しが指摘されている等、特に個別の取組に関して細かな確認を要する事態が存在する場合もありますし、個人情報の入出庫管理を重点的に確認することによってこれを全社的に徹底する、といった形で、特にある項目を監査方針とすることで、当該項目の徹底を図ることも可能です。そのため、監査方針の決定は重要です。

最後に、監査手順については、監査規定に規定された大まかな作業内容をもとに、具体的な作業手順とスケジュールを、被監査部門の状況等に合わせて作成していくことになります。

(4) 監査実施と監査結果の反映

実際の監査については、監査計画に従って行われていくことになります。

ところで、各職員のヒアリングを行うに際しては、規程に対する認識の程度を確認するとともに、実際に業務を行う上で規程の運用が業務に与える影響や、どのような局面で支障があると考えるかなど、当該被監査部門の業務の実態と規程の運用とがどのような関係に立つのかについても具体的に尋ね、把握しておく必要があります。

このようにして行われた監査の結果については、報告書の形にまとめ、不適合部分があればその旨の通知を被監査部門に対して指摘し、これを確認することになります。

特に、不適合部分が認められた場合については、その原因を特定し、どのようにすれば是正できるかを検討する必要があり、その結果を是正措置の要求という形で当該被監査部門に通知した上で、その是正を確認しなければなりません。

さらに、ヒアリング結果などから得られた、当該被監査部門の業務と規程とのミスマッチの有無、規程の追加・修正の必要性の有無等、社内での取組を考える上での改善項目を検討します。

以上のような形で監査の結果をフィードバックさせ、今後の個人情報保護の取組に反映させていくことになります。

資料 ❶

規程・書式例

■ 個人情報リスト（サンプル）

保管している部署	個人情報・データベースの名称	個人情報の内容	入手方法	利用目的	利用方法	保管形式	データベース化の有無	アクセス権限の有無	アクセス制限の方法	廃棄時期	廃棄方法
営業１課２係	R3/顧客アンケートデータベース	氏名 住所 電話番号 メールアドレス 職業 年収 ・ ・ ・ ・ ・	用紙に記入	マーケティング 商品情報提供 ・ ・ ・ ・ ・ ・ ・ ・ ・	DMの送付 統計データの抽出 ・ ・ ・ ・ ・ ・ ・ ・ ・	システム	DB化	正社員のみ	パスワード設定	３年	消去
人事課採用係	R3/履歴書ファイル	氏名 住所 電話番号 メールアドレス 職歴 学歴 ・ ・ ・	履歴書の送付	採・否の判断 ・ ・ ・ ・ ・ ・	採用担当者の閲覧 面接の際の参照 ・ ・ ・ ・ ・	紙情報	非DB化	採用担当者のみ	ロッカー保管・施錠	採否後即	返却

■ 個人情報保護に対する基本方針

個人情報保護に対する基本方針

≪検討にあたっての留意事項≫

※　基本方針は「公表」事項や「本人に容易に知り得る状態」におくべき事項を公に示すために使用するもので、必要な事柄をまとめて事業所に掲示したりHPに掲載したりする形で使用します。

※　各々の事業者の状況に対応できるよう、各種の事項をまとめて記載していますので、必要なものを適宜採用してください（匿名加工情報・仮名加工情報に関する記載をはじめ、全事業者が以下の記載をすべて掲載する必要があるわけではありません）。

※　個別の留意事項に関しては、各記載の下に「※」で注書きを示しています。末尾の【追記例】と併せてご参照ください。

株式会社○○○○（本店所在地：○○県○○市○○１丁目２番３号、代表者：○○○○、以下、「当社」といいます）は、当社の業務に関連し、その活動を行うために多くの個人情報を保有するものであるところ、個人情報の保護が重大な責務と考え、情報主体をはじめ広く社会からの信頼を得るために、以下の通り個人情報保護方針を定め、個人情報の保護に努めます。

記

当社は、個人情報について、関係法令その他の規範及び当社策定にかかる各種規程等の定めるところに従い、当社において業務に従事するすべての者に対してその周知・徹底を図り、適切にこれを取り扱います。

一　個人情報の適切な収集、利用、提供、委託

1　個人情報の収集にあたっては、利用目的を明示した上で、必要な範囲の情報を収集し、利用目的を通知または公表し、その範囲内で利用します。

2　当社が利用・保管する各種個人情報の利用目的については以下の通りとします。

※　利用目的の記載例は末尾の【追記例】記載の通りです。

3　収集した個人情報は、次の場合を除き、第三者に提供又は開示することはしません。

(1) あらかじめ本人の同意を得た場合

(2) 個人情報保護法27条1項1号ないし7号に定める例外に該当する場合

(3) 個人情報保護法27条2項（オプトアウト〔ただし、要配慮情報は除く〕）ないし同5項1号ないし3号（外部委託、事業承継若しくは共同利用）の場合

※　個人情報保護法28条に定める外国の第三者に提供する場合（例外該当事例を除く）については、その場合を（3）の例外から除外する旨記載します。

※　実際にオプトアウト・共同利用を行う場合には、上述の記載に加え「なお、当社におけるオプトアウト及び共同利用の状況は以下の通りです。」と記載し、末尾の【追記例】の記載を追加する必要があります。

4　個人情報を第三者に委託して利用する場合は、当該第三者における安全管理措置の状況等に照らし、委託を行うことの適切性を検討するとともに、当該第三者との間で秘密保持を含め適切な監督を行うために必要な事項を定めた業務委託契約を締結した上で提供するなどし、これらをもって委託先への適切な監督を実施します。

二　匿名加工情報の作成・提供・利用について

1　当社において匿名加工情報を作成するときは、特定の個人を識別すること及びその作成に用いる個人情報を復元することができないようにするため、個人情報保護法その他関係法令の定めに則り、当社は加工基準を設定し、これに従い当該個人情報を加工します。

2　当社において匿名加工情報を作成するときは、その作成に用いた個人情報から削除した記述・個人識別符号や具体的に選択された

加工方法に関する情報は、当社の個人情報保護担当役員・個人情報保護管理者・当該匿名加工情報を作成する各部署の現場管理者及び現場管理者が指名した作業管理者以外の者には接触させないものとし、個人情報保護管理者は、これを確保するため、加工方法等情報を他の情報と分別管理するほか、これを記録する媒体の持出管理、保管場所のロッカー施錠、これを記録するサーバーあるいはファイルへのアクセスに際してのID管理・パスワード設定を行う等、個人情報の漏えい防止及び安全性確保に向けた対応に準じ、必要な措置を講じます。

3　当社において匿名加工情報を作成するときは、当該匿名加工情報に含まれる個人に関する情報の項目を、第三者に提供するときは、第三者に提供される匿名加工情報に含まれる個人に関する情報の項目及びその提供の方法をそれぞれ公表します。

4　当社において匿名加工情報を作成・利用する場合においては、当該匿名加工情報を他の情報と照合せず、当該匿名加工情報の作成に用いられた個人情報に係る本人を識別しません。

※　匿名加工情報の作成・提供が想定される場合に記載。

※　実際に匿名加工情報の作成・提供を実施している場合には、上述の記載のほか、さらに末尾の【追記例】を参考に、記載を追加する必要があります。

三　仮名加工情報の作成・利用について

1　当社において仮名加工情報を作成・利用するときは、①特定個人を識別できる記述等の全部または一部を削除し、②個人識別符号を全部削除し、もしくは③個人情報に含まれる利用されることにより財産的被害の生ずるおそれがある記載等を削除するなど（いずれも置き換え含む)、特定個人より特定することができないようにするため個人情報保護法その他関係法令の定めに則り、当社は必要な加工基準を設定し、これに従い当該個人情報を加工します。

2　当社において仮名加工情報を作成するときは、その作成に用いた個人情報から削除した記述・個人識別符号や具体的に選択された加工方法に関する情報（削除情報等）は、当社の個人情報保護担当役員・個人情報保護管理者・当該仮名加工情報を作成する各部署の現場管理者及び現場管理者が指名した作業管理者以外の者には接触させないものとし、個人情報保護管理者は、これを確保するため、削除情報等を他の情報と分別管理するほか、これを記録する媒体の持出管理、保管場所のロッカー施錠、これを記録するサーバーあるいはファイルへのアクセスに際してのID管理・パスワード設定を行う等、個人情報の漏えい防止及び安全性確保に向けた対応に準じ、必要な措置を講じます。

3　当社において仮名加工情報を作成するときは、その利用目的を公表し、その目的の範囲で利用するものとし、利用の必要がなくなった場合は遅滞なくこれを消去します。

4　当社において仮名加工情報を作成・利用する場合においては、当該仮名加工情報を他の情報と照合せず、当該仮名加工情報の作成に用いられた個人情報に係る本人を識別しません。

※　仮名加工情報の作成・提供が想定される場合に記載。

※　実際に仮名加工情報の作成・利用を実施している場合には、上述の記載のほか、さらに末尾の【追記例】を参考に記載を追加する必要があります。

四　個人情報に関する安全管理措置

個人情報への不正アクセス、個人情報の漏えい、滅失、又はき損の予防及び是正のため、当社内において規程を整備し安全対策に努めます。以上の目的を達するため、当社は以下の措置を講じています。

①　個人情報・個人データの適正な取扱いのため、法令及びガイドライン所定が定める各対応を実施するに当たっての基本方針の策定

②　取得・利用・保存・提供・削除・廃棄等の各対応及び責任者と役割を定めた各種規定の策定

③　責任者の設置、個人データを取り扱う従業員及び取扱い個人データの範囲の明確化、法及び規程に違反している事実又は兆候を把握した場合の責任者への報告連絡体制の整備、取扱い状況に

関する定期点検等の組織的安全管理措置

④　個人データについての秘密保持に関する事項を就業規則に記載し、個人データの取扱いに関する留意事項について定期研修を実施する等の人的安全管理措置

⑤　従業員の入退出管理、持ち込み機器の制限、個人データを取り扱う機器及び電子媒体・書類の盗難・紛失等を防止するための持ち出し制限・管理等の物理的安全管理措置

⑥　個人データを取り扱う情報システムに対する外部からの不正アクセス又は不正ソフトウェアから保護するシステムの導入等の技術的安全管理措置

五　改善措置

個人情報の取扱いに関する社会環境の変化に的確に対応するよう努めます。また必要に応じて本方針をはじめ各種規程等につき、変更、修正、又は追加を行うなど、改善をするよう努めます。

六　開示等請求への対応

当社が本個人情報保護方針を遵守していないと思われる場合、及び本人の個人情報の開示、訂正、追加または削除、利用停止（第三者提供停止を含む）あるいは第三者提供記録の開示などを希望される場合には、こちら（住所：○○県○○市○○１丁目２番３号、電話：00 － 0000 － 0000、FAX：00 － 0000 － 0000、メールアドレス：XXXX @ XXXX.co.jp、担当：○○）までお問い合わせください。当社内規に従い、合理的な期間（原則２週間、ただし件数の多い場合・複雑な請求の場合など対応に時間を要するに関しては30日を予定しています）、妥当な範囲内でこれに対応します。

七　苦情の処理

当社は、個人情報取扱に関する苦情（開示等に係る当社の措置に対する請求者からの不服の申立の受付、匿名加工情報・仮名加工情報の作成その他の取扱いに関する苦情申入を含む）については、こちら（住所：○○県○○市○○１丁目２番３号、電話：00 － 0000

－ XXXX、FAX：00 － 0000 － XXXX、メールアドレス：○○○○@ XXXX.co.jp、担当：△△）までお問い合わせください。適切かつ迅速な処理に努めます。

※　開示等請求への不服申立てを含みますので、少なくとも窓口自体は開示等請求のそれとは別途に設定するのが適当です。

年　月　日

【追記例】

1. **利用目的の公表例**

例：メーカーの保有する個人情報の公表の場合

（お客様の個人情報）

・当社の製品及びサービスに関する情報提供

・当社製品及びサービスをめぐるサービスサポート（例：当社製品の修理等）

・当社製品・サービスの向上に向けた企画・研究・開発

・キャンペーン等、当社製品・サービスの販売促進活動の実施

・お客様からのお問い合わせに対する対応

・以上の各事項に関連する業務

（お取引先の皆様の個人情報）

・お取引上の打合せ等の実施

・お取引先の皆様への情報提供・連絡

・お取引先の皆様から委託された業務の遂行

・以上の各事項に関連する業務

（株主様の個人情報）

・株主様及び株式の管理業務

・株主様又は会社による権利の行使・義務の履行

・法令に基づく書面・記録・データの作成

・以上の各事項に関連する業務

（従業員・役員その他当社構成員の皆様の情報）

・給与の計算・支払

・当社構成員の皆様に対する安全管理

・当社構成員の皆様に関する人事管理

・以上の各事項に関連する業務

（採用応募者の皆様の個人情報）

・当社における採用活動、採用後の人事・安全管理及びこれに関連する業務

2. オプトアウトがある場合の「本人に容易に知り得る状態」の記載例

例：住宅地図作成を業とする事業者によるオプトアウトの場合

住宅地図を作成・販売する事業者である当社は、実地調査により自ら収集した個人データにつき、下記の方針でオプトアウト方式による個人データの第三者提供を行います。

① 当社の名称・住所・代表者名

株式会社○○○○　○○県○○市○○１丁目２番３号

代表者　○○○○

② 第三者に提供される個人データの項目

氏名、住所

③ 提供開始予定日

令和○年○月○日より提供開始予定

④ 提供データの更新方法

書籍（電子書籍を含む）改訂時に一括更新

⑤ 第三者への提供方法

書籍（電子書籍を含む）として出版

⑥ 第三者提供の停止を求める場合

当社は、個人データの主体たる本人からの求めに応じ、本方式による第三者提供を停止します。提供停止を求める場合は、下記連絡先まで郵送若しくはお電話にてご連絡ください。

［連絡先］

○○県○○市○○１丁目２番３号

株式会社○○ 総務課 個人情報窓口

（電話 00 － 0000 － XXXX、担当：△△）

3. 共同利用がある場合の「本人に容易に知り得る状態」の記載例

例：ホールディングス形式のグループ企業間において共同利用を行う場合

○○ホールディングスグループでは、○○ホールディングスグループとして一体的に行われる経営管理業務の遂行並びにお客さまへの商品・サービス等のご案内・ご提供及びその判断のために、グループ会社間で、以下の通り、個人データを共同して利用することがあります。

① 個人データの項目

○○ホールディングスグループ各社が保有する氏名、住所、電話番号、電子メールアドレス、性別、生年月日その他申込書等に記載されたお取引に関する情報

② 共同利用するグループ会社の範囲

○○ホールディングスグループ内

※ この後に「共同して利用するグループ会社の範囲は以下のリンクをご参照ください。」と記載し、リンク先で○○ホールディングスグループの会社を示す、といった対応を採用している例も多いようです。

③ 個人データ管理責任者

○○ホールディングス株式会社
○○県○○市○○１丁目２番３号
代表者　○○○○

4. 匿名加工情報の作成・提供がある場合の公表例

例：鉄道会社が保有している「氏名・性別・生年月日・乗降履歴・乗降年月日、乗降時刻」についての個人情報を加工して匿名加工情報を作成・提供する場合

当社は、以下の内容で匿名加工情報の作成・提供を行っています。

① 匿名加工情報に含まれる条項

性別、生年、乗降履歴、乗降年月日

② 匿名加工情報の提供方法

暗号化を施した電磁的記録形式にて交付

5. 仮名加工情報の作成・利用がある場合の公表

例：ショッピングモールがクレジットカードによる商品購買履歴情報を仮名加工し、年齢別購買傾向の分析を行う場合

当社は商品購買履歴情報のうち、氏名・住所情報、クレジットカード情報を削除し、仮名加工情報として以下の目的で利用しています。

〔利用態様及び利用目的〕

仮名加工した購買履歴データリストを用いた年齢別購買傾向の分析

■ 個人情報保護基本規程

個人情報保護基本規程

≪検討にあたっての留意事項≫

※　基本規程は安全管理措置の一環として定められる「規律」のうち基本事項（定義、対応の概要、体制等）を定める規程です。

※　各々の事業者の状況に対応できるよう、各種の事項をまとめて記載していますので、必要なものを適宜採用してください（匿名加工情報の利用・仮名加工情報の利用を含め、すべて事業者が全条項を採用する必要はありません）。

第1章　総　則

（目　的）

第1条　本規程は、株式会社○○○○（以下、「当社」という）が保有する個人情報につき、個人情報の保護に関する法律（以下、「個人情報保護法」という）その他関連法規の趣旨の下、これを適正に取り扱い、個人の権利利益を保護するための基本となる事項を定めることを目的とする。

（定　義）

第2条　本規程において、次の各号に掲げる用語の意義は、個人情報保護法その他関連法規の定義に従い、当該各号に定めるところによる。

①「個人情報」　生存する個人に関する情報であって、次のいずれかに該当するものをいう。

一　当該情報に含まれる氏名、生年月日その他の記述等により特定の個人を識別することができるもの（他の情報と容易に照合することができ、それにより特定の個人を識別することができることとなるものを含む。）

二　個人識別符号が含まれるもの

② 「個人識別符号」 次のいずれかに該当する文字、番号、記号その他の符号をいう。

一　特定の個人の身体の一部の特徴を電子計算機の用に供するために変換した文字、番号、記号その他の符号であって、当該特定の個人を識別することができるもの

二　個人に提供される役務の利用若しくは個人に販売される商品の購入に関し割り当てられ、又は個人に発行されるカードその他の書類に記載され、若しくは電磁的方式により記録された文字、番号、記号その他の符号であって、その利用者若しくは購入者又は発行を受ける者ごとに異なるものとなるように割り当てられ、又は記載され、若しくは記録されることにより、特定の利用者若しくは購入者又は発行を受ける者を識別することができるもの

③ 「要配慮個人情報」 本人の人種、信条、社会的身分、病歴、犯罪の経歴、犯罪により害を被った事実その他本人に対する不当な差別、偏見その他の不利益が生じないようにその取扱いに特に配慮を要する個人情報をいう。

④ 「個人情報データベース等」 個人情報を含む情報の集合物であって、次に掲げるものをいう。

一　特定の個人情報を電子計算機を用いて検索することができるように体系的に構成したもの

二　特定の個人情報を容易に検索することができるように体系的に構成したもの

⑤ 「個人データ」 個人情報データベース等を構成する個人情報をいう。

⑥ 「保有個人データ」 当社が、開示、内容の訂正、追加又は削除、利用の停止、消去及び第三者への提供の停止を行うことのできる権限を有する個人データ

⑦ 「本人」 個人情報によって識別される特定の個人をいう。

⑧ 「匿名加工情報」 次に掲げる個人情報の区分に応じて当該各号に定める措置を講じて特定の個人を識別することができないように個人情報を加工して得られる個人に関する情報であって、当該個人情報を復元することができないようにしたものをいう。

一　本条①の一に該当する個人情報については当該個人情報に含まれる記述等の一部を削除すること（当該一部の記述等を復元することのできる規則性を有しない方法により他の記述等に置き換えることを含む）。

二　本条①の二に該当する個人情報については当該個人情報に含まれる個人識別符号の全部を削除すること（当該個人識別符号を復元することのできる規則性を有しない方法により他の記述等に置き換えることを含む）。

⑨「仮名加工情報」　次に掲げる個人情報の区分に応じて当該各号に定める措置を講じて他の情報と照合しない限り特定個人を識別できない状態に加工した個人に関する情報をいう。

一　本条①の一に該当する個人情報については当該個人情報に含まれる記述等の一部を削除すること（当該一部の記述等を復元することのできる規則性を有しない方法により他の記述等に置き換えることを含む。）

二　本条①の二に該当する個人情報については当該個人情報に含まれる個人識別符号の全部を削除すること（当該個人識別符号を復元することのできる規則性を有しない方法により他の記述等に置き換えることを含む。）

三　その他、個人情報に含まれる利用されることにより財産的被害の生ずるおそれがある記載等を削除すること（当該記述等を復元することのできる規則性を有しない方法により他の記述等に置き換えることを含む。）

（基本理念）

第３条　当社は、個人情報が、個人の人格尊重の理念の下に慎重に取り扱われるべきものであることに鑑み、その適正な取扱いを図るものとする。

（適用範囲）

第４条　本規程は、コンピュータ処理をなされているか否か、及び書面に記録されているか否かを問わず、会社において処理されるすべての個人情報、個人データ及び保有個人データ（以下、「個人情報等」という）の取扱いにつき定めるものとし、当社の業務に従事するすべての構成員（正社員・契約社員・嘱託社員・パート社員・アルバイト社員等の雇用関係にある従業員のほか、取締役・執行役・監査役・派遣社員・顧問等を含む、以下同じ）に対しこれを適用するものとする。

第２章　個人情報等の取扱いについて

第１節　個人情報等の利用について

(利用目的の特定)

第５条　当社は、個人情報を取り扱うにあたっては、利用の目的（以下、「利用目的」という）をできる限り特定する。

2　当社は、利用目的を変更する場合には、変更前の利用目的と関連性を有すると合理的に認められる範囲を超えて行わない。

(利用目的による制限)

第６条　当社は、あらかじめ本人の同意を得ないで、前条の規定により特定された利用目的の達成に必要な範囲を超えて、個人情報を取り扱わない。

2　当社は、他の個人情報取扱事業者から事業を承継することに伴って個人情報を取得した場合は、あらかじめ本人の同意を得ないで、承継前における当該個人情報の利用目的の達成に必要な範囲を超えて、当該個人情報を取り扱わない。

(適正な取得及び利用)

第７条　当社は、偽りその他不正の手段により個人情報を取得しない。また、要配慮個人情報に関しては、個人情報保護法に定める場合を除き、事前の同意なしに取得しない。

2　当社は、違法又は不当な行為を助長し、又は誘発するおそれがある方法により個人情報を利用しない。

(取得に際しての利用目的の通知等)

第８条　当社は、個人情報を取得した場合は、あらかじめその利用目的を公表している場合及び取得の状況からみて利用目的が明らかであると認められる場合を除き、速やかに、その利用目的を本人に通知し、又は公表する。

2　当社は、前項の規定にかかわらず、本人との間で契約を締結することに伴って契約書その他の書面（電子的方式、磁気的方式その他人の知覚によっては認識することができない方式で作られる記録を含む。以下この項において同じ）に記載された当該本人の個人情報を取得する場合その他本人から直接書面に記載された当該本人の個人情報を取得する場合は、あらかじめ、本人に対し、その利用目的を明示する。

3　当社は、利用目的を変更した場合は、変更された利用目的について、本人に通知し、又は公表する。

（第三者提供の制限、確認・記録義務の履行）

第9条　当社は、次に掲げる場合を除くほか、あらかじめ本人の同意を得ないで、個人データを第三者に提供しない。

①　個人情報保護法27条1項1号ないし4号に定める例外に該当する場合

②　個人情報保護法27条2項（オプトアウト〔ただし、要配慮情報は除く〕）ないし同5項1号ないし3号（外部委託、事業承継若しくは共同利用）の場合

※　なお、個人情報保護法28条に定める外国の第三者に提供する場合（例外該当事例を除く）については、その場合を②の例外から除外する旨記載します。

2　当社は、個人データについて、その提供を第三者に対して行い、または第三者より提供を受けた場合、個人情報保護法29条及び同30条その他関係法令の規定に基づき、適切に確認・記録義務を履行する。

第2節　個人情報等の登録・保管・廃棄について

（データ内容の正確性・最新性の確保、消去義務）

第10条　当社は、利用目的の達成に必要な範囲内において、個人データを正確かつ最新の内容に保つように努める。また、利用する必要がなくなったときは、当該個人データを遅滞なく消去するよう努める。

（安全管理措置・漏えい等発生時の報告・通知等）

第11条　当社は、取り扱う個人データの漏えい、滅失又はき損の防止その他の個人データの安全管理のために必要かつ適切な措置を講じる。

2　当社は、個人情報保護法に定める個人データの漏えい、滅失、毀損その他の個人情報の安全の確保に係る事態（以下「漏えい等」という）

が発生した場合、法令及びガイドラインの定めに従い、漏えい等による影響を最小化するための措置を講ずるとともに、個人情報保護委員会への報告、情報主体たる本人への通知等必要な措置を行う。

（データ管理に関する規程の整備）

第12条　当社は、個人データの登録・保管・廃棄に関し、前二条の趣旨に照らし必要な事項について規程を別途定め、これに基づき必要な措置を行うものとする。

第3節　構成員及び委託先の監督

（構成員に対する指導・監督）

第13条　当社は、本章第1節及び第2節の各規定にかかる各事項を具体的に実践するために必要な事項について規程を別途定め、すべての構成員にこれを遵守させるものとする。

2　当社は、構成員に個人情報等を取り扱わせるにあたり、これが適切に行われるよう監督を行う。

（委託先の監督）

第14条　当社は、個人データの取扱いの全部又は一部を委託する場合は、当該第三者における個人情報保護へ向けた対応の状況等に照らし、委託を行うことの適切性を検討するとともに、当該第三者との間で秘密保持を含め適切な監督を行うために必要な事項を定めた業務委託契約を締結した上で提供を行うものとし、かつ、委託先に対しては適切な監督を行うものとする。

2　前項の適切性の判断に当たっては、本規程ほか、当社の定める規律の水準を基にこれを行うものとする。

第4節　本人からの開示等の請求に対する対応

（本人からの請求に対する対応）

第15条　当社は、保有個人データにつき個人情報保護法32条ないし35条の規定に基づき、請求が行われた場合は、これが個人情報に関する本人の権利に基づくものであることを十分に理解した上で、合理的な期間、適切な範囲でこれに応ずるものとする。

(規程の整備)

第16条　当社は、前条の規定にかかる義務を適切に履行するため必要な事項について規程を別途定め、これに基づき必要な措置を行うものとする。

第5節　当社に対する苦情への対応

(当社による苦情の処理)

第17条　当社は、個人情報の取扱いに関する苦情の適切かつ迅速な処理に努める。

2　当社は、前項の目的を達成するために、苦情処理窓口を設け、その他必要な体制の整備に努める。

第6節　匿名加工情報の利用

第18条　当社において匿名加工情報を作成するときは、特定の個人を識別すること及びその作成に用いる個人情報を復元することができないようにするため、個人情報保護法その他関係法令の定めに則り、当社において定められた加工基準に従い、当該個人情報を加工しなければならない。

2　当社において匿名加工情報を作成するときは、その作成に用いた個人情報から削除した記述等及び個人識別符号並びに前項の規定により行った加工の方法に関する情報の漏えいを防止するために必要な安全管理のための措置を講ずる。

3　当社において匿名加工情報を作成するときは、当該匿名加工情報に含まれる個人に関する情報の項目を公表する。

4　当社において匿名加工情報を第三者に提供するときは、第三者に提供される匿名加工情報に含まれる個人に関する情報の項目及びその提供の方法について公表するとともに、当該第三者に対して、当該提供に係る情報が匿名加工情報である旨を明示する。

5　当社は、匿名加工情報を作成・利用するにあたり、当該匿名加工情報を他の情報と照合せず、当該匿名加工情報の作成に用いられた個人情報に係る本人を識別しない。

6　当社において匿名加工情報を作成・利用するときは、当該匿名加工情報の安全管理のために必要な措置、当該匿名加工情報の作成その他の取扱いに関する苦情の処理その他の当該匿名加工情報の適正な取扱いを確保するために必要な措置をそれぞれ自ら講じ、かつ、当該措置の内容を公表する。

第7節　仮名加工情報の利用

第19条　当社において仮名加工情報を作成するときは、他の情報と照合しない限り特定個人を識別できない状態にするために必要なものとして個人情報保護法その他関係法令の定めに則り、当社において定められた加工基準に従い、当該個人情報を加工しなければならない。

2　当社において仮名加工情報を作成するときは、その作成に用いた個人情報から削除した記述等及び個人識別符号並びに前項の規定により行った加工の方法に関する情報（以下「削除情報等」という）の漏えいを防止するために必要な安全管理のための措置を講ずる。

3　当社において仮名加工情報を作成するときは、その利用目的を公表し、法令に基づく場合を除き、その公表された利用目的の範囲で利用する。

4　当社において仮名加工情報である個人データ及び削除情報等を利用する必要がなくなったときは、これらを遅滞なく消去するよう努める。

5　当社は仮名加工情報である個人データを、法令に基づく場合を除き、第三者に提供しない。

6　当社は、仮名加工情報を取り扱うにあたり、作成に用いた個人情報を本人識別するために仮名加工情報を他の情報と照合しない。

7　当社は仮名加工情報を取り扱うにあたり、電話、郵便もしくは信書便送付、電報送付、電子メール等の送信または住居訪問のために仮名加工情報に含まれる連絡先その他の情報を利用しない。

8　当社において仮名加工情報を作成・利用するときは、当該仮名加工情報の安全管理のために必要かつ適切な措置、当該仮名加工情報の作成その他の取扱いに関する苦情の処理その他の当該仮名加工情報の適正な取扱いを確保するために必要な措置を自ら講じ、かつ、当該措置の内容を公表する。

第3章　個人情報保護へ向けた体制

（個人情報保護担当役員・個人情報保護管理者・現場管理者）

第20条　当社に個人情報保護担当役員及び個人情報保護管理者を置く。また、各部署ごとに適宜個人情報保護に関する現場管理者を配置する。

2　個人情報保護担当役員は、個人情報の保護に関する包括的な対応・施策を立案し、必要な組織体制を整えるとともに、実施事項を個人情報管理者に指示し、もって当社において個人情報保護に向けた態勢の整備を行う。

3　個人情報保護管理者は、個人情報担当役員の指揮の下、個人情報の保護に関し、内部規程の整備、安全対策及び教育・訓練を推進し、かつ、周知徹底することを任務とする。

4　個人情報保護管理者は、個人情報保護担当役員の指揮の下、この規程に定められた事項を遵守するとともに、現場管理者を指示し、適切な個人情報の収集、利用、提供又は委託処理を行うため、すべての構成員にこれを理解・遵守させる。

5　現場管理者は、個人情報保護管理者の指揮の下、各部署の部員に対し、本規程に定める事項のほか、当社の定める個人情報保護に関する規律を遵守させる。

（教　育）

第21条　個人情報保護管理者は、当社の業務に従事するすべての役員及び従業者に対し、個人情報にかかる個人の権利保護の重要性を理解させ、かつ、個人情報保護の確実な実施を図るため、教育担当者を指名し、継続的かつ定期的に教育・訓練を行うように努める。

（監　査）

第22条　個人情報保護管理者は、当社における個人情報の管理の状況について監査させるため、監査責任者を指名し、年1回監査を行う。

2　監査責任者の指名にあたっては被監査部門からの独立性に配慮しなければならない。

3　監査責任者は、監査計画を作成し、かつ、実施する。

4　監査責任者は、監査結果につき、監査報告書を作成して個人情報保護管理者に報告しなければならない。

5　個人情報保護管理者は、前項の報告により、個人情報の管理について改善すべき事項があると思料するときは、関係する役員あるいは構成員に対し、改善のため必要な指示を行わなければならない。

6　前項の指示を受けた者は、速やかに、改善のため必要な措置を講じ、かつ、その内容を個人情報保護管理者に報告しなければならない。

個人情報の取扱いに関する詳細規程

≪検討にあたっての留意事項≫

※　詳細規程は安全管理措置のうち組織的・人的・物理的・技術的な面からガイドライン等で挙げられている各措置について各事業者が行う取組を定めるものです。

※　適宜状況に応じ、末尾の【追加・変更例】もご参照ください。

※　中小規模事業者に関しては、個人データの安全管理に関し、個人データの取扱区域の管理（分別）、ログイン実績やアクセスログ確保、メール通信の暗号化の採用は必ずしも必要とされておらず、個人データが記録された書類・パソコン・記録媒体の廃棄にあたって必要とされる対応が違うなど、ガイドライン上、求められているレベルが異なっています。したがって、特に「6－1」及び「6－6」の下線部については、これに応じて、適宜記載を検討し、必要に応じて改めるのがよいでしょう。

（目　的）

1　本規程は、当社個人情報保護基本規程13条に基づき、当社が個人情報保護法に基づく個人情報取扱事業者の義務を適正に履行するにあたって、当社の構成員がなすべき行為に関して必要な事項を定めるものとする。

（適用対象）

2　本規程は、当社の業務に従事するすべての構成員（正社員・契約社員・嘱託社員・パート社員・アルバイト社員等の雇用関係にある従業員のほか、取締役・執行役・監査役・派遣社員・顧問等を含む。以下同じ）に対しこれを適用するものとする。

（個人情報の取得）

3－1　当社が収集取得し、利用する個人情報の利用目的は以下の通りである。

(1) 当社の構成員が、顧客をはじめ第三者から、業務を通じ取得した個人情報については、下記の目的のために必要な範囲内でこれを利用する。

① ○○・・・

② □□・・・

③ △△・・・

(2) 当社が保有する当社の構成員に関する個人情報については、給与の計算・支払等、人事管理のために利用する。

(3) 当社が採用に際して採用希望者より取得した個人情報については、採用の採否の決定及びその連絡等並びに採用後の人事・安全管理その他これに関連する事項のために利用する。

※　利用目的の具体例については「個人情報保護に対する基本方針」の追記例（307 頁）も併せてご参照ください。

3－2　新たに個人情報を収集取得する場合であっても、前項の利用目的のためもしくは個人情報保護法をはじめ関係法令の規定の下で適切に変更された利用目的のためにのみ収集取得することができる。

3－3　各部署における業務遂行にあたって、新たな利用目的のために新たな個人情報を収集取得する必要が生じた場合、各部署の現場監理者は、新しい利用目的や利用方法等を個人情報保護管理者に申し出、その承認を受けなければならない。

3－4　個人情報保護管理者が前項の承認をする場合において、新しい利用目的の通知又は公表の適否の判断については、各部署の現場監理者が個人情報保護管理者と協議して行うこととする。

3－5　業務遂行にあたって、既に存在する利用目的と利用の実態が一致しない場合、その他業務遂行にあたって、既に存在する利用目的を変更する必要が生じた場合は、各部署の現場監理者は、変更を必要とする理由及び変更後の利用目的等を個人情報保護管理者に申し出、その承認を受けなければならない。

3－6　個人情報保護管理者は、前項の承認については、特に慎重に行わなければならない。

（個人情報の利用）

4－1　個人情報を目的外利用してはならない。

4－2　業務遂行にあたって、取得した個人情報を目的外利用する必要が生じた場合は、各部署の現場監理者は、目的外利用の必要性等を個人情報保護管理者に申し出、承認を受けなければならない。

（個人データの第三者提供）

5－1　個人データは、法令に特に定める場合のほかは、第三者に提供してはならない。

5－2　業務遂行にあたって、個人データの第三者提供の必要が生じた場合は、各部署の現場監理者は、第三者提供の必要性、本人の同意を得る方法かオプトアウトの方法か等を個人情報保護管理者に申し出、承認を受けなければならない。

5－3　業務遂行にあたって、個人データを別の会社等と共同利用する必要が生じた場合は、各部署の現場監理者は、共同利用の相手方及びその必要性等を個人情報保護管理者に申し出なければならない。

5－4　共同利用を行うか否かについては、取締役会においてこれを決するものとする。

5－5　個人データの第三者提供を行い、又はこれを受けた場合は、法令の定めに従い書式等を準備の上、適切に確認し、記録義務を履行する。

（個人データの安全管理）

6－1　構成員が個人データの利用、保管、保存、廃棄又は消去に関する作業を行うに際しては、個人データの安全性に留意し、これを確保する上で必要な措置を講ずるものとする。個人情報保護管理者は、個人データの安全性を確保するため、次項以降で定める事項のほか、保管場所の特定と取扱区域の管理、アクセスログの確保、メール通信の暗号化、外部からの不正アクセス防止に向けたセキュリティソフトウェアの導入・更新など必要な技術上の措置を講ずるものとする。

6－2　個人情報の漏えいを防止するため、当社の構成員は、個人データの記録された書類、ノートパソコン並びにハードディスク、CD-R、USBメモリなどの記録媒体の所外持出を業務上必要な最小限の場合に留めるとともに、記録媒体に記載・記録し持ち出す個人データの分量を必要最小限に留めるよう留意する。

6－3　個人情報の漏えいを防止するため、当社の構成員が、個人データの記録された書類、ノートパソコン並びにハードディスク、CD-R、USBメモリなどの記録媒体を所外に持ち出すに際しては、万一これが紛失したとしても容易に第三者がこれを参照し得ないよう、ID管理・パスワード設定等の必要な技術上の措置を講ずるものとする。

6－4　個人情報の漏えいを防止するため、当社の構成員が、業務上、個人データが記録された書面等をファクシミリや電子メール等で送信する場合は、宛先を確認した上で、異なる宛先に送信されることのないように十分に注意しなければならない。

6－5　個人情報の漏えいを防止するため、当社の構成員は、当社の執務時間を除き、机上に個人データの記載された個人データの記録された書類、ノートパソコン並びにハードディスク、CD-R、USBメモリなどの記録媒体を放置してはならず、これらのものを帰宅時にロッカー内に保管の上、ロッカーを施錠するものとする。

6－6　個人情報の漏えいを防止するため、当社の構成員は、個人データの記録された書類、ノートパソコン並びにハードディスク、CD-R、USBメモリなどの記録媒体を廃棄するにあたり、書類については焼却・溶解・適切なシュレッダーなど復元不可能な手段を採用し、ノートパソコン及び記録媒体に関しては、物理的破砕・データ削除のソフトウェアを採用するなど、容易に個人データが復元できない手段を採用しなければならない。

6－7　構成員は、個人情報の漏えい等の事故発生を認識した場合、直ちに個人情報保護管理者に対し、これを報告しなければならない。個人情報保護管理者が不在の場合、構成員は、直ちに個人情報保護管理担当役員に対し、報告を行わなければならない。

6－8　個人情報保護管理者は、前項に定める構成員からの漏えい事故に関する報告を受けた後、直ちに個人情報保護管理担当役員にこれを報告しなければならない。

6－9　個人情報保護管理者及び個人情報保護管理担当役員は、前2項の報告を受けた後、当該事故による影響を最小限とする措置を講ずるとともに、個人情報保護委員会への報告、情報主体たる本人への通知等必要な措置を行うべく、構成員に指示を行い、適切に対応するものとする。

6－10　個人情報保護管理者及び個人情報保護管理担当役員は、前項の措置と並行して、個人情報の漏えい等の事故が発生した原因に関する調査を直ちに行い、その結果を取締役会に報告の上、再発防止策を講じる。

6－11　個人情報の保護が、当社業務に与える重大な影響に鑑み、構成員が、個人情報の漏えい等の事故を発生させた場合については、当社就業規則その他、関係規定を踏まえ、懲戒等の処分を行うことができる。懲戒等の処分を行うにあたっての判断基準については別途これを定める。

（保有個人データの開示請求等）

7　保有個人データの利用目的通知請求、開示請求、訂正等請求及び利用停止等請求に関する対応については、開示請求等に関する規程を遵守しなければならない。

（教育研修）

8　構成員は、当社の定める個人情報保護に関する以下の研修を必ず受講しなければならない。

(1)　入社時研修

(2)　入社後の少なくとも年1回開催される継続研修

【追加・変更例】

1. ノートパソコン・記録媒体の持ち出しについて

事業者におけるノートパソコン・記録媒体の持ち出しに関しては、これを厳格に管理すべく「6－2」に変えて、下記のような形で整理することも考えられます。

[規定例]

6－○　個人情報の漏えいを防止するため、構成員は、個人データの記録された書類、ノートパソコン、ハードディスク、CD-R、USBメモリなどの記録媒体を所外に持ち出してはならない。

6－○　前項の場合に、構成員において社外に持ち出すやむを得ない理由がある場合には、個人情報保護管理者に、理由を申し出て、その承認を受けなければならない。

6－○　構成員が、業務上の必要から、個人データの記録された媒体のコピーを作成する場合は、個人情報保護管理者に、理由を申し出て、その承認を受けなければならない。

6－○　個人情報保護管理者が、6－○及び前項の承認をした場合は、承認した旨を記録しておかなければならない。

2. 匿名加工情報作成時の安全管理に関して

匿名加工情報を作成する事業者においては安全管理の措置を講じなければならないため、以下のような規定を追加することが考えられます。

[規定例]

(匿名加工情報に関する安全管理等)

○－1　匿名加工情報の作成する場合、それを必要とする各部署の現場管理者は、個人情報保護管理者に対し、作成にあたって選定する具体的な加工方法・匿名加工情報に含まれる個人に関する情報の項目・提供方法・提供が想定される第三者の氏名ないし範囲を明らかにして、その旨申請し、事前に承認を得なければならない。

○－2　個人情報保護管理者は、前項の現場管理者からの申請内容を踏まえ、その適否を判断する。

○－3　匿名加工情報の作成にあたっては、前項の申請を行った各部署の現場管理者が作業責任者となる。現場管理者は、具体的な作業を行う作業担当者を指名することができる。ただし、作業担当者が現場管理者以外の者となる場合は、個人情報保護管理者に報告しなければならない。

○－4　当社において匿名加工情報を作成にあたっての加工基準は以下の内容によるものとする。具体的な加工方法選定にあたっては、個人情報の適正な取扱いに向け、個人情報保護委員会より公表されているガイドラインのほか、作成当時における技術水準を参考に下記基準に合致するものを選択するものとする。

(1) 個人情報に含まれる特定の個人を識別することができる記述等の全部又は一部を削除すること（当該全部又は一部の記述等を復元することのできる規則性を有しない方法により他の記述等に置き換えることを含む）。

(2) 個人情報に含まれる個人識別符号の全部を削除すること（当該個人識別符号を復元することのできる規則性を有しない方法により他の記述等に置き換えることを含む）。

(3) 個人情報と当該個人情報に措置を講じて得られる情報とを連結する符号（個人情報取扱事業者において取り扱う情報を相互に連結する符号をいう）を削除すること（当該符号を復元することのできる規則性を有しない方法により当該個人情報と当該個人情報に措置を講じて得られる情報を連結することができない符号に置き換えることを含む）。

(4) 特異な記述等を削除すること（当該特異な記述等を復元することのできる規則性を有しない方法により他の記述等に置き換えることを含む）。

○－5　匿名加工情報の作成に際し、削除した記述・個人識別符号や具体的に選択された加工方法に関する情報（以下、「加工方法等情報」という）は、個人情報保護担当役員・個人情報保護管理者・当該匿名加工情報を作成する各部署の現場管理者及び現場管理者が指名した作業担当者以外の者には接触させないものとする。個人情報保護管理者は、これを確保するため、現場管理者・作業担当者を指導し、加工方法等情報を他の情報と分別管理するほか、これを記録する媒体の持出管理、保管場所のロッカー施錠、これを記録するサーバーあるいはファイルへのアクセスに際してのID管理・パスワード設定を行う等、本規程「6」に定める個人情報の漏えい防止及び安全性確保に向けた対応に準じ、必要な措置を講ずるものとする。

○－6　個人情報保護管理者は、匿名加工情報管理簿を作成し、○－1及び2記載の申請内容（承認結果を含む）及び報告事項を記録する。

○－7　個人情報保護管理者は、匿名加工情報管理簿に基づき、最低年1回、定期的に匿名加工情報の作成及び利用に関する情報を個人情報保護担当役員に報告する。

○－8　匿名加工情報の取扱いにつき不適切な事象が発生した場合、現場管理者は個人情報保護管理者に報告しなければならない。個人情報保護管理者は個人情報保護担当役員にこれを報告し、その指示の下に適正化を図るとともに、再発防止に向けて原因究明を行う。

3. 仮名加工情報作成時の安全管理に関して

仮名加工情報を作成する事業者においては安全管理の措置を講じなければならないため、以下のような規定を追加することが考えられます。

[規定例]

（仮名加工情報に関する安全管理等）

○－1　仮名加工情報の作成する場合、それを必要とする各部署の現場管理者は、個人情報保護管理者に対し、作成にあたって選定する具体的な加工方法・仮名加工情報に含まれる個人に関する情報の項目・提供方法・提供が想定される第三者の氏名ないし範囲を明らかにして、その旨申請し、事前に承認を得なければならない。

○－2　個人情報保護管理者は、前項の現場管理者からの申請内容を踏まえ、その適否を判断する。

○－3　仮名加工情報の作成にあたっては、前項の申請を行った各部署の現場管理者が作業責任者となる。現場管理者は、具体的な作業を行う作業担当者を指名することができる。ただし、作業担当者がデータ管理規程上のデータ管理者以外の者となる場合は、個人情報保護管理者に報告しなければならない。

○－４　当社において仮名加工情報を作成にあたっての加工基準は以下の内容によるものとする。具体的な加工方法選定にあたっては、個人情報の適正な取扱いに向け、個人情報保護委員会より公表されているガイドラインのほか、作成当時における技術水準を参考に下記基準に合致するものを選択するものとする。

⑴　個人情報に含まれる特定の個人を識別することができる記述等の全部又は一部を削除すること（当該全部又は一部の記述等を復元することのできる規則性を有しない方法により他の記述等に置き換えることを含む）。

⑵　個人情報に含まれる個人識別符号の全部を削除すること（当該個人識別符号を復元することのできる規則性を有しない方法により他の記述等に置き換えることを含む）。

⑶　個人情報に含まれる利用されることにより財産的被害の生ずるおそれがある記載等を削除すること（当該記述等を復元することのできる規則性を有しない方法により他の記述等に置き換えることを含む）。

○－５　仮名加工情報の作成に際し、作成に用いた個人情報から削除した記述等及び個人識別符号並びに前項の規定により行った加工の方法に関する情報（以下「削除情報等」という）は、個人情報保護担当役員・個人情報保護管理者・当該仮名加工情報を作成する各部署の現場管理者及び現場管理者が指名した作業管理者以外の者には接触させないものとする。個人情報保護管理者は、これを確保するため、現場管理者・作業担当者を指導し、削除情報等を他の情報と分別管理するほか、これを記録する媒体の持出管理、保管場所のロッカー施錠、これを記録するサーバーあるいはファイルへのアクセスに際してのID管理・パスワード設定を行う等、本規程「６」に定める個人情報の漏えい防止及び安全性確保に向けた対応に準じ、必要な措置を講ずるものとする。

○－６　個人情報保護管理者は、仮名加工情報管理簿を作成し、○－１

及び２記載の申請内容（承認結果を含む）及び報告事項を記録する。

○－７　個人情報保護管理者は、仮名加工情報管理簿に基づき、最低年１回、定期的に仮名加工情報の作成及び利用に関する情報を個人情報保護担当役員に報告する。

○－８　仮名加工情報の取扱いにつき不適切な事象が発生した場合、現場管理者は個人情報保護管理者に報告しなければならない。個人情報保護管理者は個人情報保護担当役員にこれを報告し、その指示の下に適正化を図るとともに、再発防止に向けて原因究明を行う。

電子メール及びPC等使用に関する指針

≪検討にあたっての留意点≫

※　これは電子メール及びPC等の利用について、より詳細な指針を定めたものです。主に、機密性の高い情報を扱うことができる電子メール等の利用に配慮を要する事業者において、採用を検討するとよいでしょう。

（目　的）

1　本指針は、当社個人情報保護基本規程11条及び当社個人情報の取扱に関する詳細規程（以下、「詳細規程」という）6－1以下に定める個人データの安全管理の措置に関連し、特に電子メール並びに当社貸与にかかるパーソナルコンピュータ（以下、「PC」という）及び個人情報が記録されたハードディスク、CD-R、USBメモリなどの記録媒体（以下、「PC」と併せ「PC等」という）の使用について構成員がとるべき必要な事項を指針として定めるものとする。

（適用対象）

2　本指針は、当社の業務に従事するすべての構成員（その定義は個人情報保護基本規程及び詳細規程の通り）に対しこれを適用するものとする。

（電子メールの使用）

3　構成員が、業務上、電子メールの使用を行うにあたっては以下の点に留意しなければならない。

(1) 構成員が顧客に対し、連絡等のため電子メールを送付するに際しては、誤送信を避けるため、原則として、顧客からのメールへの返信の方法により、これを行うものとする。

(2) 前号の規定にもかかわらず、やむを得ず、構成員が新規に電子メールを作成の上、送信する場合は、必要最小限の範囲に送信者を限定するとともに、宛先を確認した上、当該電子メールと関係のない宛先にこれが誤送信されることのないよう、十分に注意しなければならない。

(3) 電子メール本文には、原則として、氏名、住所、電話番号等、個人が特定できる情報を記載しないものとする。

(4) 電子メールに各種データを添付するにあたっては、万が一誤送信が発生した場合に備えてパスワードの設定を行わなければならない。

(アドレス帳の管理)

4 構成員が、電子メールソフト上のアドレス帳を使用するにあたっては、以下の点に留意しなければならない。

(1) アドレス帳にアドレスを登録するに際しては、「会社名＋担当者氏名」のように、顧客の所属のわかる会社名等を付した上でアドレスごとの「名前」を管理しなければならない。

(2) 登録されたアドレスは顧客ごとにアドレスを保管するためのフォルダを作成し、これを分別管理しなければならない。

(3) アドレス帳には構成員個人の私的使用にかかるアドレスを登録してはならない。

(PC 等の管理について)

5 構成員が、業務上、当社より貸与されたPC等を使用するにあたっては、以下の点に留意しなければならない。

(1) 当社より貸与されたPCについては、第三者が不正にアクセスすることのないよう、ID管理を行い、パスワード設定を施すなど必要な措置をとらなければならない。

(2) 構成員は、当社より貸与されたPCのうち、ノートパソコンについて、個人情報が含まれるデータを保存してはならない。

(3) 構成員は、当社より貸与されたPCに対し、個人情報保護管理者による事前了解がある場合を除き、貸与時登録のもの以外のソフトウェアをインストールしてはならない。

(4) 個人情報の漏えいを防止するため、構成員が、個人情報が記録されたハードディスク、CD-R、USB メモリなどの記録媒体について、万一これが紛失したとしても容易に第三者がこれを参照し得ないよう、パスワード設定等の必要な技術上の措置を講ずる。

(電子メールの誤送信・PC 等の紛失の場合の対応)

6－1　構成員において、電子メールの誤送信発生を認識した場合、あるいは、貸与されたノートパソコンやハードディスク、CD-R、USB メモリなどの記録媒体を紛失したことを認識した場合には、直ちに個人情報保護管理者に報告しなければならない。個人情報保護管理者が不在の場合には個人情報保護担当役員に報告するものとする。

6－2　前項の報告を受けた個人情報保護管理者及び個人情報保護担当役員は、当該誤送信ないし紛失による影響を最小限とするよう、構成員に指示を行ない、適切に対応するものとするとともに、その原因を究明し、取締役会に報告する。

■ 個人情報保護に向けた遵守事項と漏えい事故等発生時の懲戒等の基準に関する規程

個人情報保護に向けた遵守事項と漏えい事故等発生時の懲戒等の基準に関する規程

≪検討にあたっての留意点≫
※　これは漏えい事故発生時の懲戒基準を定めたものです。漏えい事故発生時に懲戒処分を行うことがあり得るのであれば、規程化しておくのが望ましいでしょう。
※　処分のレベルは、当該事業者における他の懲戒事例とのバランスを踏まえ、適宜内容を検討してください。

（目　的）
1　本基準は、当社個人情報の取扱いに関する詳細規程6－11に定める懲戒等処分に関してその判断基準を定めるものである。

（個人情報の保護に向けた遵守事項・本規程の適用対象等）
2－1　すべての構成員は、個人情報の保護に向け、「個人情報保護基本規程」「個人情報の取扱いに関する詳細規程」をはじめ、当社の定める規律を遵守しなければならない。
2－2　本規程において対象となる者の範囲は、当社の業務に従事する正社員・契約社員・嘱託社員・パート社員・アルバイト社員等の雇用関係にあるすべての従業員とする。このほか、取締役・執行役・監査役・派遣社員・顧問等において処分を検討する場合にも、本規程の基準を参考にこれを行うものとする。
2－3　本規程において対象となる行為の範囲は以下の通りとする。なお、これらについては故意・過失いずれの場合についても含む。
(1) 構成員が第三者に対し、当社が業務上保有している個人情報を漏えいした場合

(2) 当社からの貸与にかかる貸与されたノートパソコン若しくはハードディスク、CD-R、USBメモリなどの記録媒体を紛失した場合

（懲戒基準）

3－1　懲戒等処分に関する判断基準は以下の通りとする。

(1) 職務に関し知り得た個人情報の漏えい等

①　故意の場合

基本は停職処分とする。ただし、重大なものに関しては諭旨解雇ないし懲戒解雇とする。

②　過失の場合

重大なものに関しては減給処分ないし譴責処分とする。軽微なものに関しては原則として懲戒等処分を行わないが、過去短期間内に同種非違を犯している場合又は当該非違を速やかに報告しなかった場合等､相応の事由がある場合には懲戒等処分を行うことができる。

(2) 当社からの貸与にかかる貸与されたノートパソコン若しくはハードディスク、CD-R、USBメモリなどの記録媒体を紛失した場合

①　故意の場合

基本は停職処分とする。ただし、重大なものに関しては諭旨解雇ないし懲戒解雇とする。

②　過失の場合

重大なものに関しては減給処分ないし譴責処分とする。軽微なものに関しては原則として懲戒等処分を行わないが、過去短期間内に同種非違を犯している場合又は当該非違を速やかに報告しなかった場合等､相応の事由がある場合には懲戒等処分を行うことができる。

3－2　前項の規定にかかる「重大」性ないし「軽微」性については、漏えい情報ないし登録された個人情報を基礎に判断される紛失物の性質、漏えい情報の量、漏えいないし紛失行為の態様、漏えい先の性質、経済面・信用面の見地から見た場合における顧客あるいは当社に生じた実損の有無などを考慮の上でこれを判断するものとする。

■ データ管理規程

データ管理規程
(分散型管理体制を中心に)

≪検討にあたっての留意事項≫
※ 中小規模事業者に関しては、個人データの安全管理に関し、個人データの廃棄に関する規律までは必要とされていませんので、本規程が必須とまではいえないかもしれません。一方、不要の情報を保有することを避けるためには本規程のような規律を準備、運用していくことも有益であると考えられます。したがって、中小規模事業者においては、以上の視点も踏まえつつ、本規程の要否を検討していくのがよいでしょう。

(目　的)
1　この規程は、主として、当社の個人情報保護基本規程12条に基づき、取得若しくは保有する個人データに係る登録（入力）、保管（保存）又は廃棄（消去）等の管理について必要な事項を定めるものとする。

(定　義)
2－1　本規程において「データ」とは、個人情報保護法に定める「個人データ」に相当するもので、当社の業務上作成し、又は取得した文書、図画及び電磁的記録であって、組織的に用いるものとして、当社が保有しているものをいう。
2－2　本規程において「部署」とは、次に掲げる部、課、室等をいう。
　○○○○○部
　○○○○○部
　○○○○○部
　○○○○○課
　○○○○○課
　○○○○○室

（総括データ管理者）

3－1　当社に、データ管理に関する事務を統括し、データ管理に関する事務の指導監督及び研修等を行うため、総括データ管理者１人を置く。

3－2　総括データ管理者は、個人情報保護担当役員をもって充てる。

3－3　総括データ管理者は、当社が取得又は保有するデータについて、業務若しくは事務の性質・内容等に応じたデータの分類基準を作成する。

（主任データ管理者）

4－1　当社に、統括データ管理者を補佐し、本規程に基づく当社全体のデータ管理に関する事務、各部署における事務の管理・監督及び研修等を遂行するため主任データ管理者１人を置く。

4－2　主任データ管理者は、個人情報保護管理者をもって充てる。

（データ管理者）

5－1　各部署にデータ管理者を置く。データ管理者は、各部署におけるデータ管理に関する具体的事務処理を行う。

5－2　データ管理者は、原則として各部署の現場管理者をもって充てる。

（データの登録（入力））

6－1　各部署が取得したデータをデータファイル（個人情報の検索可能なもの）若しくはデータベースに登録（編綴することを含む）又は入力する場合においては、データ管理者が登録又は入力に係る作業責任者となる。

6－2　データ管理者は、具体的な登録又は入力作業を行う作業担当者を指名することができる。ただし、作業担当者がデータ管理者以外の者となる場合は、主任データ管理者に報告する。

6－3　前項の登録又は入力は、データ管理者及び作業担当者のみが入室可能な場所において、データ管理者及び作業担当者のみが行うことができる。

6－4　データ管理者は、登録又は入力に係る作業を行う場所の鍵又はセキュリティシステム等を管理する。

6－5　登録又は入力に関する作業手順は、作業手順書に基づき行うものとする。

6－6　作業手順書は、3－3で作成したデータ分類基準に基づき分類されたデータごとに、総括データ管理者がこれを作成する。

6－7　登録又は入力に係る作業が行われる前において、データ管理者は、必ずID及びパスワードによる認証システムに基づき、作業担当者が作業をする権限を有すること確認するものとする。

6－8　データ管理者は、データ管理台帳に登録又は入力に係る作業の経過等を記録し、当該記録を保管するとともに、主任データ管理者に報告するものとする。

6－9　主任データ管理者はデータ管理者からの報告を踏まえ、各部署ごとのデータ管理統括台帳を作成・管理する。データ管理統括台帳には、保管（保存）・廃棄（消去）の各状況を併せて記載するものとする。

（データの保管（保存））

7　データファイル若しくはデータベースに登録（編綴することを含む）又は入力されたデータは、各部署において、以下の方法で保管又は保存する。

(1)　電子記録になっていない書面等

データ管理台帳にデータ名、保存期間等必要事項を記載し、データファイルに編綴する方法により保管又は保存する。

(2)　電子記録になっているデータ

データ管理台帳にデータ名、保存期間等必要事項を記載し、光ディスクなどの媒体により保存する。

（保管（保存）期間）

8－1　データ保管（保存）期間は、次の通りとする。

(1)　30年　　定款及び社内規程の改廃に関するデータ、株主名簿・株主総会議事録、取締役会議事録、訴訟関係データ、役員・従業員の人事に関する重要データ、効力が

長期に及ぶ契約書及びこれらに準ずるもの

(2) 10年　　予算、決算及び会計に関する諸帳簿、伝票類、満了した重要な契約書及びこれらに準ずるもの

(3) 5年　　重要な会議の議事録、満了又は解約となった契約書及びこれらに準ずるもの

(4) 3年　　業務上定型的な事務に関するデータ及びこれに準ずるもの

(5) 1年　　業務上の軽易な事項に関するデータ、データの写し・控え及びこれらに準ずるもの

(6) (1) ないし (5) に属さない簡易なデータは、事務処理上必要な1年未満の期間

8－2　以上の定めにかかわらず、法令上それを上回る保管期間が定められているものについては、法令の定めによるものとする。

(保管（保存）作業)

9－1　各部署が取得したデータの保管又は保存については、データ管理者が、保管又は保存に係る作業を行う作業責任者となる。

9－2　データ管理者は、具体的な保管又は保存作業を行う作業担当者を指名することができる。ただし、作業担当者がデータ管理担当者以外の者となる場合は、主任データ管理者に報告する。

9－3　データ管理者は、保管若しくは保存する部屋又は保管庫等の鍵又はセキュリティシステム等を管理する。

9－4　保管又は保存に係る作業は、原則としてデータ管理者及び作業担当者のみが行うことができる。

9－5　データ管理者又は作業担当者以外の者は、データの保管又は保存について、原則としてその作業をデータ管理者及び作業担当者に任せなければならない。

9－6　保管又は保存に係る作業は、作業手順書に基づいて行うものとし、作業手順書は、3－3で作成したデータ分類基準に基づき分類されたデータごとに、総括データ管理者がこれを作成する。

9－7　保管又は保存に係る作業が行われる前において、データ管理者は、必ずID及びパスワードによる認証システムに基づき、作業担当

者が作業をする権限を有することを確認するものとする。

9－8　データ管理者は、データ管理台帳に保管又は保存に係る作業の経過等を記録し、当該記録を保管するとともに、主任データ管理者に報告するものとする。

9－9　データ管理者は、データの漏えい、滅失、毀損その他の事態が発生したことを覚知した場合は直ちに主任データ管理者に報告し、報告を受けた主任データ管理者は総括データ管理者に直ちにこれを報告する。

9－10　総括データ管理者は前項の場合、主任データ管理者及びデータ管理者とともに個人の権利利益に対する影響を最小限に抑えるべく必要な措置を講ずるとともに、法令の要件に従い、必要に応じ個人情報保護委員会への報告、情報主体たる本人への通知等の対応を行う。

（データの廃棄（消去））

10－1　保管又は保存期間の経過したデータについては、各部署のデータ管理者が廃棄する。

10－2　データ管理者は、保管又は保存期間の経過したデータについて業務の遂行上必要があると認めるときは、一定の期間を定めて保管又は保存期間の延長を申請することができる。

10－3　前項の延長は、データ管理者から主任データ管理者に、延長の理由及び延長期間を申し出て、その承認を得た場合に限り行うことができる。

10－4　主任データ管理者は、前項の延長を承認したときは、総括データ管理者に報告しなければならない。

（廃棄（消去）作業）

11－1　データの廃棄又は消去については、データ管理者が、廃棄又は消去に係る作業を行う作業責任者となる。

11－2　データ管理者は、具体的な廃棄又は消去作業を行う作業担当者を指名することができる。ただし、作業担当者がデータ管理以外の場合は、主任データ管理者に報告する。

11－3　廃棄又は消去に係る作業は、原則としてデータ管理者及び作業担当者のみが行うことができる。

11－4　廃棄又は消去は、7に定める方法で保管若しくは保存された書面又は媒体等をシュレッダー、メディアシュレッダー等で破壊し、又は焼却、若しくは融解するなど復元できない方法により行うものとする。

11－5　前項の方法は、7に定める方法で保管又は保存された媒体等のデータを消去する方法で行うこともできる。ただし、消去されたデータが決して復元されることのない方法で行わなければならない。

11－6　廃棄又は消去に係る作業は、作業手順書に基づいて行うものとし、作業手順書は、3－3で作成したデータ分類基準に基づき分類されたデータごとに、総括データ管理者がこれを作成する。

11－7　廃棄又は消去に係る作業が行われる前において、データ管理者は、必ずID及びパスワードによる認証システムに基づき、作業担当者が作業をする権限を有することを確認するものとする。

11－8　データ管理者は、データ管理台帳に廃棄又は消去に係る作業の経過等を記録し、当該記録を保管するとともに、主任データ管理者に報告するものとする。

（データ管理台帳）

12－1　主任データ管理者は、データ管理台帳の内容を定期的に（例えば四半期ごとに）確認し、その状況を総括データ管理者に報告するものとする。

12－2　データ管理台帳は、原則としてデータベース化するものとする。

業務委託契約書

≪検討にあたっての留意事項≫

※　本契約書例はアンケート実施を外部に委託する場合を例として作成したものです。甲は個人情報取扱事業者である自社、乙は業務受託先です。「アンケート実施」という業務内容に比して厳しい内容に見えるかもしれませんが、ここでは外部委託の契約書において記載が必要と考えられる事項を網羅的に紹介しています。

第１条（目　的）

甲は、乙に対し、甲の顧客に対して所定のアンケート用紙を発送し、回収し、氏名順に整理すること（以下、これを「本件業務」という）を委託し、乙はこれを受託した。

第２条（個人情報保護法等の遵守）

甲及び乙は、本件業務を巡る個人情報の取扱いに関し、個人情報の保護に関する法律（以下、「個人情報保護法」という）及びその他の個人情報の保護に関する法令等（以下、これらをあわせて「個人情報保護に関する法令等」という）を遵守するものとする。

第３条（アンケート用紙の発送）

①　アンケート用紙の発送は、甲より開示を受けた顧客に関する個人情報（以下、「開示顧客情報」という）に基づき、当該開示顧客情報に記載された甲の顧客（以下「本件顧客」という）に対して行うものとする。

②　甲は、開示顧客情報の利用目的に、本件業務が含まれることを保証する。

③　乙は、甲より提供を受けた開示顧客情報を甲の同意なく加工してはならない。

④　乙が、本件顧客に対して発送するアンケート用紙は、甲所定のアンケート用紙を用いるものとし、これ以外の用紙を用いないものとする。

第４条（回収及び整理）

①　乙は、本件顧客より回収されたアンケート用紙記載の情報（以下、「アンケート結果情報」という）を、紙情報のまま50音順の氏名順に整理の上でファイリングし、当該ファイリングされた成果物（以下、「本件成果物」という）を甲に提出するものとする。

②　アンケート結果情報の利用目的については、甲の作成にかかる所定のアンケート用紙をもってこれを特定するものとする。

③　乙は、アンケート結果情報を、１項に掲げる方法以外の形で加工してはならない。

第５条（納期及び代金の支払い）

①　納期は、令和○年２月○日とし、乙は納期までに本件成果物を甲に引き渡す。

②　本件業務の代金は、金○○○○○○円とし、甲は、乙が本件成果物を引き渡した後、１週間以内に乙の指定する下記口座に振り込む方法で支払う。

記

○○銀行　○○支店　当座預金口座

口座番号　○○○○○○　口座名義人　乙

第６条（受領個人情報に関する守秘義務）

乙は、本件業務のため、甲より開示を受けた開示顧客情報及びアンケート結果情報（以下、まとめて「受領個人情報」という）を秘密に保持し、本契約期間中のみならず、本契約後も第三者に漏らしてはならない。

第７条（本件業務における受領個人情報の取扱い）

①　乙は、本件業務に関し、甲から開示を受け又は知得した受領個人情報の利用及び保管に関し、これを適切に行うべき責任を負うものとする。

②　乙は、乙の取締役又は従業員のうち、乙が事前に書面にて指定し、甲がその開示を書面にて承認した者（以下、「開示対象者」という）に対してのみ、受領個人情報を開示し又は知得させるものとする。

③　乙は、開示対象者に乙が負担する本契約６条、本条及び14条所定の各義務を認識させ、これを遵守させることについて責任を負うものとし、これらの者より別添書式の同意書（※ 347 頁参照）への署名・押印を取り付けた上で甲に提出するものとする。

④　乙は、受領個人情報について、甲による同意を得た場合を除き、写真の撮影、複写、その他写しの作成を一切行わないものとする。

⑤　乙は、受領個人情報につき他の情報と分離し、特定の収納庫に保管するものとし、開示対象者以外の者が受領個人情報に接触できぬよう措置を行う。また、乙は、本件契約に基づき甲より開示を受け又は知得した受領個人情報を、甲による事前の同意なしに下記所在の乙の本店事務所以外に持ち出さないことを約する。

記

○○県○○市○○○丁目○番○号　○○ビル○階

第８条（再委託の禁止）

乙は、本件業務を第三者に再委託してはならない。

第９条（報告及び立入り調査）

①　甲は、本件業務にかかる事項及び受領個人情報に関する前２条規定の義務に関する履行状況について、随時乙に報告を求めることができる。

②　甲は必要に応じて、７条の義務の履行状況を確認するため、同条５項に定める乙の本店事務所に立ち入り、必要な調査を行うことができる。

第10条（受領個人情報が漏えいした場合などにおける通知義務）

① 乙は、甲より開示され又は知得した受領個人情報について、漏えい、窃取、滅失、毀損などの事件又は事故が生じた場合には、速やかに甲に通知しなければならない。

② 甲及び乙は、前項の場合にその対応について協議するものとする。

第11条（受領個人情報が漏えいした場合などにおける損害賠償義務）

受領個人情報に関し、乙の責に帰すべき事由により、漏えい、窃取、滅失、毀損などの事件又は事故が生じ、甲に損害が発生した場合には、乙は甲の蒙った損害のすべてについて賠償すべき義務を負う。

第12条（本契約の終了）

本契約は、本件成果物が甲に納入され、乙にその代金が支払われた時点をもって終了する。ただし、令和〇年3月〇日までに本件成果物の納入がなされない場合には、同日の経過をもって本契約は終了する。

第13条（解　除）

乙に、下記各号の一に該当する事由が生じたときは、甲は何らの通告催告を要せずして本契約を解除するとともに、乙に対し損害賠償の請求をすることができる。

i）乙が5条の規定にかかる納期に本件成果物を納入しないとき。

ii）乙が受領個人情報に関する、3条、4条、6条ないし11条の各規定にかかる義務に違反したとき。

iii）手形、小切手の不渡りのため手形交換所の不渡処分あるいは取引停止処分を受けたとき。

iv）監督官庁より営業の取消し・停止等の処分を受けたとき。

v）第三者より仮差押、仮処分、強制執行等を受けたとき。

vi）破産、会社更生手続開始、民事再生手続開始の申立てがあったとき又はそれらの原因となる事実が発生したとき。

vii）解散の決議をし、又は他の会社と合併したとき。

viii）その他契約履行が困難になる恐れありと甲が判断する事由が生じたとき。

第14条（契約終了後の受領個人情報の取扱いについて）

① 乙は、前二条の規定により本契約が終了した場合、受領個人情報（一部加工された未完成の状態にあるアンケート結果情報を含む）を甲の要求に従って速やかに返却するものとする。複写・写しがある場合にはすべて破棄するものとする。

② 乙の負担する6条及び7条の義務は、前二条の規定により本契約が終了した後も存続する。

第15条（裁判管轄）

本契約に関し、紛争が生じた場合には、甲の本店所在地を管轄する地方裁判所を専属管轄裁判所とする。

第16条（協議事項）

甲及び乙は、本契約の規定に関する解釈上の疑義又は規定のない事項については、信義誠実の精神に基づき、別途協議して解決する。

（別紙）
株式会社○○○○
代表取締役 ○○○○ 殿

同意書

令和　　年　　月　　日
所属会社　××××株式会社
住　所
氏　名　　　　　　　　　印

私は、私の所属する所属会社が貴社より委託された業務（以下、「本件業務」という）に従事する者でありますが、本件業務を遂行するにあたり、下記の事項を誓約いたします。

記

1. 本件業務に従事する期間中は、法令等を遵守し、誠実に業務を遂行いたします。
2. 本件業務の遂行に伴い、貴社より開示を受けた顧客情報及び顧客より得られたアンケート結果に関する情報（以下、双方を併せて「受領個人情報」という）を、本件業務に従事する期間中はもとより、従事の後も、一切第三者に開示又は漏えいいたしません。
3. 受領個人情報の含まれた書面、資料、及び記録媒体等を、業務に従事中及び従事後の如何にかかわらず、方法の如何を問わず貴社に無断で複製いたしません。
4. 受領個人情報そのもの、あるいはこれらの複製物を、業務に従事中及び従事後の如何にかかわらず、所属会社本店事務所（○○県○○市○○○丁目○番○号　○○ビル○階）以外に持ち出しません。
5. 受領個人情報を、本件業務従事中又は従事後の如何を問わず、本件業務の目的のためのみに使用し、それ以外の目的のために使用あるいは加工することをいたしません。
6. 故意又は過失により、上記各項の誓約に違反して貴社に損害を与えた場合には、その損害についての賠償責任を負います。

■ 同意取得時の文言例

≪検討にあたっての留意事項≫

※　契約書や申込書あるいはこれら書類を取得する際に配布するパンフレットなどに記載する文言例です。

※　国内における第三者提供の場合、外国にある第三者への提供の場合、要配慮個人情報を取得する場合の各文例を示しています。

【同意取得時の文言例】

例：人材紹介会社における求職者情報の第三者提供についての同意取得の場合

当社は、当社との間で契約関係にある求人企業に対し、業務遂行のために貴殿の個人データを第三者に提供することがあります。この場合における①個人データの提供先、②第三者に提供される個人データの種類、③第三者への提供の手段・方法、④提供先での個人データの利用目的は以下の通りです。

①　個人データの提供先

当社と契約関係にある求人企業

②　提供される個人データの種類

氏名、住所、連絡先（携帯電話番号及びメールアドレス）、職務経歴・健康診断情報、運転免許証に関する情報など、貴殿より提供された貴殿の業務遂行能力に関する個人データ

③　提供の手段・方法

1）電子管理媒体に記録された電子データを暗号化し、電子メールにて送信する方法、2）郵送、若しくは3）直接手交する方法

④　提供先での個人データの利用目的

求人企業での選考及び採用後の人事・安全管理のため

例：A国にある業務委託先（法28条の例外に該当する場合を除く）に顧客データの処理を依頼する場合における外国の第三者への個人データ提供についての同意取得の場合

当社は、A国所在の以下の業務委託先に対し、当社業務に使用するデータベースの作成・運用・管理等の目的で貴殿の個人データを提供することがあります。この場合における①個人データの提供先、②第三者に提供される個人データの種類、③第三者への提供の手段・方法、④提供先での個人データの利用目的は以下の通りです。なお、A国はAPECのCBCRシステムの加盟国であり、提供先はOECDプライバシーガイドライン8原則（収集制限の原則・データ内容の原則・目的明確化の原則・利用制限の原則・安全保護措置の原則・公開の原則・個人参加の原則・責任の原則）に対応する措置をいずれも講じております。

① 個人データの提供先

〇〇〇 Co., Ltd（所在国：A国）

② 提供される個人データの種類

氏名、住所、連絡先（携帯電話番号及びメールアドレス）、商品購入履歴（購入時期、購入商品、購入額その他貴殿の当社商品購入に関する情報）

③ 提供の手段・方法

1）電子管理媒体に記録された電子データを暗号化し、電子メールにて送信する方法、2）郵送、若しくは3）直接手交する方法

④ 提供先での個人データの利用目的

当社業務に使用するデータベースの作成・運用・管理等の目的

※ 以下は提供先への照会及びA国の行政機関等が公表している情報でA国がAPECのCBCRシステムの加盟国であり、提供先はOECD 8原則に対応する措置を講じていることを事前に確認している前提の記載です。適合していない対応がある場合（例：利用目的の範囲での利用制限や当該国の制度上個人情報の開示請求に関する本人の権利が存在しない場合）はその旨明示した上で同意取得する必要がありますのでご留意ください。

例：保険会社が申込者から（要配慮個人情報としての）健康診断情報の結果に関する情報を得る場合における同意取得の場合

（告知書などの下部などに以下の文言を記載）

※　当社は、貴殿の健康診断の結果に関する情報を当社における保険引受可否の判断及び加入後の契約管理の目的で取得いたします。本申込みに際しては、その旨宜しくご了解ください。

開示等請求及び苦情窓口設置に関する規程

≪検討にあたっての留意事項≫

※　以下 351～381 頁においては、開示等請求と苦情窓口に関する規程例と開示等請求の受付書式、回答書式を示しています。

※　以下の「7」においては集中型と分散型に分けて規定例を示しますので、適宜事業者の実態に合うものを採用してください。

（開示等の窓口）

1－1　当社における個人情報保護に係る事項のうち、個人情報の保護に関する法律（以下、単に「法」という）に定める開示等請求への対応、苦情処理等は個人情報保護管理者において担当する。

1－2　当社の保有する保有個人データの本人又は代理人からなされる当該保有個人データの利用目的の通知、開示、訂正等及び利用停止等、個人データの第三者への提供もしくは個人データの第三者からの受領に際し作成される記録（以下「第三者提供記録」という）の開示請求等の各請求（以下、「開示請求等」という）への対応のために、個人情報保護管理者の下に窓口係（以下、単に「窓口」という）を置く。

1－3　窓口の電話番号、ファックス番号、メールアドレスは、下記の通りである。

電話番号	○○－○○○○－○○○○
ファックス番号	○○－○○○○－○○○○
メールアドレス	○○－○○○○－○○○○

1－4　窓口の営業時間は、当社の営業時間（午前○時から午後○時）と同一とする。

（請求の受付）

2－1　本人又は代理人からの開示請求等は、開示請求書、訂正等請求書、利用停止等請求書、第三者提供記録開示請求書（以下、「開示等

請求書」という）を窓口宛てに提出することによって受け付けるものとする。

2－2　前項の開示等請求書の提出は、来社しての窓口への直接提出、郵送による提出、ファックスによる提出又は電子メールの送信等オンラインを利用した送信のいずれかの方法で行うことができる。

2－3　窓口に対し、電話による口頭の請求は原則として受け付けないものとする。ただし、窓口に対し、電話により口頭で請求する旨を告げた後､開示等請求書を提出して行う請求についてはこの限りでない。

（本人確認方法）

3－1　2－2に基づく請求に係る本人確認方法は、原則として次の通りとする。

(1) 来社の場合

運転免許証、旅券（パスポート)、健康保険の被保険者証又は外国人登録者証の原本（やむを得ない理由がある場合は写し）の提示を求めて確認する。

(2) 郵送又はファックスの場合

以下のいずれかの方法により確認する。

① 運転免許証、旅券（パスポート)、健康保険の被保険者証又は外国人登録者証の写し及び住民票の写しの送付を受ける方法

② 運転免許証、旅券（パスポート)、健康保険の被保険者証又は外国人登録者証の写しの送付を本人から受けるとともに、これらの写しに記された本人の住所宛てに文書を書留郵便により送付する方法

(3) 電子メールの送信等オンラインを利用した送信

運転免許証、旅券（パスポート)、健康保険の被保険者証又は外国人登録者証の写しの送付を本人から受けるとともに、これらの写しに記された本人の住所あてに文書を書留郵便により送付する方法

3－2　本人から前項以外の方法による本人確認の希望があった場合は、窓口は、その方法が本人確認方法として適切であると判断した場合は、当該方法によって、本人確認を行うことができる。

（代理人による請求の場合の確認方法）

4－1　2－2に基づく請求が、代理人によってなされた場合の本人及び代理人の本人性並びに代理人の権限の確認方法は、原則として次の通りとする。

(1)　来所の場合

本人及び代理人の本人性の確認については、3－1（1）の確認方法を準用する。

代理人の権限については、代理人が未成年者の法定代理人であるときは、戸籍謄本、成年被後見人の法定代理人であるときは、登記事項証明書もしくは後見開始審判書の提示を求めて確認する。

代理人が任意代理人であるときは、委任状及び印鑑登録証明書の提示を求めて確認する。ただし代理人が弁護士、司法書士、行政書士等その業務上委任を受けて代理人となる資格を有する者（以下、「資格者」という）であるときは、当該資格を証明する資料（登録番号、職印に係る印鑑登録証明書等）の提示を求めて確認する。

(2)　郵送又はファックスの場合

本人及び代理人の本人性の確認については、3－1（2）①の確認方法を準用する（ただし、代理人については、住民票の写しの送付は不要）。

代理人の権限については、代理人が未成年者の法定代理人であるときは、戸籍謄本、成年被後見人の法定代理人であるときは、後見開始審判書の写しの送付を求めて確認する。

代理人が任意代理人であるときは、委任状及び印鑑登録証明書の写しの送付を求めて確認する。ただし代理人が資格者であるときは当該資格を証明する資料（登録番号、職印に係る印鑑登録証明書等）の送付を求めて確認する。

(3)　電子メールの送信等オンラインを利用した送信

本人及び代理人の本人性ならびに代理人の権限に係る確認は、前項で送付を求める書面等をPDFファイル等に変換した上での送信を求める方法又は電子署名等によって本人及び代理人の本人性及びその権限を証明する方法により確認する。

4－2　代理人から前項以外の方法による本人及び代理人の本人性並び

に代理権限確認の希望があった場合は、窓口は、その方法が確認方法として適切であると判断した場合は、当該方法によって、確認を行うことができる。

（死者の保有個人データに係る開示請求等）

5　死者の相続人等により、死者の保有個人データの開示等請求がなされた場合、窓口は、請求者の本人性を確認するとともに、請求者に対して、死者と請求者との関係を明らかにする戸籍謄本等の書面及び死者の保有個人データの開示等を求める必要性の説明を求め、又は（及び）これを根拠づける資料等の提出、送付又は送信を求めることができる。

（開示等請求書の記載事項等）

6－1　開示等請求書には、次に掲げる事項を記載する欄を設ける。

(1) 請求者（本人又は代理人）の氏名、住所又は居所、生年月日、電話番号、メールアドレス
(2) 開示等請求に係る保有個人データを特定するに足りる事項
(3) 請求者が代理人の場合において、本人の氏名、住所又は居所、電話番号
(4) 請求者の本人性の確認方法をチェックする欄
(5) 請求者が代理人の場合において、代理人の権限及び資格の確認方法をチェックする欄
(6) 死者の保有個人データの開示等請求の場合における、死者と請求者の関係の確認方法をチェックする欄及び請求の必要性
(7) 訂正等請求の場合における、訂正、追加又は削除の別並びに訂正等をすべき理由及び訂正等をすべき内容
(8) 利用停止等請求の場合における、利用の停止、消去又は第三者への提供の停止の別並びに利用停止等を求める根拠（利用する必要がなくなった、法26条1項に定める事態（漏えい等）が生じた、保有個人データが法18条の規定に違反して取り扱われている（目的外利用）、法19条の規定に違反して利用されている（不適正利用）、法20条の規定に違反して偽りその他不正の手段により取得された

又は法27条又は法28条の規定に違反して第三者に提供されている）又は理由

(9) 開示の方法（書面又はコンピュータ画面の閲覧、書面、CD-ROM等の交付若しくは郵送、又は電子メールによるデータの送信）の選択欄

6－2　開示等請求書に記載事項漏れ、保有個人データの不特定など形式上の不備があった場合、窓口は、相当期間を定めて補正を求めることができる。

6－3　開示請求等に係る保有個人データを特定するに足りる事項の記載にあたっては、窓口は、請求者からの相談に応じ、又は請求者に対して当該保有個人データの特定若しくは探索のための情報の提供を行うなどにより、開示請求等が円滑に行われるよう努めるものとする。

6－4　訂正等請求がなされた場合において、窓口は、請求者に対して、訂正等請求書に記載されている訂正等をすべき理由及び訂正等をすべき内容を根拠づけるものとして、訂正等を求める保有個人データの内容が事実に反していること又は訂正等の後の保有個人データの内容が事実に合致することを根拠づける資料等の提出、送付又は送信を求めることができる。

ただし、窓口は、当該資料等の提出等にあたっては、請求者に負担とならないよう配慮しなければならず、どのような資料等を提出すればよいかについて、適宜請求者に教示するものとする。

6－5　利用停止等請求がなされた場合において、窓口は、請求者に対して、利用停止等請求書に記載されている利用停止等を求める根拠及び理由に係る資料等の提出、送付又は送信を求めるものとする。

ただし、窓口は、当該資料等の提出等にあたっては、請求者に負担とならないよう配慮しなければならず、どのような資料等を提出すればよいかについて、適宜請求者に教示するものとする。

6－6　開示等請求書の記載内容に不明な点があった場合、開示等担当窓口は、請求者の相談に応じ、又は請求者から口頭若しくはメール等による聴取、確認を行い、又は記載内容を明確にするために参考となる情報を提供するなどして、開示等請求が円滑に行われるよう努めるものとする。

（開示請求等に対する社内の判断経路等）

（集中型）

7－1　開示請求等は、すべて、窓口において受け付ける。

7－2　窓口は、開示請求等が、来社、郵送又はファックスでなされた場合は、必ず開示等請求書及び資料等の写しを取り、保管する。開示請求等が電子メールの送信等オンラインを利用してなされた場合は、窓口は必ず、当該請求に係る電子データを窓口専用のフォルダに保存する。

7－3　開示請求等に対して、開示等をするか否かの判断は、個人情報保護管理者において行う。

（分散型）

7－1　開示等請求は、すべて一旦、窓口において受け付ける。

7－2　窓口で受け付けた後、個人情報保護管理者は、開示等請求があったことを、直ちに保有個人データを保管管理している担当部署の現場管理者に連絡する。

7－3　個人情報保護管理者は、3に基づく本人及び代理人の本人性確認並びに代理人の権限の確認を終了し、6－2ないし6－6に基づき開示等請求書の記載内容及び資料等に不備のないことを確認した後、直ちに開示等請求書及び資料等のすべてを担当部署の現場管理者に引き渡し、又はイントラネットを通じて送信する。

7－4　個人情報保護管理者は、開示請求等が、来社、郵送又はファックスでなされた場合は、必ず開示等請求書及び資料等の写しを取り、保管する。開示請求等が電子メールの送信等オンラインを利用してなされた場合は、窓口は必ず、当該請求に係る電子データを窓口専用のフォルダに保存する。

7－5　開示請求等に対して、開示等をするか否かの判断は、第一次的には担当部署において行い、その結果を現場管理者は個人情報保護管理者に通知する。これに基づき個人情報保護管理者が開示等をするか否か改めて判断を行う。

7－6　個人情報保護管理者・現場管理者間の判断に不一致がある場

合、個人情報保護管理者は現場管理者と協議を行う。協議により意見の不一致が解消しない場合は個人情報保護管理者の判断をもって、開示等をするか否かを決する。

(保有個人データの利用目的の通知請求への対応)

8－1　利用目的通知請求書により利用目的の通知請求があったとき、個人情報保護管理者は、請求者に対し、「利用目的に関する通知書」により、12－1に定める期間内に、請求者の選択した方法で、利用目的を通知しなければならない。ただし、次の各号のいずれかに該当する場合は、この限りでない。

(1) 法32条1項に基づき行った措置（すべての保有個人データの利用目的を、本人の知り得る状態（本人の求めに応じて遅滞なく回答する場合を含む）に置いたこと）により、請求に係る利用目的が明らかな場合

なお、利用目的が明らかでない場合とは、利用目的が複数掲げられており、本人に係る保有個人データがそのうちどの目的で利用されているのかわからない場合などをいう。

(2) 利用目的を本人に通知することにより本人又は第三者の生命、身体、財産その他の権利利益を害する恐れがある場合

例えば、児童虐待等に対応するために、児童相談所、学校、医療機関等の関係機関において、ネットワークを組んで対応する場合に、加害者である本人に対して当該本人の個人情報の利用目的を通知することにより、虐待を悪化させたり、虐待への対応に支障等が生じたりする恐れがある場合などをいう。

(3) 利用目的を本人に通知することにより当該個人情報取扱事業者の権利又は正当な利益を害する恐れがある場合

例えば、暴力団等の反社会勢力情報、疑わしい取引の届出の対象情報、業務妨害行為を行う悪質者情報等を、本人又は他の事業者等から取得したことが明らかになることにより、当該情報を取得した企業に害が及ぶ場合などである。

(4) 国の機関又は地方公共団体が法令の定める事務を遂行することに対して協力する必要がある場合であって、利用目的を本人に通知す

ることにより当該事務の遂行に支障を及ぼす恐れがあるとき

例えば、警察が、公開手配を行わないで、被疑者に関する個人情報を、被疑者の立ち回りが予想される個人情報取扱事業者に限って提供する場合において、警察から受け取った当該個人情報取扱事業者が、利用目的を本人に通知することにより、捜査活動に重大な支障を及ぼす恐れがある場合などである。

※　以上の具体例については、当該会社の業務・事務等の内容等を十分勘案して記載することが望ましい。

8－2　個人情報保護管理者が前条ただし書きの規定により、請求に係る保有個人データの利用目的を通知しない旨の判断をしたときは、個人情報保護管理者は、「利用目的に関する通知書」により、請求者に対し、12－1に定める期間内に、請求者の選択した方法で、通知しない旨とともに、前条ただし書きのいずれに該当するか等、通知しない理由を記載して、通知するものとする。

8－3　個人情報保護管理者は、14－1(1)で定める手数料の支払いが、利用目的通知請求の受付の日の翌日から起算して○日以内に支払われないときは、利用目的の通知を拒否することができる。

(開示請求もしくは第三者提供記録開示請求への対応)

9－1　開示請求書により開示請求があったときは、個人情報保護管理者は、「開示に関する通知書」により、請求者に対し、12－1に定める期間内に、請求者の選択した方法で、開示しなければならない。ただし、次の各号のいずれかに該当する場合は、その全部又は一部を開示しないことができる。

(1) 本人又は第三者の生命、身体、財産その他の権利利益を害する恐れがある場合

例えば、まず、本人の権利利益を害する恐れがある場合とは、医療機関等において、病名等を開示することにより、患者本人の心身状況を悪化させる恐れがある場合（患者が不治の病にかかっていることを開示することにより、患者本人に回復困難な精神的苦痛を与えたり、病状を悪化させたりする恐れがある場合）などをいう。

次に、第三者の権利利益を害する恐れがある場合の例としては、本人に関する情報の中に第三者（本人又は開示請求を受けている個人情報取扱事業者以外の者）の情報が含まれており、開示することが第三者にとって不利益となる場合などであり、例えば、第三者のプライバシーに関する情報や他の事業者の生産技術上又は販売・営業上のノウハウに関する情報などが含まれている場合などをいう。

(2) 当該個人情報取扱事業者の業務の適正な実施に著しい支障を及ぼす恐れがある場合

例えば、試験実施機関において、採点情報のすべてを開示することにより、試験制度の維持に著しい支障を及ぼす恐れがある場合や、同一の本人から複雑な対応を要する同一内容について繰り返し開示の請求があり、事実上の問い合わせ窓口が占有されることによって他の問い合わせ対応業務が立ち行かなくなる等、業務上著しい支障を及ぼす恐れがある場合などをいう。

(3) 他の法令に違反することとなる場合

例えば、本人が識別できる保有個人データと、第三者が識別できる保有個人データが一体化しているため、開示することが当該第三者の秘密との関係で刑法134条（秘密漏示罪）に抵触するような場合などをいう。

※ 以上の具体例については、当該会社の業務・事務等の内容等を十分勘案して記載することが望ましい。

9－2 個人情報保護管理者は、請求に係る保有個人データが前項ただし書きに該当する場合であっても、不開示情報部分を区分して除くことができるときには、できる限り、全部不開示とすることは避け、当該不開示情報部分のみを除いて、その他の部分を開示するようにする。

9－3 個人情報保護管理者が、請求に係る保有個人データの全部又は一部を不開示とする決定をしたときは、個人情報保護管理者は、「開示に関する通知書」により、請求者に対し、12－1に定める期間内に、請求者の選択した方法で、全部又は一部を開示しない旨及び一部を開示する場合は、開示部分の記載とともに、1項ただし書きのいずれに該当するか等開示しない理由を記載して、通知するものとする。

9－4　個人情報保護管理者は、14－1(2)で定める手数料の支払いが、開示請求の受付の日の翌日から起算して○日以内に支払われないときは、開示を拒否することができる。

9－5　第三者提供記録開示請求に対する対応については9－1ないし9－4に準じてこれを行う。

（訂正等請求への対応）

10－1　訂正等請求書により訂正等請求があったときは、個人情報保護管理者は、訂正等に係る保有個人データが「事実」でないことが判明した場合は、「訂正等に関する通知書」により、請求者に対し、12－1に定める期間内に、請求者の選択した方法で、具体的な訂正等の内容を通知しなければならない。ただし、次の各号のいずれかに該当する場合は、その全部又は一部の訂正等をしないことができる。

(1)　過去の一定時点のデータを利用することが目的である場合

(2)　カルテなどの医療記録や、内申書・指導要録などの教育情報、労働者の勤務評定に関する情報など保有個人データの本人の評価、診断、判断等に関する情報（ただし、「事実」に関する情報について訂正等が行われた場合に、当該訂正等が評価にも影響を与えるようなときには、訂正等をした事実に基づいて評価に関する情報の訂正等を行わなければならない場合も生じる）

※　以上の具体例については、当該会社の業務・事務等の内容等を十分勘案して記載することが望ましい。

10－2　個人情報保護管理者が、訂正等を行うか否かの判断をするにあたっては、訂正等を請求された保有個人データの内容が事実に合致するかどうかについて、請求者が提出等をした資料等も参考にしながら、遅滞なく必要な調査を行い、その調査結果に基づき判断をするものとする。

10－3　前項の調査の結果判明した事実が、現に保有している保有個人データとも訂正請求内容とも異なる場合には、個人情報保護管理者は、訂正等請求に対しては、請求に応じる必要はないが、情報の正確性の確保の観点を踏まえ、自ら訂正するよう努めるものとする。

10－4　個人情報保護管理者が、請求に係る保有個人データの全部又は一部について訂正等を行わないとする決定をしたときは、個人情報保護管理者は、「訂正等に関する通知書」により、請求者に対し、12－1に定める期間内に、請求者の選択した方法で、全部又は一部を訂正等しない旨及び一部を訂正等する場合は、その部分について具体的な訂正等の内容を記載するとともに、訂正等をしない部分について、「事実」に合致している又は前条ただし書きのいずれか該当する等訂正等をしない理由を記載して、通知するものとする。

(利用停止等請求への対応)

11－1　利用停止等請求書により利用停止等請求があったとき、個人情報保護管理者は、法18条1項、19条、20条、27条又は28条に違反することが判明した場合は、「利用停止等に関する通知書」により、請求者に対し、12－1に定める期間内に、請求者の選択した方法で、具体的な利用停止等の措置の内容について通知しなければならない。

11－2　個人情報保護管理者が、利用停止等を行うか否かの判断をするにあたっては、原則として、利用停止等を請求された保有個人データについて指摘された法令違反があったかどうかについて、請求者が提出等をした資料等も参考にしながら、遅滞なく必要な調査を行い、その調査結果に基づき判断をするものとする。

ただし、当該調査をするまでもなく、法18条1項、19条、20条、27条又は28条違反の有無が一見して明らかな場合は、この限りでない。

11－3　個人情報保護管理者において、利用停止等の措置をとることについて、多額の費用を要することその他利用停止等の措置をとることが困難であると判断したとき（例えば、保有個人データを何万件も含んだものを大量に印刷して、利用・提供している場合に、その印刷物に含まれる保有個人データのごく一部に不正取得の個人データが混在していたというとき、それを全部廃棄し、刷り直さなければならないとすると、費用面も含め大きな負担となるような場合など）は、本人の権利利益を保護するため今後の修正の約束又は法違反行為によって発生した請求者本人の精神的又は経済的損害を金銭で賠償するなどの代替的措置をとることができる。

11－4　個人情報保護管理者が、請求に係る保有個人データの全部又は一部について利用停止等を行わないとする決定又は前項に定める代替的措置を講じるとする決定をしたときは、個人情報保護管理者は、「利用停止等に関する通知書」により、請求者に対し、12－1に定める期間内に、請求者の選択した方法で、全部又は一部について利用停止等をしない旨及び一部について利用停止等をする場合は、その部分について具体的な利用停止等の内容を記載するとともに、利用停止等をしない部分について、利用停止等をしない理由又は代替的措置をとる理由を記載して、通知するものとする。

11－5　利用停止等の方法に係る具体的内容については、次の通りとする。

(1) 保有個人データがコンピュータによりデータベース化されている場合は、個人情報取扱事業者のほうで、端末を操作して、当該保有個人データをデータベースから消去し、個人識別性を消滅させる措置をとり、当該保有個人データに個人情報取扱事業者又は提供先の第三者がアクセスできないような措置をとり、又は個人情報取扱事業者と第三者との間の情報提供に係る契約・取決め等を解約するなどの対応を行うこととする。

(2) 保有個人データがマニュアル情報の場合は、当該保有個人データが記載されている書面等を廃棄し、第三者に提供していた書面等をすべて回収して、今後第三者に当該書面等を提供しないようにし、又は個人情報取扱事業者と第三者との間の情報提供に係る契約・取り決め等を解約するなどの対応を行うこととする。

(開示等決定等の期限)

12－1　8ないし11の開示等に係る請求者に対する通知は、開示請求等を受け付けた日の翌日から起算して14日以内に行わなければならない。ただし、6－2の規定により補正を求めた場合に、当該補正に要した日数又は6－6の規定により開示等請求書の記載内容を明確にするために要した日数は、当該期間に算入しない。

12－2　前項の規定にかかわらず、個人情報保護管理者は、事務処理上の困難その他正当な理由があるとして前項に定める期間の延長の必要があると認めるときは（担当部署等において、事務処理上の困難その他正当な理由があるとして前項に定める期間の延長の希望が出されたときは、直ちにその適否を判断し、期間の延長が適切であると認めるときは)、同項に規定する期間を前項の起算日から30日以内に限り延長することができる。この場合において、個人情報保護管理者は、請求者に対し、遅滞なく、延長後の期間及び延長の理由を、請求者が開示等の通知について選択した方法に従って通知するものとする。

12－3　個人情報保護管理者は、開示等に係る判断・決定に特に長期間を要するため、前二項の規定にかかわらず、期間の延長の必要があると認めるときは（担当部署等において開示等に係る判断・決定に特に長期間を要するため、前二項の規定にかかわらず、期間の延長の希望が出されたときは、直ちにその適否を判断し、適切であると認めるときは)、個人情報保護管理者は相当の期間内に開示等に係る判断・決定を行い、個人情報保護管理者は、その後速やかに請求者に対する開示等に係る通知を行うことができる。この場合において、個人情報保護管理者は、請求者に対し、前二項に規定する期間内に、前二項の規定にかかわらず期間の延長を行う理由及び開示等に係る通知を行う期限を、請求者が開示等の通知について選択した方法に従って通知するものとする。

（死者の保有個人データに係る開示請求等の拒否）

13－1　死者の相続人等により、死者の保有個人データの開示請求等がなされた場合、個人情報保護管理者は、5に基づきなされた、請求者からの、死者の保有個人データの開示等を求める必要性の説明又は（及び）これを根拠づける資料等の提出、送付又は送信によっても、当該死者の保有個人データが、請求者に関する保有個人データではないと認めるときは、開示等を拒否することができる。

13－2　6か月以内に消去（更新は含まない）することとされている個人データの開示請求等がなされた場合は、「保有個人データ」に該当しないので、その旨を請求者に通知して、開示請求等を拒否する。

（手数料）

14－1　利用目的の通知請求又は開示請求をする者から徴収する手数

料の額は、次の通りとする。

(1) 利用目的の通知に係る手数料

　　利用目的の通知1件につき　○○○円（定額）

(2) 開示請求に係る手数料

　　開示請求1件につき　　　　○○○円（定額）

(3) 開示実施手数料

　　開示実施の方法に応じ、別表（略）の通り

14－2　前項の手数料の徴収は、(1) については、「利用目的に関する通知書」による通知到達後、(2) 及び (3) の手数料は、開示の実施終了後に現金書留の送付、金融機関への振込み又はクレジットカードによる支払いの方法で徴収する。

（開示等請求書書式の公表等）

15　当社は、1－3に定める窓口の電話番号、ファックス番号及びメール・アドレス、個人情報保護担当役員の下に設置された苦情処理係が当社の個人情報の取扱いに関する苦情の受付（開示等に係る当社の措置に対する請求者からの不服の申立の受付を含む）及びその処理も行うこと、2及び4ないし6に定める開示等請求書の書式その他の開示請求等の方式、3及び4に定める本人及び代理人の本人性確認方法、代理人権限の確認方法並びに14に定める手数料の額及びその徴収方法を、当社のウェブサイトに常時掲載し、随時更新するとともに、保有個人データの本人から当社に問い合わせがあれば、窓口は速やかに回答するものとする。

（苦情処理）

16－1　当社の個人情報の取扱いに関する苦情の受付（開示等に係る当社の措置に対する請求者からの不服の申立の受付、匿名加工情報の作成その他の取扱いに関する苦情申入を含む）及びその処理については、個人情報保護担当役員の下に設置された苦情処理係（以下、「苦情処理係」という）が担当する。

16－2　苦情処理係の電話番号、ファックス番号、メールアドレスは、下記の通りである。

電話番号　　　　　　　○○－○○○○－○○○○

ファックス番号　　　　○○－○○○○－○○○○

メールアドレス　　　　○○○○○○ .co.jp

16－3　苦情処理係の営業時間は、当社の営業時間（午前○時から午後○時）と同一とする。

■ 保有個人データ開示請求書

株式会社○○○○　開示等請求窓口　宛

保有個人データ開示請求書

個人情報の保護に関する法律33条1項の規定により、以下のとおり保有個人データの開示を請求します。

1　請求者情報

（請求日：令和　　年　　月　　日）

請求者の区分	※　該当するものの□に「レ」を記入してください。	
	□　ご本人　　□　代理人	
ご本人の氏名・住所・生年月日・電話番号・メールアドレス	（ふりがな） 氏　名 生年月日	印 年　　月　　日生まれ
	住所等	〒 TEL　　（　　） Mail　　　　＠
代理人の氏名・住所・生年月日・電話番号・メールアドレス（代理人によるご請求の場合のみご記入）	（ふりがな） 氏　名 生年月日	印 年　　月　　日生まれ
	住所等	〒 TEL　　（　　） Mail　　　　＠

2　提出する本人確認書類（ご提出いただく書類の□欄に「レ」を記入してください。）

(1)　ご本人又は代理人の本人確認書類（いずれかの写し1点）

□　運転免許証　□　旅券（パスポート）　□　健康保険証 □　外国人登録証明書　□　その他（　　　　）
□　住民票　※郵送による請求の場合

(2)　代理権の確認書類（代理人によるご請求の場合のみ記入）

・未成年者の法定代理人の場合（いずれかの写し1点）

□　戸籍謄本　□　戸籍抄本　□　その他（　　　　）

・成年被後見人の法定代理人の場合（いずれかの写し1点）

□ 登記事項証明書　□ 後見開始審判書
□ その他（　　　　　　　　　　　　　　　　）
・委任による代理人の場合（下記の２点）
□ 委任状（実印が押印されたもの）
□ 委任者（ご本人）の印鑑登録証明書
・弁護士、司法書士、行政書士等その業務上委任を受けて代理人となる資格を有する者であるとき
□ 当該資格を証明する資料（登録番号・職印に係る印鑑登録証明書等）

3　開示請求する保有個人データの内容

※　開示請求の対象となる情報の内容や時期等をできるだけ具体的に記入してください。

4　希望する回答の方法（該当するものの□に「レ」を記入してください。）

□ 文書による開示
（□閲覧、□郵送、その他〔　　　　　　　　〕）
□ 電磁的記録による提供
（□CD－ROM等の送付、□電子メールへの送付・添付、□その他〔　　　　　　〕）
□ その他（　　　　　　　　　　　　　　　　）

※　希望する開示の方法につき具体的に記入してください。

5　亡くなった方の保有個人データの開示等請求の場合における請求者との関係性及び請求の必要性（亡くなった方の保有データの開示等請求の場合のみ記載）

※　亡くなった方と請求者との関係を明らかにする書面（□戸籍謄本、□戸籍抄本、□その他〔　　　　　　　　〕、いずれも写し）を提出してください。また、別途死者の保有個人データの開示等を求める必要性を根拠づける資料等の提出を当社より求める場合がありますのでその旨ご了承下さい。

■ 保有個人データ訂正等請求書

株式会社○○○○　開示等請求窓口　宛

保有個人データ訂正等請求書

個人情報の保護に関する法律34条1項の規定により、以下のとおり保有個人データの開示を請求します。

1　請求者情報

（請求日：令和　　年　　月　　日）

<table>
<tr><td rowspan="2">請求者の区分</td><td colspan="2">※　該当するものの□に「レ」を記入してください。</td></tr>
<tr><td colspan="2">□　ご本人　　　□　代理人</td></tr>
<tr><td rowspan="2">ご本人の氏名・住所・生年月日・電話番号・メールアドレス</td><td>（ふりがな）
氏　名
生年月日</td><td>印
年　　月　　日生まれ</td></tr>
<tr><td>住所等</td><td>〒

TEL　　（　　）
Mail　　　　@</td></tr>
<tr><td rowspan="2">代理人の氏名・住所・生年月日・電話番号・メールアドレス（代理人によるご請求の場合のみご記入）</td><td>（ふりがな）
氏　名
生年月日</td><td>印
年　　月　　日生まれ</td></tr>
<tr><td>住所等</td><td>〒

TEL　　（　　）
Mail　　　　@</td></tr>
</table>

2　提出する本人確認書類（ご提出いただく書類の□欄に「レ」を記入してください。）

(1)　ご本人又は代理人の本人確認書類（いずれかの写し1点）

<table>
<tr><td>□　運転免許証　□　旅券（パスポート）　□　健康保険証
□　外国人登録証明書　□　その他（　　　　　　　　）</td></tr>
<tr><td>□　住民票　※郵送による請求の場合</td></tr>
</table>

(2)　代理権の確認書類（代理人によるご請求の場合のみ記入）

<table>
<tr><td>・未成年者の法定代理人の場合（いずれかの写し1点）
□　戸籍謄本　□　戸籍抄本　□　その他（　　　　　　　　）
・成年被後見人の法定代理人の場合（いずれかの写し1点）</td></tr>
</table>

□　登記事項証明書　　□　後見開始審判書
□　その他（　　　　　　　　　　　　　　　　　　）
・委任による代理人の場合（下記の２点）
□　委任状（実印が押印されたもの）
□　委任者（ご本人）の印鑑登録証明書
・弁護士、司法書士、行政書士等その業務上委任を受けて代理人となる資格を有する者であるとき
□　当該資格を証明する資料（登録番号・職印に係る印鑑登録証明書等）

3　ご請求内容

ご請求区分	※　該当するものの□に「レ」を記入してください。 □　訂正　　□　追加　　□　削除
ご請求理由	※　該当するものの□に「レ」を記入してください。 □　当社の保有する個人情報が事実と異なるため。 □　その他（　　　　　　　　　　　　　　　　）
訂正、追加、削除の内容	現在の内容（　　　　　　　　　　　　　　　　）
	正しい内容（　　　　　　　　　　　　　　　　）

4　希望する回答の方法（該当するものの□に「レ」を記入してください。）

□　文書による回答
（□郵送、□その他〔　　　　　　　　〕）
□　電磁的記録による提供
（□電子メールへの送付、□その他〔　　　　　　　　〕）
□　その他（　　　　　　　　　　　　　　　　　　）
※　希望する回答の方法につき具体的に記入してください。

5　亡くなった方の保有個人データの開示等請求の場合における請求者との関係性及び請求の必要性（亡くなった方の保有データの開示等請求の場合のみ記載）

※　亡くなった方と請求者との関係を明らかにする書面（□戸籍謄本、□戸籍抄本、□その他〔　　　　　　　　　〕、いずれも写し）を提出してください。また、別途死者の保有個人データの開示等を求める必要性を根拠づける資料等の提出を当社より求める場合がありますのでその旨ご了承下さい。

■ 保有個人データ利用停止等請求書

株式会社○○○○　開示等請求窓口　宛

保有個人データ利用停止等請求書

個人情報の保護に関する法律35条1項、3項もしくは5項の規定により、以下のとおり保有個人データの利用停止等を請求します。

1　請求者情報

(請求日：令和　　年　　月　　日)

請求者の区分	※　該当するものの□に「レ」を記入してください。	
	□　ご本人　　□　代理人	
ご本人の氏名・住所・生年月日・電話番号・メールアドレス	(ふりがな) 氏　名 生年月日	 印 年　　月　　日生まれ
	住所等	〒 TEL　　(　　) Mail　　　　@
代理人の氏名・住所・生年月日・電話番号・メールアドレス(代理人によるご請求の場合のみご記入)	(ふりがな) 氏　名 生年月日	 印 年　　月　　日生まれ
	住所等	〒 TEL　　(　　) Mail　　　　@

2　提出する本人確認書類（ご提出いただく書類の□欄に「レ」を記入してください。）

(1)　ご本人又は代理人の本人確認書類（いずれかの写し1点）

□　運転免許証　□　旅券（パスポート）　□　健康保険証 □　外国人登録証明書　□　その他（　　　　　）
□　住民票　※郵送による請求の場合

(2)　代理権の確認書類（代理人によるご請求の場合のみ記入）

・未成年者の法定代理人の場合（いずれかの写し1点）

□　戸籍謄本　□　戸籍抄本　□　その他（　　　　　）

・成年被後見人の法定代理人の場合（いずれかの写し1点）

□　登記事項証明書　　□　後見開始審判書
□　その他（　　　　　　　　　　　　　　　　　　）
・委任による代理人の場合（下記の２点）
□　委任状（実印が押印されたもの）
□　委任者（ご本人）の印鑑登録証明書
・弁護士、司法書士、行政書士等その業務上委任を受けて代理人となる資格を有する者であるとき
□　当該資格を証明する資料（登録番号・職印に係る印鑑登録証明書等）

3　ご請求内容

ご請求区分	※　該当するものの□に「レ」を記入してください。 □　利用の停止　　□　消去 □　第三者への提供の停止
ご請求理由	※　該当するものの□に「レ」を記入してください。 【共通】 □　利用する必要がなくなっているため □　漏えい、滅失、既存その他の保有個人データの安全の確保に係る事態であって個人の権利利益を害するおそれのある事象が発生しているため □　その他、保有個人データの取扱いにより本人の権利又は正当な利益が害される恐れがあるため 【利用の停止・消去の場合】 □　当社の示す利用目的の達成に必要な範囲を超えて、当社が個人情報を取り扱っているため （具体的に：　　　　　　　　　　　　　　） □　当社が偽りその他不正の手段により個人情報を取得したため （具体的に：　　　　　　　　　　　　　　） □　当社が法令の規定に違反して要配慮個人情報を取得したため （具体的に：　　　　　　　　　　　　　　） 【第三者提供の停止の場合】 □　当社があらかじめ同意を得ずに、個人データを □国内 □外国 の第三者に提供したため　※いずれかにチェック （具体的に：　　　　　　　　　　　　　　）

4　希望する回答の方法（該当するものの□に「レ」を記入してください。）

□　文書による回答
（□郵送、□その他〔　　　　　　　　　　〕）
□　電磁的記録による提供
（□電子メールへの送付、□その他〔　　　　　　　　〕）
□　その他（　　　　　　　　　　　　　　　　　　　　　　　　）
※　希望する回答の方法につき具体的に記入してください。

5　亡くなった方の保有個人データの開示等請求の場合における請求者との関係性及び請求の必要性（亡くなった方の保有データの開示等請求の場合のみ記載）

※　亡くなった方と請求者との関係を明らかにする書面（□戸籍謄本、□戸籍抄本、□その他〔　　　　　　　　　〕、いずれも写し）を提出してください。また、別途死者の保有個人データの開示等を求める必要性を根拠づける資料等の提出を当社より求める場合がありますのでその旨ご了承下さい。

■ 利用目的通知請求書

株式会社○○○○　開示等請求窓口　宛

利用目的通知請求書

個人情報の保護に関する法律32条２項の規定により、以下のとおり保有個人データの利用目的の通知を請求します。

1　請求者情報

（請求日：令和　　年　　月　　日）

<table>
<tr><td rowspan="2">請求者の区分</td><td colspan="2">※　該当するものの□に「レ」を記入してください。</td></tr>
<tr><td colspan="2">□　ご本人　　□　代理人</td></tr>
<tr><td rowspan="2">ご本人の氏名・住所・生年月日・電話番号・メールアドレス</td><td>（ふりがな）
氏　名
生年月日</td><td>
印
年　　月　　日生まれ</td></tr>
<tr><td>住所等</td><td>〒

TEL　　（　　）
Mail　　　　@</td></tr>
<tr><td rowspan="2">代理人の氏名・住所・生年月日・電話番号・メールアドレス（代理人によるご請求の場合のみご記入）</td><td>（ふりがな）
氏　名
生年月日</td><td>
印
年　　月　　日生まれ</td></tr>
<tr><td>住所等</td><td>〒

TEL　　（　　）
Mail　　　　@</td></tr>
</table>

2　提出する本人確認書類（ご提出いただく書類の□欄に「レ」を記入してください。）

(1)　ご本人又は代理人の本人確認書類（いずれかの写し１点）

<table>
<tr><td>□　運転免許証　　□　旅券（パスポート）　　□　健康保険証
□　外国人登録証明書　　□　その他（　　　　　　　　　　　　）</td></tr>
<tr><td>□　住民票　※郵送による請求の場合</td></tr>
</table>

(2)　代理権の確認書類（代理人によるご請求の場合のみ記入）

<table>
<tr><td>・未成年者の法定代理人の場合（いずれかの写し１点）
□　戸籍謄本　　□　戸籍抄本　　□　その他（　　　　　　　　）
・成年被後見人の法定代理人の場合（いずれかの写し１点）</td></tr>
</table>

資料① 規程・書式例

□　登記事項証明書　　□　後見開始審判書
□　その他（　　　　　　　　　　　　　　　　　）
・委任による代理人の場合（下記の2点）
□　委任状（実印が押印されたもの）
□　委任者（ご本人）の印鑑登録証明書
・弁護士、司法書士、行政書士等その業務上委任を受けて代理人となる資格を有する者であるとき
□　当該資格を証明する資料（登録番号・職印に係る印鑑登録証明書等）

3　利用目的の通知を求める保有個人データ

※　利用目的通知を求める個人データをできるだけ具体的に記入してください。

4　希望する回答の方法（該当するものの□に「レ」を記入してください。）

□　文書による回答
（□郵送、□その他〔　　　　　　　　〕）
□　電磁的記録による提供
（□電子メールへの送付、□その他〔　　　　　　〕）
□　その他（　　　　　　　　　　　　　　　　　　　　）

※　希望する回答の方法につき具体的に記入してください。

5　亡くなった方の保有個人データの開示等請求の場合における請求者との関係性及び請求の必要性（亡くなった方の保有データの開示等請求の場合のみ記載）

※　亡くなった方と請求者との関係を明らかにする書面（□戸籍謄本、□戸籍抄本、□その他〔　　　　　　　　〕、いずれも写し）を提出してください。また、別途死者の保有個人データの開示等を求める必要性を根拠づける資料等の提出を当社より求める場合がありますのでその旨ご了承下さい。

■ 個人データの第三者提供記録に関する開示請求書

株式会社○○○○　開示等請求窓口　宛

個人データの第三者提供記録に関する開示請求書

個人情報の保護に関する法律33条5項の規定により、以下のとおり個人データの第三者提供に関し作成される記録（以下「第三者提供記録」という。）の開示を請求します。

1　請求者情報

（請求日：令和　　年　　月　　日）

<table>
<tr><td rowspan="2">請求者の区分</td><td colspan="2">※　該当するものの□に「レ」を記入してください。</td></tr>
<tr><td colspan="2">□　ご本人　　□　代理人</td></tr>
<tr><td rowspan="2">ご本人の氏名・住所・生年月日・電話番号・メールアドレス</td><td>（ふりがな）
氏　名
生年月日</td><td>
印
年　　月　　日生まれ</td></tr>
<tr><td>住所等</td><td>〒

TEL　　（　　）
Mail　　　　@</td></tr>
<tr><td rowspan="2">代理人の氏名・住所・生年月日・電話番号・メールアドレス（代理人によるご請求の場合のみご記入）</td><td>（ふりがな）
氏　名
生年月日</td><td>
印
年　　月　　日生まれ</td></tr>
<tr><td>住所等</td><td>〒

TEL　　（　　）
Mail　　　　@</td></tr>
</table>

2　提出する本人確認書類（ご提出いただく書類の□欄に「レ」を記入してください。）

(1)　ご本人又は代理人の本人確認書類（いずれかの写し1点）

<table>
<tr><td>□　運転免許証　　□　旅券（パスポート）　　□　健康保険証
□　外国人登録証明書　　□　その他（　　　　　　　　　　）</td></tr>
<tr><td>□　住民票　※郵送による請求の場合</td></tr>
</table>

(2)　代理権の確認書類（代理人によるご請求の場合のみ記入）

<table>
<tr><td>・未成年者の法定代理人の場合（いずれかの写し1点）
　□　戸籍謄本　　□　戸籍抄本　　□　その他（　　　　　　　）
・成年被後見人の法定代理人の場合（いずれかの写し1点）</td></tr>
</table>

□　登記事項証明書　　□　後見開始審判書
□　その他（　　　　　　　　　　　　　　　　　）
・委任による代理人の場合（下記の２点）
□　委任状（実印が押印されたもの）
□　委任者（ご本人）の印鑑登録証明書
・弁護士、司法書士、行政書士等その業務上委任を受けて代理人となる資格を有する者であるとき
□　当該資格を証明する資料（登録番号・職印に係る印鑑登録証明書等）

3　開示請求する第三者提供記録

ご提出いただく書類の□欄に「レ」を記入してください。
□当社が個人データを第三者に提供した際の第三者提供記録
□当社が第三者より個人データを受領した際の第三者提供記録
（開示請求する第三者提供記録の特定に関する事項）

※　開示請求の対象となる第三者提供記録を内容や時期等でできるだけ具体的に記入してください。

4　希望する回答の方法（該当するものの□に「レ」を記入してください。）

□　文書による開示
（□閲覧、□郵送、その他〔　　　　　　　　　〕）
□　電磁的記録による提供
（□CD－ROM 等の送付、□電子メールへの送付・添付、□その他〔　　　　　　　〕）
□　その他（　　　　　　　　　　　　　　　　　　　　）
※　希望する開示の方法につき具体的に記入してください。

5　亡くなった方の保有個人データの開示等請求の場合における請求者との関係性及び請求の必要性（亡くなった方の保有データの開示等請求の場合のみ記載）

※　亡くなった方と請求者との関係を明らかにする書面（□戸籍謄本、□戸籍抄本、□その他〔　　　　　　　　　〕、いずれも写し）を提出してください。また、別途死者の保有個人データの開示等を求める必要性を根拠づける資料等の提出を当社より求める場合がありますのでその旨ご了承下さい。

■ 個人情報開示通知書

年　月　日

　　　　様

個人情報開示通知書

株式会社○○○○　開示等請求窓口

　　　　年　　月　　日付けで貴殿よりご請求のありました当社が保有する貴殿の保有個人データの開示請求につき、その結果を、下記のとおり通知いたします。

貴殿の保有個人データについては、

□　下記のとおり開示いたします。

□　下記の理由で不開示といたします。

書類不備	□　貴殿より請求書に記載頂いた情報と当社の保有にかかる保有個人データとが照合できず、ご本人を確認できないため □　代理人の代理権が確認できないため □　所定の手数料のお支払が確認できないため □　その他、所定の請求書類に不備があるため（訂正を求めたものの訂正がなされなかった場合を含む）
不存在	□　貴殿による開示請求の対象となる保有個人データを当社において保有していないため
法定の不開示事由該当	□　開示請求の対象が「保有個人データ」に該当しないため □　本人又は第三者の生命、身体、財産その他の権利利益を害するおそれがあるため □　当社の業務の適正な実施に著しい支障を及ぼすおそれがあるため □　法令に違反するため □　その他（　　　　　　　　　　　　　　　　）

■ 保有個人データ訂正等通知書

年　月　日

様

保有個人データ訂正等通知書

株式会社○○○○　開示等請求窓口

年　月　日付けで貴殿よりご請求のありました、当社が保有する貴殿の保有個人データの訂正等（訂正、追加又は削除をいいます。）について、下記のとおり通知いたします。

貴殿の個人情報について、

□　下記のとおり訂正等を行いました。

対応区分	□　訂正　□　追加　□　削除
対応内容	

□　下記の理由で訂正等を行わないことといたします。

書類不備	□　請求書に記載された情報と、当社の登録情報が一致せず、ご本人を確認できないため □　代理人の代理権が確認できないため □　その他、所定の請求書類に不備があったため
不存在	□　訂正等請求の対象となる保有個人データを有しないため
法定の訂正等不実施事由該当	□　当社が保有する貴殿の個人情報は事実に合致しており、訂正等に関する請求内容に係る事実を、当社で確認できないため □　訂正等に関して、他の法令により特別の手続が定められているため □　訂正等の内容が、当社の利用目的の達成に必要な範囲を超えるため □　その他（　）

■ 保有個人データ利用停止等通知書

年　月　日

＿＿＿＿様

保有個人データ利用停止等通知書

株式会社○○○○　開示等請求窓口

　　　年　　月　　日付けで貴殿よりご請求のありました、当社が保有する貴殿の保有個人データの利用停止等について、下記のとおり通知いたします。

貴殿の個人情報について、

□　下記のとおり利用停止等を行いました。

対応区分	□　利用の停止　□　消去　□　第三者提供の停止
対応内容	

□　下記の理由で利用停止等を行わないことといたします。

書類不備	□　請求書に記載された情報と、当社の登録情報が一致せず、ご本人を確認できないため □　代理人の代理権が確認できないため □　その他、所定の請求書類に不備があったため
不存在	□　利用停止等請求の対象となる保有個人データを有しないため
法定の利用停止等不実施事由該当	□　請求書記載にかかる利用停止等請求に係る事由が認められなかったため □　当該保有個人データの利用停止等に多額の費用を要し、ご本人の権利利益を保護するため必要なこれに代わる措置をとるため □　その他の利用停止等を行うことが困難な場合であって、ご本人の権利利益を保護するため必要なこれに代わる措置をとるため （具体的な理由：　　　　） □　その他（　　　　）

■ 第三者提供記録開示通知書

年　月　日

様

第三者提供記録開示通知書

株式会社○○○○　開示等請求窓口

　　　年　　月　　日付けで貴殿よりご請求のありました当社保有の個人データの第三者提供に関し作成される記録（以下「第三者提供記録」という。）の開示につき、その結果を、下記のとおり通知いたします。

貴殿の個人情報については、

□　下記のとおり開示いたします。

□　下記の理由で不開示といたします。

書類不備	□　貴殿より請求書に記載頂いた情報と当社の保有にかかる情報とが照合できず、ご本人を確認できないため □　代理人の代理権が確認できないため □　所定の手数料のお支払が確認できないため □　その他、所定の請求書類に不備があるため（訂正を求めたものの訂正がなされなかった場合を含む）
不存在	□　貴殿による開示請求の対象となる情報を当社において保有していないため
法定の不開示事由該当	□　本人又は第三者の生命、身体、財産その他の権利利益を害するおそれがあるため □　当社の業務の適正な実施に著しい支障を及ぼすおそれがあるため □　法令に違反するため □　その他（　　　　　　　　　　　　　　）

■ 利用目的通知書

年　　月　　日

　　　　　　様

利用目的通知書

株式会社○○○○　開示等請求窓口

　　　　年　　月　　日付けで貴殿よりご請求のありました当社が保有する貴殿の保有個人データの利用目的通知の請求につき、その結果を、下記のとおり通知いたします。

貴殿の個人データの利用目的については、

□　下記のとおり開示いたします。

□　下記の理由で不開示といたします。

書類不備	□　貴殿より請求書に記載頂いた情報と当社の保有にかかる保有個人データとが照合できず、ご本人を確認できないため □　代理人の代理権が確認できないため □　所定の手数料のお支払が確認できないため □　その他、所定の請求書類に不備があるため（訂正を求めたものの訂正がなされなかった場合を含む）
不存在	□　貴殿による通知請求の対象となる保有個人データを当社において保有していないため
法定の不開示事由該当	□　利用目的は明らかであるため（既に当社ホームページで公表済みです） □　本人又は第三者の生命、身体、財産その他の権利利益を害するおそれがあるため □　当社の権利又は正当な利益を害するおそれがあるため □　国の機関又は地方公共団体が法令に定める事務を遂行することに対して協力する必要がある場合であって、利用目的を通知・公表することにより当該事務の遂行に支障を及ぼすおそれがあるため □　その他（　　　　　　　　　　　　　　　　）

■ 第三者提供時の記録例

≪検討にあたっての留意事項≫

※　第三者提供側、受領側双方における記録の作成例です。

■ 個人データ提供時の記録作成例（提供側・個別作成【規則19条1項】）

	提供年月日	提供した第三者の氏名	提供した個人データの項目	本人を特定するに足りる事項	同意の有無
1	R3.2.28	A株式会社　代表取締役 ○○○○	氏名 住所 電話番号 eメールアドレス ・ ・ ・ ・ ・ ・ ・	氏名（○山△）	同意有
2	R3.3.2	株式会社B　代表取締役 ××××	氏名 住所 電話番号 eメールアドレス ・ ・ ・ ・	氏名（○野×夫）	同意有 （A国への提供への同意を含む）

※　上述は２件の個人データの提供を行った記載例。同日に同じ条件で複数人の個人データの提供がなされている場合は、提供対象のデータにより特定される本人の名前を記したリストを併せて保管する形のほうが利便性の点からもよい。

※　提供年月日は本人同意を得て提供を行う場合には記載不要だが、本記載例では念のため記載。

※　２は「外国」にある「第三者」への提供の例を記載。

■ 個人データ提供時の記録作成例（提供側・一括作成【規則19条2項】）

	提供年月日	提供した第三者の氏名	提供した個人データの項目	本人を特定するに足りる事項	同意の有無
1	2021/2/1～2/28	A株式会社　代表取締役 〇〇〇〇	氏名 住所 電話番号 eメールアドレス ・ ・ ・ ・ ・ ・ ・	氏名	同意有
2	2021/2/15～3/15	株式会社B　代表取締役 ××××	氏名 住所 電話番号 eメールアドレス ・ ・ ・ ・ ・	氏名	同意有（A国への提供への同意を含む）

※　特定期間に同じ条件で個人データの提供がなされている場合は、提供日時と提供対象データで特定される本人の名前を記したリストを併せて保管すべき。

※　2は「外国」にある「第三者」への提供の例を記載。

■ 個人データ提供時の記録作成例（受領側・個別作成【規則 23 条 1 項】）

	提供年月日	提供元の取得の経緯	提供元の氏名	提供した個人データの項目	本人を特定するに足りる事項	同意の有無
1	R3.2.28	本人からの直接取得	α株式会社　代表取締役　△△△△	氏名 住所 電話番号 e メールアドレス ・ ・ ・ ・ ・ ・ ・	氏名（○山△・□川×美）	同意有
2	R3.3.2	本人からの直接取得	株式会社β　代表取締役　▲▲▲▲	氏名 住所 電話番号 e メールアドレス ・ ・ ・ ・ ・	氏名（○野×夫・△木□子）	同意有

※　上述は２件の個人データの提供を得た記載例。同日に同じ条件で複数人の個人データの提供がなされている場合は、提供対象のデータにより特定される本人の名前を記したリストを併せて保管する形のほうが利便性の点からもよい。

※　提供年月日は本人同意を得て提供を行う場合には記載不要だが、本記載例では念のため記載。

■ 個人データ提供時の記録作成例（受領側・一括作成【規則23条2項】）

	提供年月日	提供元の取得の経緯	提供元の氏名	提供した個人データの項目	本人を特定するに足りる事項	同意の有無
1	2021/2/1～2/28	本人からの直接取得	α株式会社　代表取締役　△△△△	氏名 住所 電話番号 eメールアドレス ・ ・ ・ ・ ・ ・ ・	氏名	同意有
2	2021/2/15～3/15	本人からの直接取得	株式会社β　代表取締役　▲▲▲▲	氏名 住所 電話番号 eメールアドレス ・ ・ ・ ・ ・	氏名	同意有

※　特定期間に同じ条件で個人データの提供がなされている場合は、提供日時と提供対象データで特定される本人の名前を記したリストを併せて保管すべき。

■ 誓約書

≪検討にあたっての留意事項≫

※ 人的安全管理の一環として従業者より取得する誓約書の例です。

株式会社○○○○
代表取締役○○○○殿

誓約書

令和　　年　　月　　日

住 所

氏 名　　　　　　　　　　㊞

私は、貴社に勤務するにあたり、下記の事項を誓約いたします。

記

1. 貴社に在職する期間中、私は、個人情報保護法その他関係法令の定めに則り、また個人情報の保護に向け貴社において定められた規程その他の規律を遵守し、誠実に業務を遂行いたします。

2. 業務の遂行に伴い、貴社より開示を受けた個人情報（以下「受領個人情報」といいます。）を、貴社に従業員として勤務する期間中はもとより、退職の後も、一切第三者に開示又は漏えいいたしません。

3. 受領個人情報の含まれた書面、資料、及び記録媒体等を、在職中・退職後の如何にかかわらず、また方法の如何を問わず貴社に無断で複製いたしません。また、在職中・退職時のいずれにおいても承諾を得て作成した複製物に関し、その取扱いはすべて貴社の指示に従い、適切に貴社に引渡しあるいは廃棄・処分いたします。

4. 受領個人情報そのもの、あるいはこれらの複製物を、貴社事務所以外に持ち出しません。

5. 受領個人情報を、貴社の定める利用目的のためのみに使用し、それ以外の目的のために使用あるいは加工することをいたしません。

6. 故意又は過失により、上記各項の誓約に違反して貴社に損害を与えた場合には、その損害についての賠償責任を負います。

以 上

資料 ❷

ガイドライン抜粋

個人情報の保護に関する法律についてのガイドライン抜粋

第1章で「参照」として掲げた、ガイドライン記載の具体的事例

1　個人情報データベース等に該当する事例と該当しない事例（ガイドライン通則編17頁）（第1章23頁）

【個人情報データベース等に該当する事例】

事例1）電子メールソフトに保管されているメールアドレス帳（メールアドレスと氏名を組み合わせた情報を入力している場合）

事例2）インターネットサービスにおいて、ユーザーが利用したサービスに係るログ情報がユーザーIDによって整理され保管されている電子ファイル（ユーザーIDと個人情報を容易に照合することができる場合）

事例3）従業者が、名刺の情報を業務用パソコン（所有者を問わない。）の表計算ソフト等を用いて入力・整理している場合

事例4）人材派遣会社が登録カードを、氏名の五十音順に整理し、五十音順のインデックスを付してファイルしている場合

【個人情報データベース等に該当しない事例】

事例1）従業者が、自己の名刺入れについて他人が自由に閲覧できる状況に置いていても、他人には容易に検索できない独自の分類方法により名刺を分類した状態である場合

事例2）アンケートの戻りはがきが、氏名、住所等により分類整理されていない状態である場合

事例3）市販の電話帳、住宅地図、職員録、カーナビゲーションシステム等

2　保有個人データから除外される個人データの具体例（ガイドライン通則編20〜21頁）（第1章25頁）

(1) 当該個人データの存否が明らかになることにより、本人又は第三者の生命、身体又は財産に危害が及ぶおそれがあるもの。

事例）家庭内暴力、児童虐待の被害者の支援団体が保有している、加害者（配偶者又は親権者）及び被害者（配偶者又は子）を本人とする個人データ

(2) 当該個人データの存否が明らかになることにより、違法又は不当な行為を助長し、又は誘発するおそれがあるもの。

事例 1）暴力団等の反社会的勢力による不当要求の被害等を防止するために事業者が保有している、当該反社会的勢力に該当する人物を本人とする個人データ

事例 2）不審者や悪質なクレーマー等による不当要求の被害等を防止するために事業者が保有している、当該行為を行った者を本人とする個人データ

(3) 当該個人データの存否が明らかになることにより、国の安全が害されるおそれ、他国若しくは国際機関との信頼関係が損なわれるおそれ又は他国若しくは国際機関との交渉上不利益を被るおそれがあるもの。

事例 1）製造業者、情報サービス事業者等が保有している、防衛に関連する兵器・設備・機器・ソフトウェア等の設計又は開発の担当者名が記録された、当該担当者を本人とする個人データ

事例 2）要人の訪問先やその警備会社が保有している、当該要人を本人とする行動予定等の個人データ

(4) 当該個人データの存否が明らかになることにより、犯罪の予防、鎮圧又は捜査その他の公共の安全と秩序の維持に支障が及ぶおそれがあるもの。

事例 1）警察から捜査関係事項照会等がなされることにより初めて取得した個人データ

事例 2）警察から契約者情報等について捜査関係事項照会等を受けた事業者が、その対応の過程で作成した照会受理簿・回答発信簿、照会対象者リスト等の個人データ（※なお、当該契約者情報自体は「保有個人データ」に該当する。）

事例 3）犯罪による収益の移転防止に関する法律（平成 19 年法律第 22 号）第 8 条第 1 項に基づく疑わしい取引（以下「疑わしい取引」という。）の届出の有無及び届出に際して新たに作成した個人データ

事例 4）振り込め詐欺に利用された口座に関する情報に含まれる個人データ

3　個人情報取扱事業者が不正の手段により個人情報を取得している事例（ガイドライン通則編 40～41 頁）（第 1 章 35 頁）

事例 1）十分な判断能力を有していない子供や障害者から、取得状況から考えて関係のない家族の収入事情などの家族の個人情報を、家族の同意なく取得する場合

事例 2）法第 27 条第 1 項に規定する第三者提供制限違反をするよう強要して個人情報を取得する場合

事例 3）個人情報を取得する主体や利用目的等について、意図的に虚偽の情報を示して、本人から個人情報を取得する場合

事例 4）他の事業者に指示して不正の手段で個人情報を取得させ、当該他の事業者

から個人情報を取得する場合

事例 5）法第 27 条第 1 項に規定する第三者提供制限違反がされようとしていることを知り、又は容易に知ることができるにもかかわらず、個人情報を取得する場合

事例 6）不正の手段で個人情報が取得されたことを知り、又は容易に知ることができるにもかかわらず、当該個人情報を取得する場合

4 （漏えい等の事態で委員会に）報告を要する事例（ガイドライン通則編 58～60 頁）（第 1 章 54 頁）

① 事例 1）病院における患者の診療情報や調剤情報を含む個人データを記録した USB メモリーを紛失した場合

事例 2）従業員の健康診断等の結果を含む個人データが漏えいした場合

② 事例 1）EC サイトからクレジットカード番号を含む個人データが漏えいした場合

事例 2）送金や決済機能のあるウェブサービスのログイン ID とパスワードの組み合わせを含む個人データが漏えいした場合

③ 事例 1）不正アクセスにより個人データが漏えいした場合（※ 3）

事例 2）ランサムウェア等により個人データが暗号化され、復元できなくなった場合

事例 3）個人データが記載又は記録された書類・媒体等が盗難された場合

事例 4）従業者が顧客の個人データを不正に持ち出して第三者に提供した場合

（※ 3）サイバー攻撃の事案について、「漏えい」が発生したおそれがある事態に該当し得る事例

（ア）個人データを格納しているサーバや、当該サーバにアクセス権限を有する端末において外部からの不正アクセスによりデータが窃取された痕跡が認められた場合

（イ）個人データを格納しているサーバや、当該サーバにアクセス権限を有する端末において、情報を窃取する振る舞いが判明しているマルウェアの感染が確認された場合

（ウ）マルウェアに感染したコンピュータに不正な指令を送り、制御するサーバ（C&C サーバ）が使用しているものとして知られている IP アドレス・FQDN（Fully Qualified Domain Name の略。サブドメイン名及びドメイン名からなる文字列であり、ネットワーク上のコンピュータ（サーバ等）を特定するもの。）への通信が確認された場合

（エ）不正検知を行う公的機関、セキュリティ・サービス・プロバイダ、専門家等の第三者から、漏えいのおそれについて、一定の根拠に基づく連絡を受

けた場合

④　事例）システムの設定ミス等によりインターネット上で個人データの閲覧が可能な状態となり、当該個人データに係る本人の数が 1,000 人を超える場合

5　本人に代わって個人データを提供している事例（ガイドライン確認義務編 8〜9 頁）（第 1 章 67 頁）

事例 1）本人から、別の者の口座への振込依頼を受けた仕向銀行が、振込先の口座を有する被仕向銀行に対して、当該振込依頼に係る情報を提供する場合

事例 2）事業者のオペレーターが、顧客から販売商品の修理依頼の連絡を受けたため、提携先の修理業者につなぐこととなり、当該顧客の同意を得た上で当該顧客に代わって、当該顧客の氏名、連絡先等を当該修理業者に伝える場合

事例 3）事業者が、取引先から、製品サービス購入希望者の紹介を求められたため、顧客の中から希望者を募り、購入希望者リストを事業者に提供する場合

事例 4）本人がアクセスするサイトの運営業者が、本人認証の目的で、既に当該本人を認証している他のサイトの運営業者のうち当該本人が選択した者との間で、インターネットを経由して、当該本人に係る情報を授受する場合

事例 5）保険会社が事故車の修理手配をする際に、本人が選択した提携修理工場に当該本人に係る情報を提供する場合

事例 6）取引先・契約者から、専門業者・弁護士等の紹介を求められ、専門業者・弁護士等のリストから紹介を行う場合

事例 7）事業者が、顧客から電話で契約内容の照会を受けたため、社内の担当者の氏名、連絡先等を当該顧客に案内する場合

事例 8）本人から、取引の媒介を委託された事業者が、相手先の候補となる他の事業者に、価格の妥当性等の検討に必要な範囲の情報を提供する場合

6　本人と一体と評価できる関係にある者に提供する事例（ガイドライン確認義務編 9 頁）（第 1 章 67 頁）

事例）金融機関の営業員が、家族と共に来店した顧客に対して、保有金融商品の損益状況等を説明する場合

7　提供者が、最終的に本人に提供することを意図した上で、受領者を介在して提供を行う事例（ガイドライン確認義務編 9 頁）（第 1 章 67 頁）

事例）振込依頼人の法人が、受取人の口座に振り込むため、個人の氏名、口座番号などの個人データを仕向銀行を通じて被仕向銀行に提供する場合

8　一括して記録を作成する方法に該当する事例（ガイドライン確認義務編 17〜18 頁）（第 1 章 69 頁）

事例 1）最初の授受の際に一旦記録を作成した上で、継続的に又は反復して個人データを授受する対象期間内に、随時、追加の記録事項を作成する方法

事例 2）継続的に又は反復して個人データを授受提供する対象期間内に、月ごとに記録を作成する方法

事例 3）継続的に又は反復して個人データを授受提供する対象期間の終了後、速やかに記録を作成する方法

9　第三者提供記録の開示の例外に関する事例（ガイドライン通則編 127〜128 頁）（第 1 章 83 頁）

①　事例）犯罪被害者支援や児童虐待防止を目的とする団体が、加害者を本人とする個人データの提供を受けた場合に作成された記録

②　事例）暴力団等の反社会的勢力による不当要求の被害等を防止するために、暴力団等の反社会的勢力に該当する人物を本人とする個人データの提供を受けた場合に作成された記録

③　事例）要人の警護のために、要人を本人とする行動記録等に関する個人データの提供を受けた場合に作成された記録

④　事例）警察の犯罪捜査の協力のために、事前に取得していた同意に基づき、犯罪者を本人とする個人データの提供を行った場合に作成された記録

10　利用する必要がなくなったとして利用停止等又は第三者提供の停止が認められる事例（ガイドライン通則編 134 頁）（第 1 章 87 頁）

事例 1）ダイレクトメールを送付するために個人情報取扱事業者が保有していた情報について、当該個人情報取扱事業者がダイレクトメールの送付を停止した後、本人が消去を請求した場合

事例 2）電話勧誘のために個人情報取扱事業者が保有していた情報について、当該個人情報取扱事業者が電話勧誘を停止した後、本人が消去を請求した場合

事例 3）キャンペーンの懸賞金送付のために個人情報取扱事業者が保有していた当該キャンペーンの応募者の情報について、懸賞金の発送が終わり、不着対応等のための合理的期間が経過した後に、本人が利用停止等を請求した場合

事例 4）採用応募者のうち、採用に至らなかった応募者の情報について、再応募への対応等のための合理的期間が経過した後に、本人が利用停止等を請求した場合

11　本人の権利又は正当な利益が害されるおそれがあるとして利用停止等又は第三者提供の停止が認められると考えられる事例（ガイドライン通則編 135 頁）（第 1 章 87 頁）

事例 1）ダイレクトメールの送付を受けた本人が、送付の停止を求める意思表示をしたにもかかわらず、個人情報取扱事業者がダイレクトメールを繰り返して送付していることから、本人が利用停止等を請求する場合

事例 2）電話勧誘を受けた本人が、電話勧誘の停止を求める意思表示をしたにもかかわらず、個人情報取扱事業者が本人に対する電話勧誘を繰り返し行っていることから、本人が利用停止等を請求する場合

事例 3）個人情報取扱事業者が、安全管理措置を十分に講じておらず、本人を識別する保有個人データが漏えい等するおそれがあることから、本人が利用停止等を請求する場合

事例 4）個人情報取扱事業者が、法第 23 条第 1 項に違反して第三者提供を行っており、本人を識別する保有個人データについても本人の同意なく提供されるおそれがあることから、本人が利用停止請求等を請求した場合

事例 5）個人情報取扱事業者が、退職した従業員の情報を現在も自社の従業員であるようにホームページ等に掲載し、これによって本人に不利益が生じていることから、本人が利用停止等を請求する場合

12　本人の権利又は正当な利益が害されるおそれがないとして利用停止等又は第三者提供の停止が認められないと考えられる事例（ガイドライン通則編 135～136 頁）（第 1 章 87 頁）

事例 1）電話の加入者が、電話料金の支払を免れるため、電話会社に対して課金に必要な情報の利用停止等を請求する場合

事例 2）インターネット上で匿名の投稿を行った者が、発信者情報開示請求による発信者の特定やその後の損害賠償請求を免れるため、プロバイダに対してその保有する接続認証ログ等の利用停止等を請求する場合

事例 3）過去に利用規約に違反したことを理由としてサービスの強制退会処分を受けた者が、再度当該サービスを利用するため、当該サービスを提供する個人情報取扱事業者に対して強制退会処分を受けたことを含むユーザー情報の利用停止等を請求する場合

事例 4）過去の信用情報に基づく融資審査により新たな融資を受けることが困難になった者が、新規の借入れを受けるため、当該信用情報を保有している個人情報取扱事業者に対して現に審査に必要な信用情報の利用停止等又は第三者提供の停止を請求する場合

13　本人の権利利益を保護するために必要なこれに代わるべき措置として考えられる事例（ガイドライン通則編 137～138 頁）（第 1 章 89 頁）

事例 1）既に市販されている名簿の刷り直し及び回収作業に多額の費用を要するとして、名簿の増刷時の訂正を約束する場合や必要に応じて金銭の支払いをする場合

事例 2）個人情報保護委員会への報告の対象となる重大な漏えい等が発生した場合において、当該本人との契約が存続しているため、利用停止等が困難であるとして、以後漏えい等の事態が生じることがないよう、必要かつ適切な再発防止策を講じる場合

事例 3）他の法令の規定により保存が義務付けられている保有個人データを直ちに消去する代わりに、当該法令の規定による保存期間の終了後に消去することを約束する場合

14　匿名加工情報作成時・第三者提供時の公表事項（ガイドライン仮名加工等情報編 44、46 頁）（第 1 章 104 頁）

【個人に関する情報の項目の事例】

事例）「氏名・性別・生年月日・購買履歴」のうち、氏名を削除した上で、生年月日の一般化、購買履歴から特異値等を削除する等加工して、「性別・生年・購買履歴」に関する匿名加工情報として作成した場合の公表項目は、「性別」、「生年」、「購買履歴」である。

【第三者に提供する匿名加工情報に含まれる個人に関する情報の項目】

事例）「氏名・性別・生年月日・購買履歴」のうち、氏名を削除した上で、生年月日の一般化、購買履歴から特異値等を削除する等加工して、「性別・生年・購買履歴」に関する匿名加工情報として作成して第三者提供する場合の公表項目は、「性別」、「生年」、「購買履歴」である。

【匿名加工情報の提供の方法】

事例 1）ハードコピーを郵送

事例 2）第三者が匿名加工情報を利用できるようサーバにアップロード

15　識別行為に当たらない取扱いの事例及び識別行為に当たる取扱いの事例（ガイドライン仮名加工等情報編 48 頁）（第 1 章 104 頁）

【識別行為に当たらない取扱いの事例】

事例 1）複数の匿名加工情報を組み合わせて統計情報を作成すること。

事例 2）匿名加工情報を個人と関係のない情報（例：気象情報、交通情報、金融商品等の取引高）とともに傾向を統計的に分析すること。

【識別行為に当たる取扱いの事例】

事例 1）保有する個人情報と匿名加工情報について、共通する記述等を選別してこれらを照合すること。

事例 2）自ら作成した匿名加工情報を、当該匿名加工情報の作成の元となった個人情報と照合すること。

16　想定される加工の事例（ガイドライン仮名加工等情報編 10～11 頁）（第 1 章 106 頁）

（特定の個人を識別することができる記述等の削除）

事例 1）会員 ID、氏名、年齢、性別、サービス利用履歴が含まれる個人情報を加工する場合に次の措置を講ずる。

1）氏名を削除する。

事例 2）氏名、住所、生年月日が含まれる個人情報を加工する場合に次の 1 から 3 までの措置を講ずる。

1）氏名を削除する。

2）住所を削除する。又は、○○県△△市に置き換える。

3）生年月日を削除する。又は、日を削除し、生年月に置き換える。

（不正に利用されることにより財産的被害が生じるおそれのある記述等の削除）

事例 1）クレジットカード番号を削除する。

事例 2）送金や決済機能のあるウェブサービスのログイン ID・パスワードを削除する。

17　仮名加工情報の取得の意味（ガイドライン仮名加工等情報編 15 頁（※））（第 1 章 109 頁）

個人情報取扱事業者が、自ら保有する個人情報の一部を削除する等の加工を行ったに過ぎない場合は、ここでいう個人情報の「取得」には該当しない。

そのため、個人情報取扱事業者が、自らが保有する個人情報を加工して仮名加工情報を作成した場合には、当該仮名加工情報が個人情報に当たる場合でも、ここでいう個人情報である仮名加工情報の「取得」には該当しない。

これに対し、例えば、仮名加工情報を作成した個人情報取扱事業者が、当該仮名加工情報及び当該仮名加工情報に係る削除情報等を、事業の承継に伴い他の事業者に提供した場合、当該他の事業者にとって、当該仮名加工情報は、通常、当該削除情報等と容易に照合でき、それによって特定の個人を識別できる情報に該当するため、個人情報に該当する。この場合には、当該他の事業者が事業の承継に伴い当該仮名加工情報の提供を受けることは、ここでいう個人情報である仮名加工情報の「取得」に該当する。

18　利用する必要がなくなったときに該当する事例（ガイドライン仮名加工等情報編 16 頁）（第 1 章 109 頁）

（仮名加工情報である個人データについて利用する必要がなくなったとき）

事例）新商品の開発のため、仮名加工情報である個人データを保有していたところ、当該新商品の開発に関する事業が中止となり、当該事業の再開の見込みもない場合

（削除情報等について利用する必要がなくなったとき）

事例）仮名加工情報についての取扱いを終了し、新たな仮名加工情報を作成する見込みもない場合

19　「外国にある第三者」に該当しない事例（ガイドライン越境提供編 6 頁）（第 1 章 116 頁）

事例）日系企業の東京本店が外資系企業の東京支店に個人データを提供する場合、当該外資系企業の東京支店は、日本国内で「個人情報データベース等」を事業の用に供している「個人情報取扱事業者」に該当し、「外国にある第三者」には該当しない。

20　法第 28 条の規則で定める基準に係る「適切かつ合理的な方法」の事例（ガイドライン越境提供編 9 頁）（第 1 章 119 頁）

事例 1）外国にある事業者に個人データの取扱いを委託する場合
　提供元及び提供先間の契約、確認書、覚書等

事例 2）同一の企業グループ内で個人データを移転する場合
　提供元及び提供先に共通して適用される内規、プライバシーポリシー等

21　適切な方法に該当する事例（ガイドライン越境提供編 41 頁）（第 1 章 120 頁）

事例 1）必要な情報を電子メールにより本人に送付する方法

事例 2）必要な情報を記載した書面を本人に直接交付する方法

事例 3）必要な情報を本人に口頭で説明する方法

事例 4）必要な情報をホームページに掲載し、本人に閲覧させる方法

22　適切かつ合理的な方法に該当する事例（ガイドライン越境提供編 42 頁）（第 1 章 121 頁）

事例 1）提供先の外国にある第三者に対して照会する方法

事例 2）我が国又は外国の行政機関等が公表している情報を確認する方法

23　当該外国における個人情報の保護に関する制度に関する情報（ガイドライン越境提供編 42～44 頁）（第 1 章 121 頁）

個人データの越境移転に伴うリスクについて、本人の予測可能性を高めるという制度趣旨に鑑み、提供先の第三者が所在する外国における個人情報の保護に関する制度と我が国の法（個人情報の保護に関する法律）との間の本質的な差異を本人が合理的に認識できる情報でなければならず、具体的には、次の（ア）から（エ）までの観点を踏まえる必要がある。

（ア）当該外国における個人情報の保護に関する制度の有無

（イ）当該外国の個人情報の保護に関する制度についての指標となり得る情報の存在

（ウ）OECD プライバシーガイドライン 8 原則に対応する事業者の義務又は本人の権利の不存在

（エ）その他本人の権利利益に重大な影響を及ぼす可能性のある制度の存在

24　提供先の第三者が講ずる個人情報の保護のための措置に関する情報の提供に該当する事例（提供先の第三者が利用目的の通知・公表を行っていない場合）（ガイドライン越境提供編 45 頁）（第 1 章 121 頁）

事例）「提供先が、概ね個人データの取扱いについて我が国の個人情報取扱事業者に求められる措置と同水準の措置を講じているものの、取得した個人情報についての利用目的の通知・公表を行っていない」旨の情報提供を行うこと

25　提供先の第三者が所在する外国を特定できない場合に該当する事例（ガイドライン越境提供編 46 頁）（第 1 章 121 頁）

事例 1）日本にある製薬会社が医薬品等の研究開発を行う場合において、治験責任医師等が被験者への説明及び同意取得を行う時点では、最終的にどの国の審査当局等に承認申請するかが未確定であり、当該被験者の個人データを移転する外国を特定できない場合

事例 2）日本にある保険会社が保険引受リスクの分散等の観点から外国の再保険会社に再保険を行う場合において、日本にある保険会社による顧客からの保険引受及び同意取得の時点では、最終的にどの再保険会社に再保険を行うかが未確

定であり、当該顧客の個人データを移転する外国を特定できない場合

26　提供先の第三者が所在する外国の名称に代わる本人に参考となるべき情報に該当する事例（ガイドライン越境提供編 46〜47 頁）（第 1 章 121 頁）

事例）本人の同意を得ようとする時点において、移転先となる外国の候補が具体的に定まっている場合における当該候補となる外国の名称

27　相当措置の実施状況の確認に該当する事例（ガイドライン越境提供編 50 頁）（第 1 章 122 頁）

事例 1）外国にある事業者に個人データの取扱いを委託する場合において、提供元及び提供先間の契約を締結することにより、当該提供先の基準適合体制を整備している場合は、当該契約の履行状況を確認すること

事例 2）同一の企業グループ内で個人データを移転する場合において、提供元及び提供先に共通して適用されるプライバシーポリシーにより、当該提供先の基準適合体制を整備している場合は、当該プライバシーポリシーの履行状況を確認すること

28　相当措置の実施に影響を及ぼすおそれのある外国の制度に該当する事例（ガイドライン越境提供編 51 頁）（第 1 章 122 頁）

事例 1）事業者に対し政府の情報収集活動への広範な協力義務を課すことにより、事業者が保有する個人情報について政府による広範な情報収集が可能となる制度

事例 2）事業者が本人からの消去等の請求に対応できないおそれがある個人情報の国内保存義務に係る制度

29　支障発生時の必要かつ適切な措置に該当する事例（ガイドライン越境提供編 51 頁）（第 1 章 122 頁）

事例）日本にある個人情報取扱事業者が提供先である外国にある事業者との間で委託契約を締結することにより、当該提供先の基準適合体制を整備している場合で、当該提供先が当該委託契約上の義務の一部に違反して個人データを取り扱っている場合に、これを是正するよう要請すること

30　相当措置の継続的な実施の確保が困難となった場合に該当する事例（ガイドライン越境提供編 51～52 頁）（第 1 章 122 頁）

事例 1）日本にある個人情報取扱事業者が提供先である外国にある事業者との間で委託契約を締結することにより、当該提供先の基準適合体制を整備している場合で、当該提供先が当該委託契約上の義務の一部に違反して個人データを取り扱っている場合に、これを是正するよう要請したにもかかわらず、当該提供先が合理的な期間内にこれを是正しない場合

事例 2）外国にある事業者において日本にある個人情報取扱事業者から提供を受けた個人データに係る重大な漏えい等が発生した後、同様の漏えい等の発生を防止するための必要かつ適切な再発防止策が講じられていない場合

31　本人の求めに対して提供（遅滞なく）する情報（ガイドライン越境提供編 53～56 頁）（第 1 章 123 頁）

①【基準適合体制を整備する方法についての情報提供に該当する事例】

日本にある個人情報取扱事業者が外国にある事業者に個人データの取扱いを委託する場合において、提供元及び提供先間の契約を締結することにより、当該提供先の基準適合体制を整備している場合

事例）「提供先との契約」である旨の情報提供を行うこと

②【相当措置の概要についての情報提供に該当する事例】

日本にある個人情報取扱事業者が外国にある事業者に個人データの取扱いを委託する場合において、提供元及び提供先間の契約を締結することにより、当該提供先の基準適合体制を整備している場合

事例）「契約において、特定した利用目的の範囲内で個人データを取り扱う旨、不適正利用の禁止、必要かつ適切な安全管理措置を講ずる旨、従業者に対する必要かつ適切な監督を行う旨、再委託の禁止、漏えい等が発生した場合には提供元が個人情報保護委員会への報告及び本人通知を行う旨、個人データの第三者提供の禁止等を定めている」旨の情報提供を行うこと

③【確認の方法及び頻度についての情報提供に該当する事例】

事例）①外国にある第三者による相当措置の実施状況についての確認の方法及び頻度

「毎年、書面による報告を受ける形で確認している」旨の情報提供を行うこと

②当該相当措置の実施に影響を及ぼすおそれのある制度の有無及びその内容の確認の方法及び頻度

「毎年、我が国の行政機関等が公表している情報を確認している」旨の情報提供を行うこと

④【相当措置の実施に影響を及ぼすおそれのある外国の制度の概要についての情報提供に該当する事例】

事例１)「事業者に対し政府の情報収集活動への広範な協力義務を課すことにより、事業者が保有する個人情報について政府による広範な情報収集が可能となる制度が存在する」旨の情報提供を行うこと

事例２)「事業者が本人からの消去等の請求に対応できないおそれがある個人情報の国内保存義務に係る制度が存在する」旨の情報提供を行うこと

⑤【相当措置の実施に関する支障の概要についての情報提供に該当する事例】

日本にある個人情報取扱事業者が外国にある事業者に個人データの取扱いを委託する場合において、提供元及び提供先間の契約を締結することにより、当該提供先の基準適合体制を整備しているものの、当該提供先が当該契約において特定された利用目的の範囲を超えて、当該個人データを取り扱っていた場合

事例)「提供先が契約において特定された利用目的の範囲を超えて個人データの取扱いを行っていた」旨の情報提供を行うこと

⑥【相当措置の実施に関する支障に関して個人情報取扱事業者が講ずる措置の概要についての情報提供に該当する事例】

日本にある個人情報取扱事業者が外国にある事業者に個人データの取扱いを委託する場合において、提供元及び提供先間の契約を締結することにより、当該提供先の基準適合体制を整備しているものの、当該提供先が当該契約において特定された利用目的の範囲を超えて、当該個人データを取り扱っていた場合

事例１)「提供先が契約において特定された利用目的の範囲を超えて個人データの取扱いを行っていたため、速やかに当該取扱いを是正するように要請した」旨の情報提供を行うこと

事例２)「提供先が契約において特定された利用目的の範囲を超えて個人データの取扱いを行っていたため、速やかに当該取扱いを是正するように要請したものの、これが合理的期間内に是正されず、相当措置の継続的な実施の確保が困難であるため、〇年〇月〇日以降、個人データの提供を停止した上で、既に提供した個人データについて削除を求めている」旨の情報提供を行うこと

□□■著者略歴■□□

齋藤義浩（さいとう・よしひろ）

弁護士（第二東京弁護士会）
1985年　東京大学法学部卒
同　年　旧総務庁（現総務省）入庁（～1996年）
1998年　弁護士登録
2014～2016年　司法試験・予備試験考査委員（行政法）
現　在　我孫子市情報公開審査会会長
（著　書）『やさしくわかる！すぐできる！企業の個人情報対策』（日本法令）

執筆担当：第１章

鈴木雅人（すずき・まさと）

弁護士（第一東京弁護士会）
1997年　司法試験合格
1998年　立命館大学法学部卒
2000年　司法修習終了（52期）、弁護士登録、三宅合同法律事務所（現 弁護士法人三宅法律事務所）入所
2009年　弁護士法人三宅法律事務所　パートナー就任
現　在　日本弁護士連合会情報問題対策委員会委員
（著　書）『やさしくわかる！すぐできる！企業の個人情報対策』（日本法令）

執筆担当：第２章

購入者特典！

資料①規程・書式のひな形（Microsoft Word）がダウンロードできます。

データのダウンロード・ご利用の方法

1．ソフトウェア要件

本書のデータは、日本法令ホームページ上からダウンロードしてご利用いただくものですので、インターネットに接続できる環境にあるパソコンが必要です。また、データファイルを開く際にはMicrosoft Wordがインストールされていることが前提となります。

2．使用承諾

万一本書の各種データを使用することによって、何らかの損害やトラブルがパソコンおよび周辺機器、インストール済みのソフトウェアなどに生じた場合でも、著者および版元は一切の責任を負うものではありません。

このことは、各種ファイルのダウンロードを選択した際のメッセージが表示されたときに「開く（O）」または「保存する（S）」を選択した時点で承諾したものとします。

3．使用方法

① 日本法令のホームページ（https://www.horei.co.jp/）にアクセスし、上部中央にある「商品情報（法令ガイド）」をクリックします。

② 右下の「出版書」のコーナーの、「購入者特典：書籍コンテンツ付録データ」の文字をクリックします。

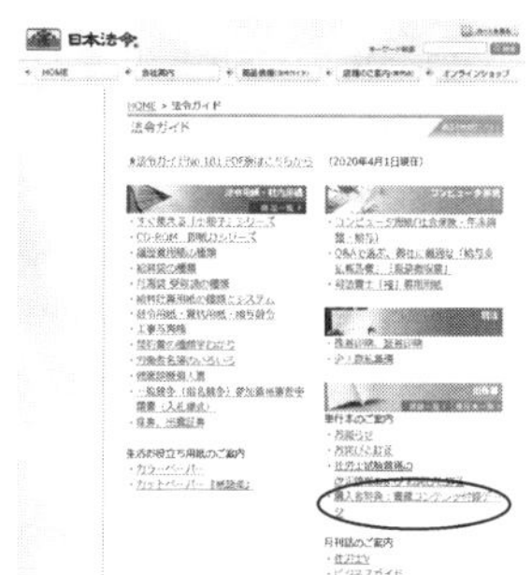

③ ご利用いただけるファイルの一覧が表示されますので、お使いのものを選んでファイルを開くか、またはデータを保存のうえご利用ください。また、データにはパスワードがかかっています。パスワードは**yosamasu2123**です。

改訂版

やさしくわかる！すぐできる！
企業の個人情報対策と規程・書式

平成29年3月1日　初版発行
令和3年12月20日　改訂初版

検印省略

日本法令®

〒101－0032
東京都千代田区岩本町1丁目2番19号
https://www.horei.co.jp/

共　著　齋藤義浩
　　　　鈴木雅人
発行者　青木健次
編集者　岩倉春光
印刷所　日本ハイコム
製本所　国宝社

(営　業)　TEL　03-6858-6967　　Eメール　syuppan@horei.co.jp
(通　販)　TEL　03-6858-6966　　Eメール　book.order@horei.co.jp
(編　集)　FAX　03-6858-6957　　Eメール　tankoubon@horei.co.jp

(バーチャルショップ)　https://www.horei.co.jp/iec/
(お詫びと訂正)　https://www.horei.co.jp/book/owabi.shtml
(書籍の追加情報)　https://www.horei.co.jp/book/osirasebook.shtml

※万一、本書の内容に誤記等が判明した場合には、上記「お詫びと訂正」に最新情報を掲載しております。ホームページに掲載されていない内容につきましては、FAXまたはEメールで編集までお問合せください。

ISBN 978-4-539-72871-0